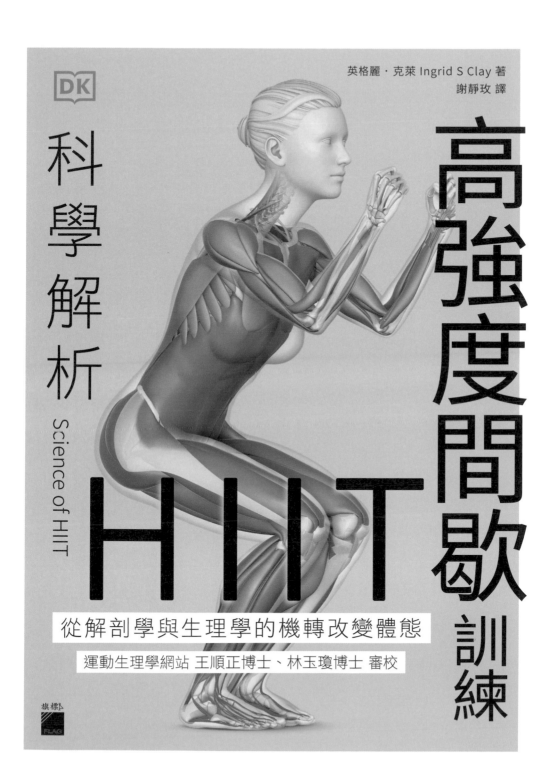

英格麗・克萊 Ingrid S Clay 著

謝靜玫 譯

高強度間歇訓練

科學解析

Science of HIIT

HIIT

從解剖學與生理學的機轉改變體態

運動生理學網站 王順正博士、林玉瓊博士 審校

DK

旗標 FLAG

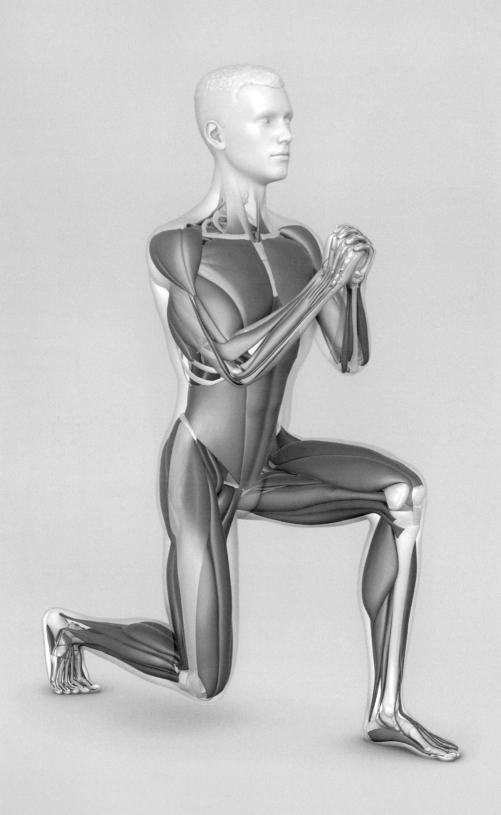

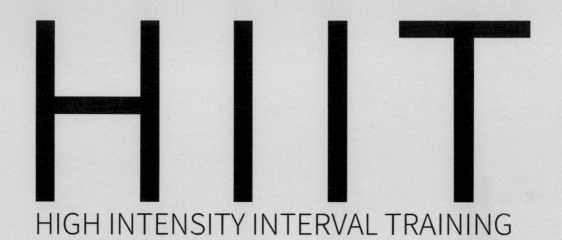

高強度間歇訓練
科學解析

從解剖學與生理學的機轉改變體態

英格麗‧克萊 Ingrid S Clay 著 謝靜玫 譯

運動生理學網站 王順正博士、林玉瓊博士 審校

目錄

前言

講到燃脂和健身，高強度間歇訓練 (HIIT, High Intensity Interval Training) 一直佔有重要地位。理由顯而易見，因為 HIIT 訓練結合了具燃脂效果的有氧運動和具增肌效果的阻力訓練，並且只需短短 20 分鐘就能完成。

HIIT 的訓練方式是短時間高強度無氧運動與低強度的恢復期交替進行。本書希望藉由探討運動背後的科學原理來解釋為何 HIIT 訓練是有效的。另外還會透過詳細的人體解剖圖和動作指引教導你如何正確執行各項運動，無論是完全沒經驗的初學者或是健身狂熱者，都能從本書獲益。

HIIT 訓練的美妙之處在於可以將其融入目前的訓練計劃當中，同時在家中或健身房都可以進行，特別適合運動時間有限的人。本書提供的資訊和知識能夠協助你制訂合適且有效的 HIIT 健身計劃，並了解如何正確執行。

為什麼要選擇 HIIT？

本書介紹的運動把重點放在增強心血管能力和耐力，但 HIIT 訓練還有更多其它好處。在短時間內進行高強度運動的 HIIT 訓練，其特性是即使在訓練結束後，身體代謝率提高的狀態依然能夠持續長達 24 小時，讓你變成一個燃燒脂肪的機器！

我們將在 pp.10-11 詳細介紹 HIIT 訓練的各種好處，為了激起你的興趣，這裡先列出幾點：

- 與其他類型的訓練相比，能更快速有效地**燃燒卡路里**
- 能促進身體的心血管健康並**降低血壓**
- 有助於**減少焦慮和憂鬱**
- 能夠提升無氧效率、增加最大攝氧量以及建立和維持肌肉，進而**改善運動表現** (pp.10-21)。

如何使用本書？

本書第 1 篇將探討人體生理學，說明 HIIT 改善心血管健康、提高代謝和脂肪燃燒率以及增加肌肉量背後的科學原理。另外還將介紹如何攝取適當的巨量營養素 (蛋白質、脂肪和碳水化合物)，為健身訓練提供充分的燃料，讓你能夠更有效地執行訓練並實現預期目標。然後在第 2 篇介紹一些基本的人體運動基礎知識。

緊接著第 3~7 篇會介紹一系列針對身體不同部

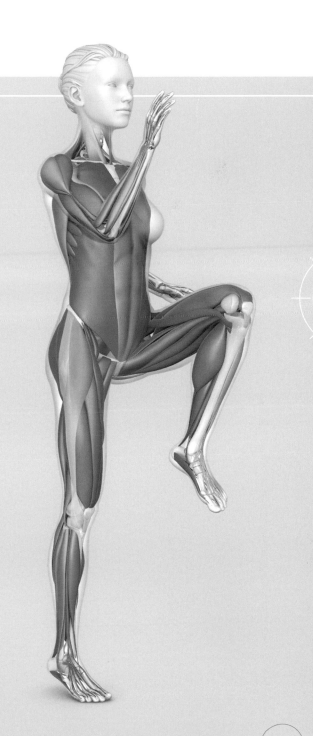

> "
> HIIT 訓練是需時短卻效率高的運動，
> 可在極有限的時間內燃燒更多的脂肪

位的 HIIT 訓練運動，另外還會提供變化式，讓你依據個人體能水準或需求去做調整。每個運動都會提供詳細的動作指引，並提示正確的姿勢和動作技巧以及常見的錯誤與如何避免受傷的注意事項。運動的每個步驟都會附上插圖，清楚說明正確的姿勢和動作的方向。

本書的第 8 篇針對初級、中級和高級運動者設計了適合不同體能水準，而且簡單明瞭的例行性訓練課程。

無論你是健身新手、HIIT 初學者或是希望提升現有訓練方案的運動老手，本書都是絕佳的起點。無論目標是建立一個更全面性的個人化訓練計劃，或是想了解更多 HIIT 訓練背後的機轉，亦或只是想減重和鍛鍊身材，這本書都能滿足你的需求！即便在多年之後，本書的參考價值依然不減，因為隨著熟練度和體能水準的提升，你可以增加訓練強度和持續時間，以本書的內容為基礎去變化出無限多種的訓練計劃。

Ingrid S Clay
www.ingridsclay.com

HIIT
訓練的生理學

HIIT 訓練要求健身者在訓練的運動時間內要竭盡最大努力執行動作，並在短暫的休息時間（間歇休息時間）內進行恢復。本章將剖析 HIIT 訓練如何影響人體的生理機能、肌肉組織、身體系統以及處理營養素的方式，另外也會介紹到 HIIT 對大腦功能的益處。

HIIT 訓練的益處

在進行 HIIT（高強度間歇訓練）的期間，你的身體會在劇烈的身體活動（結合了肌力訓練和有氧運動）以及短暫的休息恢復之間反覆交替循環，這種交替變換的訓練模式對健康和體能會帶來什麼益處？

HIIT 訓練的不同之處

相較於在公園裡慢跑，HIIT 訓練更快速更劇烈；若竭盡全力進行，只需耗費 10 分鐘。然而根據研究顯示，只花幾分鐘的 HIIT 其燃燒熱量和脂肪的效果遠大於數小時中低強度且固定強度的有氧運動，其原因在於 HIIT 會讓身體不停地猜測。

以相同的速度和相同的強度進行長時間的有氧運動，身體會逐漸適應並進入節省能量的代謝狀態；相反地，因為 HIIT 會讓心跳率和能量輸出在整個訓練過程中產生波動變化，致使身體無法維持在穩定狀態，進而讓燃燒卡路里的能量需求維持在高水位，而且這樣的能量代謝提高狀態，在運動結束後會持續更久的時間（pp.16-17）。

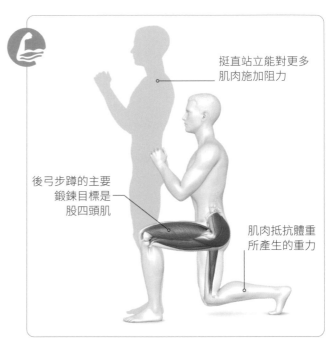

挺直站立能對更多肌肉施加阻力

後弓步蹲的主要鍛鍊目標是股四頭肌

肌肉抵抗體重所產生的重力

自身體重阻力訓練

絕大多數的 HIIT 訓練主要是以自身體重作為阻力，也就是收縮肌肉來抵抗重力作用於身體重量上的力量。因此 HIIT 訓練只需使用很少的器材和設備，並且幾乎隨時隨地都可以進行。

肌肉纖維由能產生肌肉收縮的肌絲所構成

能量釋放與血液流動及粒線體有關（p.15）

提高能量代謝

身體的能量代謝系統在進行 HIIT 期間能提供促進肌肉收縮所需的能量，相較於持續性的低強度運動，HIIT 拼盡全力和間歇執行的特性，促進能量代謝升高的時間會更持久（pp.12-17）。

增加免疫力

運動能增進身體健康，進而對免疫系統產生助益。科學家們針對這之間的關聯性提出了各種理論，但研究至今尚無定論。其中一個理論是認為運動能夠增加血液和淋巴液的流動，這有助於免疫細胞在體內循環；另一個看法是運動會降低身體的發炎反應，讓因慢性發炎而下降的免疫功能得以獲得改善，運動也被證實可以減少對免疫系統會產生不利影響的精神壓力。

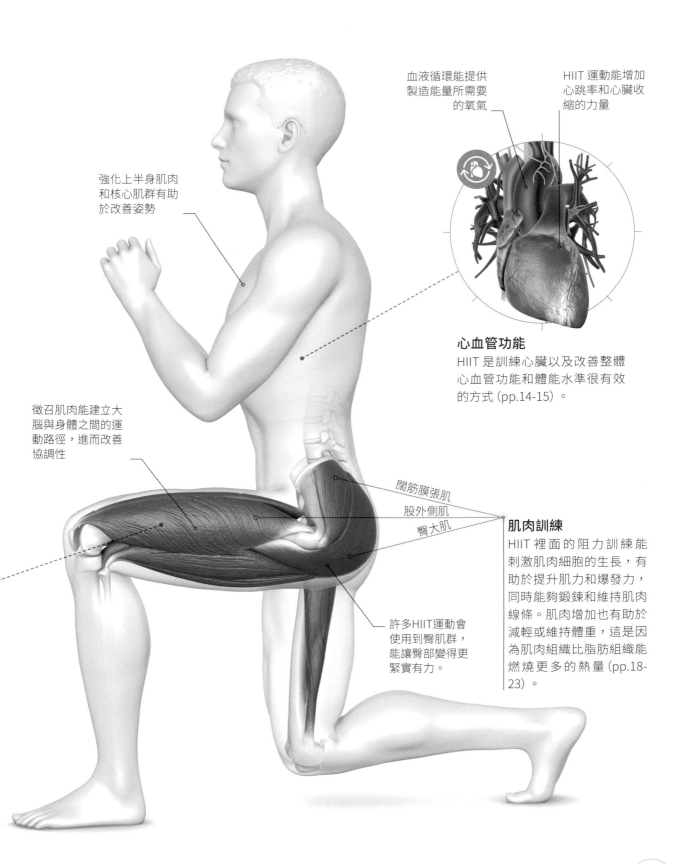

血液循環能提供
製造能量所需要
的氧氣

HIIT 運動能增加
心跳率和心臟收
縮的力量

強化上半身肌肉
和核心肌群有助
於改善姿勢

心血管功能
HIIT 是訓練心臟以及改善整體
心血管功能和體能水準很有效
的方式 (pp.14-15)。

徵召肌肉能建立大
腦與身體之間的運
動路徑，進而改善
協調性

闊筋膜張肌

股外側肌

臀大肌

肌肉訓練
HIIT 裡面的阻力訓練能
刺激肌肉細胞的生長，有
助於提升肌力和爆發力，
同時能夠鍛鍊和維持肌肉
線條。肌肉增加也有助於
減輕或維持體重，這是因
為肌肉組織比脂肪組織能
燃燒更多的熱量 (pp.18-
23)。

許多HIIT運動會
使用到臀肌群，
能讓臀部變得更
緊實有力。

HIIT 運動的能量來源

人體非常聰明，能夠根據情況有意識或無意識地做出反應，可以進行跑、跳、舉起、騎乘、游泳等各式各樣的活動。為了有效率地執行這些活動，身體就需要能量。身體會吸收我們攝取的食物，並在無意識狀態下將這些養分轉換為能量。

能量轉換

身體會吸收我們吃進體內的養分，也就是碳水化合物、蛋白質和脂肪，並藉由呼吸的過程中將其轉換為能量。身體消耗食物能量以維持生命和進行各種活動的速率，稱之為**代謝率**。人在休息狀態下的總能量轉換率稱為**基礎代謝率**（BMR）。BMR 的高低會受到年齡、性別、體重和肌肉量（其燃燒的熱量比脂肪多）的影響，而運動員的 BMR 比一般人高是因為肌肉量較多的緣故。

人們在各種活動中的能量消耗量可以透過測量**攝氧量**（VO2）來推算，因為大部分藉由呼吸作用釋放的能量，需要藉助氧氣來進行化學反應。身體細胞獲取、轉換和儲存能量的主要方式是透過腺嘌呤核苷三磷酸（adenosine triphosphate，簡稱 **ATP**）分子。

獲取 ATP

身體可以利用三種不同的系統來獲取 ATP 能量：**有氧呼吸**、**無氧糖解**和**無氧磷化物**，這些過程皆相互關聯並共同運作以維持人體的生存。如果沒有有氧代謝，我們將缺乏進行持續性日常活動所需的能量來源；如果沒有無氧代謝，可能會讓我們快速採取行動以應付戰鬥或逃跑等緊急狀況的能力大打折扣。

能量系統

有氧呼吸是提供身體能量的主要系統，它需要有氧氣的參與去產生化學反應，將食物能量（葡萄糖）轉化成 ATP 分子。

無氧呼吸能在沒有氧氣的情況下產生能量，其有兩種類型：磷化物系統和糖解系統。磷化物系統會啟動儲存於細胞內的 ATP，以便立即使用，接下來糖解系統會接手提供短期能量，直到氧氣攝入量達到充足狀態。此外，如果運動強度超過心血管系統供氧的能力（最大攝氧量，請見 pp.14-17），糖解系統也會啟動。

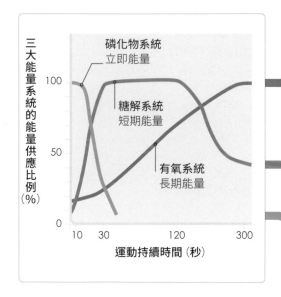

右頁圖例說明
● ATP-PCr 系統
● 糖解作用
● 有氧代謝

有氧呼吸

主要發生在細胞的粒線體中（p.15），有氧呼吸需要氧氣將葡萄糖轉化為 ATP，過程中會產生二氧化碳和水等廢物。它是身體產生能量速度較慢的一種系統，但是產生的能量比無氧代謝多很多：大約能產生 38 個 ATP 分子，而透過糖解系統最多只能產生 3 個分子。因此，有氧代謝對於維持人體基本功能至關重要，並且是支持中低強度持續性運動的主要能量來源。在進行 HIIT 訓練時，有氧呼吸能為有氧運動提供動力，並有助於在高強度肌力運動後恢復能量。

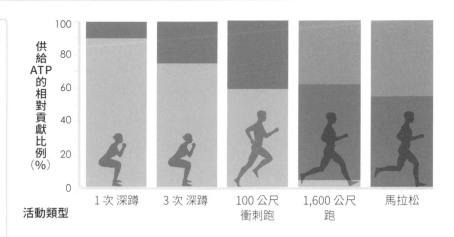

供給ATP的相對貢獻比例(%)

活動類型：1 次深蹲 / 3 次深蹲 / 100 公尺衝刺跑 / 1,600 公尺跑 / 馬拉松

提供活動所需能量

三個能量系統在不同類型活動中的能量貢獻程度各不相同，ATP-PCr 系統能提供肌力訓練所需的能量，但其他系統能協助人體在組間休息時補充 ATP。

無氧呼吸：糖解系統

在進行中等持續時間的高強度活動（例如一套 HIIT 訓練課程）時，若心臟盡全力所泵出的血液無法即時滿足肌肉的氧氣需求，人體會啟動無氧糖解系統以提供能量。

糖解作用在細胞的細胞質內進行，其在無氧狀態下藉由發酵的過程，將葡萄糖轉化以釋放出 2 個或 3 個 ATP 分子，同時產生一種被稱為乳酸的副產物。當乳酸在血液中堆積，而且無法透過有氧呼吸清除的話，會引起乳酸中毒，伴隨出現肌肉痠痛、肌肉灼熱感、疲勞、呼吸急促、胃痛，甚至噁心等症狀。這些症狀對於從事高強度 HIIT 訓練的人可說是難以避免，但值得慶幸的是，這些現象是暫時性且可逆的。一旦氧氣供應再度滿足需求，乳酸會被代謝轉換回丙酮酸，用於有氧呼吸。

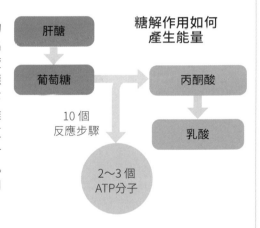

糖解作用如何產生能量

肝醣 → 葡萄糖 → 丙酮酸 → 乳酸

10 個反應步驟

2～3 個 ATP分子

無氧呼吸：磷化物系統

這個過程是利用磷酸肌酸（PCr），並以極快的速度產出 ATP。當 ATP 被分解釋放能量，磷酸肌酸會被用來重新合成 ATP。肌肉中儲存的 PCr 和 ATP 的數量很少，因此可用於肌肉收縮的能量是有限的，但是它能夠立即提供能量，其對於運動初期以及持續約 1 至 30 秒的短時間高強度活動（例如短跑或是一組 HIIT 動作）而言是非常重要的能量來源。

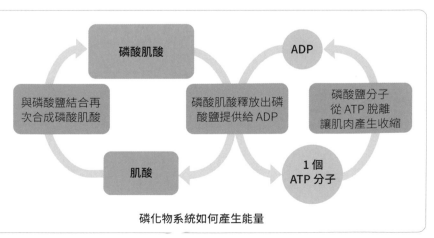

磷酸肌酸

ADP

與磷酸鹽結合再次合成磷酸肌酸

磷酸肌酸釋放出磷酸鹽提供給 ADP

磷酸鹽分子從 ATP 脫離讓肌肉產生收縮

肌酸

1 個 ATP 分子

磷化物系統如何產生能量

改善心臟適能

體能水準的一個關鍵指標是身體能如何有效率地透過心血管系統將氧氣運輸至肌肉，以釋放身體活動所需的能量，將 HIIT 納入日常運動是改善心血管健康很好的一種方法。

血液循環

有氧呼吸是身體產生能量的主要方式，在這個過程中，氧氣通過血液輸送到細胞，並藉由一連串化學反應，將儲存的能量轉化為可用於身體功能的能量，例如進行 HIIT 時的肌肉收縮。心臟的泵血動作將富含氧氣的血液壓入大動脈，再輸送至全身，並將去氧血液與二氧化碳廢物經由靜脈返回心臟，然後藉由肺部排出二氧化碳。

訓練適應

HIIT 健身訓練能以多種方式提升心血管效率：藉由訓練心臟以更快速度運作並在每次跳動時泵出更多血液；藉由增加總血量和攜氧血紅蛋白的數量；藉由增加肌肉周圍微血管的密度和改善其功能。

微血管
將血液中的氧氣和營養物質輸送到肌肉組織，以及清除二氧化碳等廢物是在稱為微血管的細小血管裡進行。

訓練可以增加心臟的血容量

紅血球輸送氧氣

血液
血液從肺部輸送出氧氣，並從消化系統輸送出營養物質，供給細胞以產生能量，並藉由去氧血液將二氧化碳帶離細胞，最後再由呼氣排出。

圖例說明

● 動脈　　● 靜脈

心血管系統

心血管功能的評估

衡量有氧適能的一種常見方法是計算「VO_2 max」數值，也就是「最大攝氧量」，其代表一個人竭盡全力進行運動時，身體所能消耗的氧氣 (O_2) 最大 (max) 容量 (V)，同時也代表肌肉中可提供細胞進行有氧呼吸的氧氣量。計算最大攝氧量能協助你決定開始執行 HIIT 健身計劃的適當強度。隨著運動能力的進步，可以重新測量該數值，做為進度追蹤的比較基準。

庫伯測試

庫伯測試 (Cooper test) 是由肯·庫伯 (Ken Cooper) 博士於 1968 年開發，它是一種測量最大攝氧量的簡單方法。要完成這個測試必須在 12 分鐘內盡全力跑越遠越好，再根據跑步總距離，依照以下的數學公式 (可使用公里或英里) 來計算出最大攝氧量。

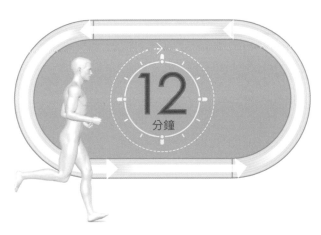

$$\left(22.35 \times \frac{跑步}{總公里數}\right) - \mathit{11.29}$$

或

$$\left(35.96 \times \frac{跑步}{總英里數}\right) - \mathit{11.29}$$

= **VO_2 MAX** （最大攝氧量）

執行庫伯測試的方法

為了獲得準確的結果，請盡可能在平坦的表面上跑步，像田徑跑道就是理想的選擇。將計時器設置成從 12 分鐘開始倒數計時，盡所能跑越遠越好，並記錄總距離。

粒線體功能

粒線體是細胞內調節代謝活動和產生化學能量的細胞器，它們存在於肌肉纖維中，對身體活動的表現而言非常重要。有多項研究顯示，從事耐力運動可以改善粒線體功能，另外有一些研究顯示，高強度運動比中等強度運動能夠提供更大的刺激。簡言之，執行 HIIT 健身計劃可以提升細胞製造能量的能力。

抗老化效果

粒線體功能會隨著年齡的增長而下降，並且與糖尿病、心血管疾病和阿茲海默症有關連性。因此，透過運動刺激粒線體的合成可能有助於維持健康的老年生活。

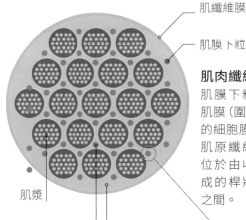

肌纖維膜

肌膜卜粒線體

肌肉纖維
肌膜下粒線體位於肌膜 (圍繞肌肉纖維的細胞膜) 的下方，肌原纖維間粒線體位於由收縮肌絲構成的桿狀肌原纖維之間。

肌漿

肌原纖維間粒線體 ｜ 肌原纖維

製造能量

能量釋放的第一階段是發生在肌漿內，在此葡萄糖會被轉化為丙酮酸，接著丙酮酸會被移送至粒線體，然後在氧氣的參與下藉由化學反應轉化為 ATP (p.12)。

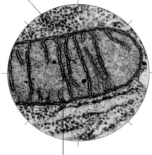

粒線體上面被稱為「嵴 (cristae)」的皺褶，增大了可供有氧合成 ATP 的表面積。

HIIT 的後燃效應

雖然 HIIT 的運動時間很短，但是燃燒熱量的效果比長時間且速度穩定的跑步更好。能達到這種效果的主要原因是，竭盡全力的爆發性運動與極短暫休息間隔交替進行的運動模式，會延長運動後的恢復期，這就是科學家們所稱的「**運動後過耗氧量**」（Excess Post-exercise Oxygen Consumption，簡稱EPOC)，也就是所謂的「後燃效應」（afterburn effect)。

提供恢復所需的能量
HIIT 能夠延長 EPOC 的時間，讓代謝率提高的效果在運動過後仍會持續，最長可達 24 小時。為了維持代謝的效率，飲食內容和進食時間是必須考量的重點。跳過某一餐不吃或是兩餐間隔很長時間會讓代謝變慢，血糖下降會導致身體能量低下。營養不良還會阻礙運動帶來的身體適應性變化，例如肌肉量和肝醣儲存量的增加。建議在健身訓練日當天，間隔固定時間吃 4～5 頓小餐，從中均衡攝取適當的巨量營養素 (pp.26-27)。我喜歡這麼比喻：每隔幾個小時就要添加一塊實心木頭，讓火能夠一整天保持燃燒旺盛的狀態。

什麼是運動後過耗氧量（EPOC)？

正如前面所述，為了執行 HIIT 運動中各種動作所需的肌肉收縮，身體會將儲存的葡萄糖轉化為 ATP 分子 (pp.12-15)。主要的轉化方式需要氧氣參與化學反應，而氧氣是藉由心血管系統提供。然而，即使運動結束，身體對於能量的需求依然增加，因此對氧氣的需求也跟著增加，以便為各種過程提供能量，以補充失去的肝醣儲存，同時使身體恢復至體內恆定的平衡狀態。

在恢復期間所發生的運動後過度耗氧量，會讓身體在回復到休息狀態的過程中代謝率增加。如下一頁的圖表所示，短時間 HIIT 運動過後，EPOC 的持續時間遠大於運動時間較長的中等強度穩態有氧運動。

EPOC期間的各種生理反應

在 EPOC 恢復期間，各種生理過程會開始作用讓身體回復至休息狀態（基礎代謝率就足以滿足此狀態下的能量需求）。在 EPOC 期間，身體需要更多的氧氣消耗量和更高的代謝率來降低心跳率和呼吸頻率，並使核心體溫恢復到正常的攝氏 37 度。此外，EPOC 需要補充消耗掉的能量儲存，並針對運動帶來的刺激產生相對應的生理適應變化，包括肌肉生長和呼吸效率的提升。

肌肉細胞中的能量儲存
肌肉細胞內含有少量的 ATP 和 CP 分子，它們能為短暫的體力爆發提供化學能量，並在 EPOC 期間獲得補充。

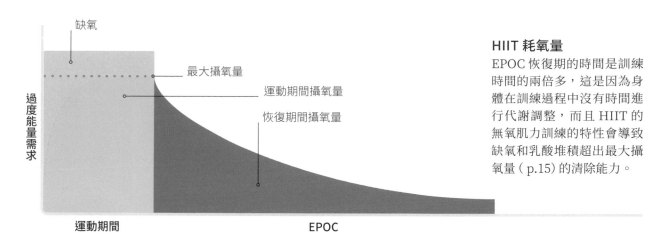

HIIT 耗氧量

EPOC 恢復期的時間是訓練時間的兩倍多,這是因為身體在訓練過程中沒有時間進行代謝調整,而且 HIIT 的無氧肌力訓練的特性會導致缺氧和乳酸堆積超出最大攝氧量(p.15) 的清除能力。

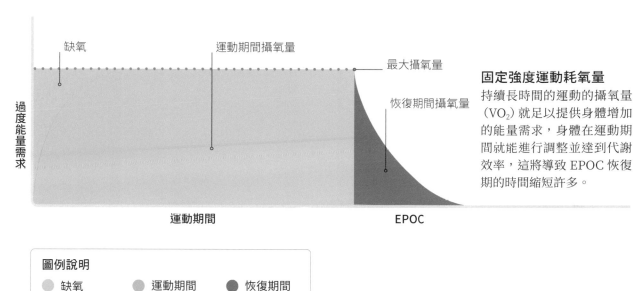

固定強度運動耗氧量

持續長時間的運動的攝氧量(VO₂)就足以提供身體增加的能量需求,身體在運動期間就能進行調整並達到代謝效率,這將導致 EPOC 恢復期的時間縮短許多。

圖例說明
- 缺氧
- 運動期間攝氧量
- 恢復期間攝氧量

乳酸轉化為肝醣

一旦獲得足夠的氧氣,無氧呼吸所產生的乳酸會先轉化成丙酮酸,然後轉化為肝醣粒儲存於肝臟中。

重新供氧給球蛋白

在 EPOC 期間,血液中的血球蛋白和肌肉中的肌球蛋白(對氧氣的運輸和吸收至關重要),會重新獲得氧氣的供應。

肌肉如何運作

肌肉控制動作，讓我們可以進行從跳躍到咀嚼食物等一切事情。肌肉藉由肌腱附著於骨骼上，肌腱是能夠抵抗高強度拉力的結締組織。肌肉通常是以成對拮抗的方式運作，當作用肌縮短時拮抗肌會拉長。

肌肉收縮

在產生張力的狀態下，肌肉的長度會改變（等張收縮）或保持不變（等長收縮）。等張收縮又可分為向心收縮和離心收縮，進行向心收縮時（例如肱二頭肌彎舉），肌肉在產生力量或克服阻力的同時會縮短；進行離心收縮時（例如做引體向上，當身體往下降時），肌肉在產生力量的同時會拉長，離心收縮可能是自主收縮或非自主收縮。

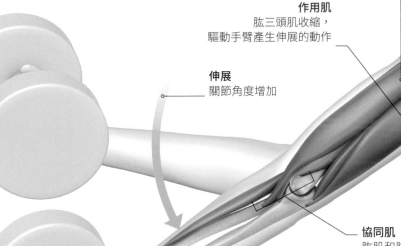

拮抗肌
肱二頭肌放鬆，
讓手臂能夠完成
伸展動作

作用肌
肱三頭肌收縮，
驅動手臂產生伸展的動作

伸展
關節角度增加

協同肌
肱肌和肱橈肌在手臂
彎舉兩個階段的作用
都是輔助作用肌

離心收縮
肌肉在離心 (eccentric) 收縮期間會拉長並
產生力量，離心收縮是肌肉在產生張力的
狀態下拉長，其作用是為了讓動作的速度
減緩，圖示裡的肱二頭肌進行離心收縮讓
啞鈴下放的動作減速放慢。

肌肉如何共同運作

在成對運作的拮抗肌裡，當其中一塊肌肉收縮時，另一塊肌肉會放鬆或拉長時，收縮的肌肉稱為作用肌，放鬆或拉長的肌肉稱為拮抗肌。例如在進行肱二頭肌彎舉時，肱二頭肌是扮演作用肌的角色，因為它會收縮以產生彎曲動作，而肱三頭肌則是拮抗肌，因為它會放鬆讓彎曲動作能夠完成。

 改善動作品質

肌肉共同收縮是一種神經肌肉反應，它發生於作用肌和拮抗肌同時被啟動時。共同收縮反應經常發生在剛開始進行肌力訓練的新手身上，這是身體在試圖改善關節穩定性和動作準確性所導致。因此在一開始，動作可能會有不協調或不流暢的現象。經過持續的練習，身體會被訓練以更協調的方式執行動作。

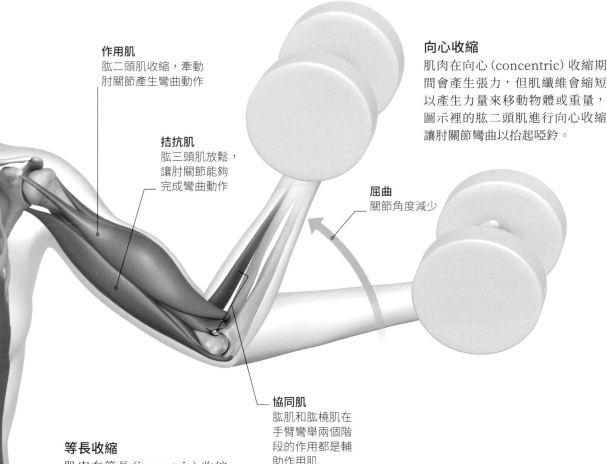

作用肌
肱二頭肌收縮，牽動肘關節產生彎曲動作

拮抗肌
肱三頭肌放鬆，讓肘關節能夠完成彎曲動作

向心收縮
肌肉在向心（concentric）收縮期間會產生張力，但肌纖維會縮短以產生力量來移動物體或重量，圖示裡的肱二頭肌進行向心收縮讓肘關節彎曲以抬起啞鈴。

屈曲
關節角度減少

協同肌
肱肌和肱橈肌在手臂彎舉兩個階段的作用都是輔助作用肌

等長收縮
肌肉在等長（isometric）收縮期間會產生張力，但肌肉長度沒有變化。肌肉等長收縮會發生在維持固定姿勢的時候。例如持續收緊腹肌以維持核心穩定，或是雙掌在胸前互抵，此時的肌肉會持續收縮但長度不會改變。

圖例說明

● 肌肉產生張力並縮短（向心收縮）

● 肌肉產生張力並拉長（離心收縮）

● 肌肉產生張力但長度不變，沒有產生動作（等長收縮）

HIIT 如何促進肌肉生長

HIIT 健身運動可以增加肌肉量和緊實度並有助於維持瘦肌肉組織，以及增加快縮肌纖維相對於慢縮肌纖維的比例。想要促進肌肉生長，應該要以肌力訓練為主，而不是有氧運動。

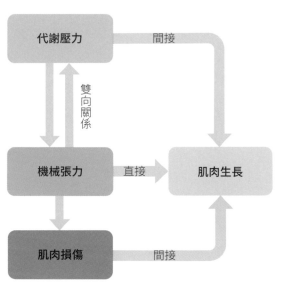

促進肌肥大的機制

肌肉生長的刺激

想要鍛鍊肌肉，必須承受機械張力、肌肉疲勞和肌肉損傷。當你舉起很重的重量時，肌肉裡的收縮蛋白會產生力量並形成張力以抵抗阻力，這種機械張力是肌肥大 (肌肉生長) 的主要驅動力。這種張力會造成肌肉結構性損傷，肌肉蛋白的機械損傷會刺激體內的修復反應，肌肉蛋白裡的受損纖維會導致肌肉尺寸增加。

當肌肉纖維耗盡能幫助肌肉收縮的能量分子，也就是 ATP (pp.12-13) 時，就會發生機械疲勞，此時肌肉收縮將無法即時獲得足夠能量供給，這種現象表現在外就是無法順利地舉起重量，這樣的代謝壓力也會讓肌肉增加。

如何讓肌肉長大

骨骼肌肉蛋白每天都會歷經合成和分解的循環週期，每當肌肉蛋白合成率大於肌肉蛋白質分解率，肌肉就會生長，肌肥大被認為是肌肉組織裡肌肉纖維、肌漿和結締組織三種不同組織的肥大所造成的結果。

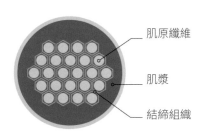

增大前的肌纖維
圖中的圓形是肌纖維的橫截面，裡面包含許多條成束排列的肌原纖維，周圍被肌漿和一層結締組織所包覆。

衛星細胞

骨骼肌衛星細胞對於肌纖維的維持、修復和重塑扮演著非常重要的角色，這些單核細胞位於肌纖維的基膜和細胞質膜之間，它們具有幹細胞的作用，能促進骨骼肌更進一步生長和發育。久坐不動的生活方式，會讓衛星細胞進入休眠狀態。

肌肉量隨著年齡老化而減少

肌肉若沒有使用，就會流失或者進入休眠狀態。隨著年齡增長，衛星細胞數量會自然下降，然而訓練能夠抵消這種減少現象。人一旦過了 30 歲，就必須經常活化肌肉，否則將面臨肌肉隨著年齡增長而失去再生能力的可能性。

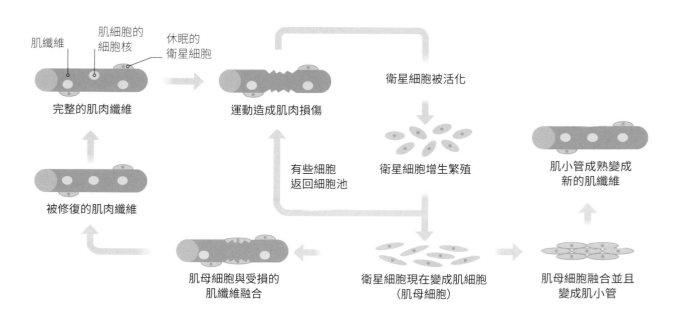

肌纖維　肌細胞的細胞核　休眠的衛星細胞
完整的肌肉纖維
運動造成肌肉損傷
衛星細胞被活化
衛星細胞增生繁殖
肌小管成熟變成新的肌纖維
被修復的肌肉纖維
有些細胞返回細胞池
肌母細胞與受損的肌纖維融合
衛星細胞現在變成肌細胞（肌母細胞）
肌母細胞融合並且變成肌小管

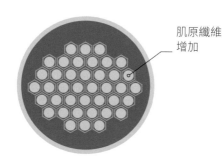

肌原纖維肥大

肌原纖維蛋白質佔了肌細胞蛋白質的 60%-70%。肌原纖維肥大是藉由增加肌小節讓肌原纖維的數量或尺寸增加。

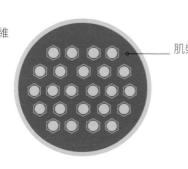

肌漿肥大

肌漿（包括粒線體、肌漿網、橫小管、酶和受質，例如肝醣）體積的增加也能讓肌纖維增大。

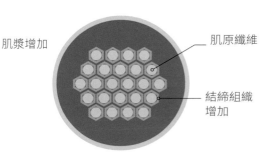

結締組織肥大

肌纖維的細胞外基質是構成結締組織的立體支架，其礦物質和蛋白質含量的增加也會讓肌肉變大。

肌肉解剖學

人體大約有 600 塊肌肉，肌肉可分成三種：心臟的心肌、臟器的平滑肌和骨骼肌。

骨骼肌

身體移動或做動作需要使用骨骼肌，骨骼肌藉由肌腱附著於骨骼和關節，並透過協調收縮來產生動作。研究肌肉及其動作模式可以改善大腦與身體之間的連結（所謂的身心連結），讓你能夠清楚感受到肌肉的運作，進而正確地啟動肌肉。

胸肌群
胸大肌
胸小肌

肋間肌

肱肌

腹部肌群
腹直肌
腹外斜肌
腹內斜肌（位於表層下方的深層肌肉）
腹橫肌

髖屈肌群
髂腰肌（包括髂肌和腰大肌）
股直肌（股四頭肌之一）
縫匠肌
內收肌群（見下方）

內收肌群
內收長肌
內收短肌
內收大肌
恥骨肌
股薄肌

股四頭肌
股直肌
股中間肌
股外側肌
股內側肌（位於表層下方的深層肌肉）

踝足背屈肌群
脛前肌
伸趾長肌
伸拇趾長肌

從顯微鏡可見到肌原纖維呈現平行排列

肌肉蛋白質呈條紋狀排列

肘屈肌群
肱二頭肌
肱肌（深層肌肉）
肱橈肌

骨骼肌纖維
骨骼肌纖維就像其他身體組織一樣柔軟而脆弱。結締組織能支撐和保護這些纖維，讓它們能夠承受肌肉收縮的力量。

表層肌肉　　　　　深層肌肉

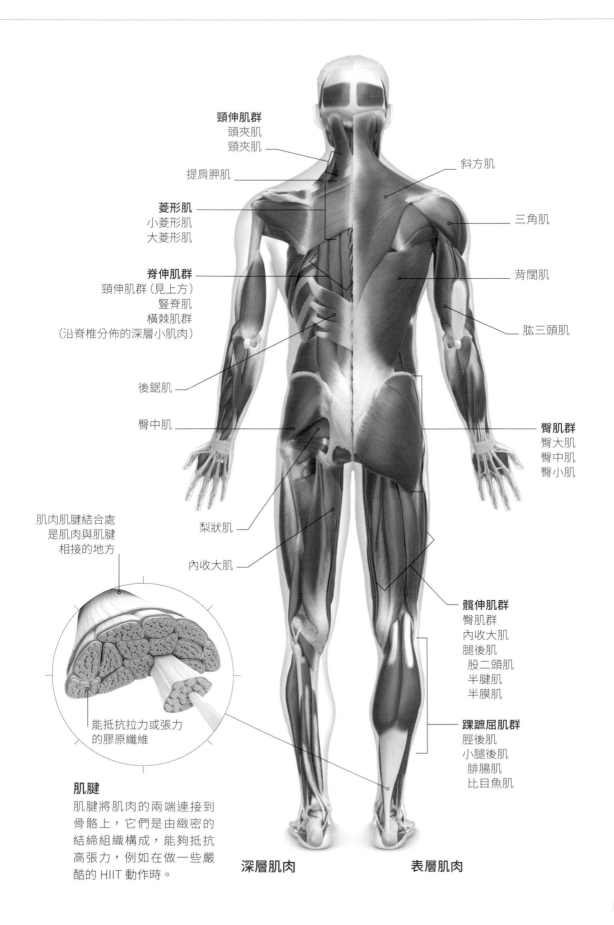

頸伸肌群
頭夾肌
頸夾肌

提肩胛肌

菱形肌
小菱形肌
大菱形肌

脊伸肌群
頸伸肌群（見上方）
豎脊肌
橫棘肌群
（沿脊椎分佈的深層小肌肉）

後鋸肌

臀中肌

斜方肌

三角肌

背闊肌

肱三頭肌

臀肌群
臀大肌
臀中肌
臀小肌

肌肉肌腱結合處
是肌肉與肌腱
相接的地方

梨狀肌

內收大肌

能抵抗拉力或張力
的膠原纖維

髖伸肌群
臀肌群
內收大肌
腿後肌
股二頭肌
半腱肌
半膜肌

踝蹠屈肌群
脛後肌
小腿後肌
腓腸肌
比目魚肌

肌腱

肌腱將肌肉的兩端連接到
骨骼上，它們是由緻密的
結締組織構成，能夠抵抗
高張力，例如在做一些嚴
酷的 HIIT 動作時。

深層肌肉　　　　表層肌肉

HIIT 訓練與大腦之間的關係

近期研究發現，運動能從許多方面對大腦產生正向影響，運動能為大腦注入氧氣，
釋放腦內啡和能夠促進腦細胞生長的荷爾蒙，並提升大腦的可塑性。除此之外，
還能改善認知功能、心理健康和記憶力，並減少憂鬱和壓力。

改善大腦和身體的連結

運動對我們的思考和感受有許多正向的
影響，血流量增加代表大腦比運動前
能獲取更多的氧氣和能量。在情緒層面
上，運動能提振情緒，藉由向大腦傳送
能發出快樂訊號的荷爾蒙。根據哈佛醫
學院雜誌報導，運動還可以誘發大腦中
有益蛋白質的釋放，這些滋養蛋白質（神
經營養因子）能維持腦細胞健康並促進新
細胞的生長。

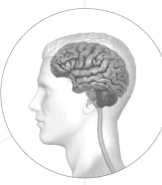

減輕壓力
眾所周知，運動可
以紓解長期壓力，而
運動後的腦內啡能
振奮心情。

改善睡眠
運動有助於改善睡眠品
質，增加能恢復活力的深
層「慢波睡眠」的比例，
良好的睡眠可以提升
創造力並增強
大腦功能。

**預防老年
癡呆症**
神經營養因子的增加
可減輕因老年癡呆症
引起的腦組織
損傷。

提高認知能力
研究顯示，運動能增加大
腦血液流量，進而提高腦內神
經營養因子的濃度，其有助於
大腦的適應和再生能力，提高
邏輯思考能力、智力表現
和記憶力。

增加腦容量
研究顯示，運動可以增
大海馬迴的體積，它是與
記憶和學習相關的大腦
區域。

HIIT 訓練對大腦的益處

人在運動時，大腦中的氧氣濃度會增加並促進血管新生（血管生長）。這種現象特別會發生在負責邏輯思考、其他智力、體能和社交能力的大腦區域。運動還可以降低壓力荷爾蒙皮質醇（cortisol）的分泌，讓血清素（serotonin）和正腎上腺素（norepinephrine）等神經傳導物質的數量增加。

神經新生 （Neurogenesis）

科學家們曾經認為大腦中的神經元（神經細胞）的數量（大約 860 億個）在人出生時就已經固定，然而目前的研究證明，神經新生（生長新的神經元）會發生在海馬迴等對學習和記憶很重要的大腦區域，更重要的是運動能夠刺激有助於增進神經新生和神經可塑性（見下文）的神經營養因子分泌。

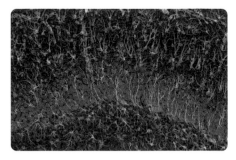

新的大腦細胞

在這個大腦海馬迴的顯微圖像裡，呈現粉紅色的是神經元細胞。HIIT 運動能促進新神經元的產生。

 大腦－身體連結

進行訓練時最好能全神貫注、心無旁騖，做到這一點的一個方法是改善大腦與身體的連結（身心連結）。身心連結意味著將注意力放在正在訓練的肌肉，觀察那塊肌肉，感受它如何活動。研究顯示，這樣做這可以增強特定肌肉的力量和生長，這是一種有意識的阻力訓練方式。

神經可塑性 （Neuroplasticity）

運動能夠提升神經可塑性，其包括大腦的適應、熟稔新技能以及儲存記憶和訊息的能力。大腦內的路徑越經常使用就會變得越牢固，訓練或執行一項新技能的次數越多，大腦內的路徑就越強化。做運動不但能訓練身體，同時也能訓練大腦！

神經化學 （Neurochemistry）

在一個神經元與另一個神經元相遇的地方，有一個稱為突觸的間隙。為了傳輸電子訊號，大腦會使用一種叫做神經傳遞物質的化學系統，它會擴散越過突觸，將電子訊號傳到下一個相連的神經元。HIIT 訓練能增加某些神經傳遞物質的分泌，例如多巴胺和血清素，這就是為什麼運動之後會感到快樂且壓力減輕的原因。

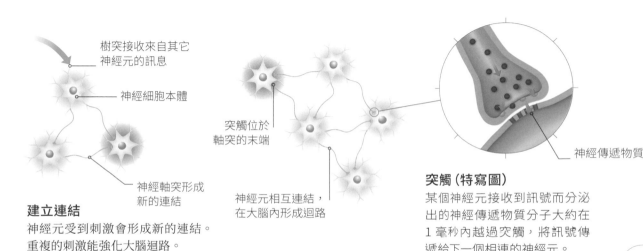

建立連結

神經元受到刺激形成新的連結。重複的刺激能強化大腦迴路。

樹突接收來自其它神經元的訊息

神經細胞本體

神經軸突形成新的連結

突觸位於軸突的末端

神經元相互連結，在大腦內形成迴路

神經傳遞物質

突觸（特寫圖）

某個神經元接收到訊號而分泌出的神經傳遞物質分子大約在 1 毫秒內越過突觸，將訊號傳遞給下一個相連的神經元。

為 HIIT 訓練提供能量

即便減重可能是你開始執行 HIIT 計劃的主要目的，但攝取充足和均衡的營養，讓每次運動都能獲取適當能量，並達到改善體質的長期益處也很重要。讓自己能夠養成吃原型 (whole foods) 且多樣化的食物以及均衡攝取碳水化合物、蛋白質和脂肪的健康飲食習慣。

營養素

巨量營養素分成三大類：碳水化合物、蛋白質和脂肪。碳水化合物包含不同化學結構的醣類，這些醣類能被人體轉化為葡萄糖並儲存為肝醣，也就是我們的主要能量來源。蛋白質由胺基酸組成，人體使用胺基酸來製造和修復組織 (包括器官和肌肉) 以及維持身體運作的機能。脂肪是一種重要的能量來源，對荷爾蒙的產生至關重要。

微量營養素
雖然維生素和礦物質的攝取量很小，但對維持人體各種機能的正常運作，從免疫功能到細胞再生和能量產生都很重要。最好能從原型食物中攝取微量營養素，而不要依賴營養補充品。

建立均衡飲食
碳水化合物應該佔每日食物攝取量的很大比例，但這並不代表可以亂吃蛋糕、薯條和含糖飲料！最好選擇需要花較長時間分解，慢慢釋放能量並含有纖維和微量營養素的「原型食物」，例如全穀物、蔬菜、水果 (因為含較多糖份，故不宜過量) 和香草植物。蛋白質應佔每日攝取量的 20% 左右，可以從豆類、堅果和大豆等植物性來源中攝取，或是從肉類、魚類和奶製品。不要怕吃脂肪，但要選擇單元不飽和脂肪與多元不飽和脂肪。

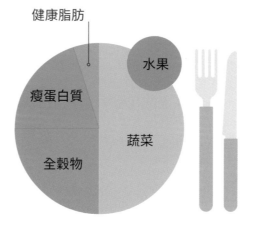

健康脂肪 / 水果 / 瘦蛋白質 / 蔬菜 / 全穀物

健康餐盤
左圖呈現一日三餐應該包含的營養素種類和大略的比例。

估算份量
按照下面的說明，利用雙手當作現成的測量工具，以計算每一餐各類食物的份量。

蔬菜
(雙手捧著)

全穀物
(拳頭大)

水果
(拳頭大)

蛋白質
(手掌大)

脂肪
(15–30 ml)

健身前後的營養攝取

遇到訓練日時，必須定時和持續地為身體提供所需營養，讓代謝能維持在高水準，同時最大限度地提高運動後的「後燃效應」（pp.16-17），並且讓身體能快速恢復並獲得訓練適應的效果，例如增加肌肉量和更多的肝醣儲存。雖然狀況因人而異，但建議避免在臨近訓練前或訓練期間吃東西，可在健身結束後立即吃一些點心來促進恢復。

攝取的內容與適當時機
關於是否必須在健身後立即攝入蛋白質以避免肌肉過度分解，一直存在著爭論。不過，有證據顯示健身後立即攝入蛋白質有助於促進肌肉合成，如果你是在斷食狀態下進行訓練，建議運動後要攝取蛋白質。

健身前	健身期間	健身後
訓練前的一頓正餐或點心能幫助補充能量儲備，為肌肉恢復做好準備。但正餐應該要在健身前 2 或 3 小時吃，點心則需在健身前 1 小時吃，這樣剛好可以完成消化過程，而不會對健身造成負面影響。	有些人發現在斷食狀態下（例如經過整晚睡眠尚未進食的早晨）健身有助於燃燒更多脂肪，因為身體只能利用有限的肝醣儲存並轉而動用脂肪儲備。這是個人喜好（我也喜歡這樣），視情況有些人需要在健身前進食。	健身後身體需要碳水化合物來補充能量儲備，需要蛋白質來促進肌肉適應。健身後過多久進食取決於個人，但不要距離太久，也不要讓補充健身後能量耗損成為吃精緻高糖零食的藉口。請選擇複合碳水化合物、優質蛋白質和健康均衡食物。

訓練前　　　　　　　　訓練中　　　　　　　　　訓練後

3 小時　　2　　　　1　　30分鐘　　　　　　　　1　　　2　　　3

在訓練前 1 小時之內避免吃任何食物

有些人深信健身前喝少量蘋果醋或咖啡有助提升運動表現

健身後立即喝高蛋白奶昔

健身後約 1～2 小時吃營養均衡的正餐

體液平衡

人體內高達 60% 是水分，而水合作用（hydration）具有許多能影響運動表現的關鍵功能。人體可藉由排汗來調節體溫，水也可以運輸營養物質、帶走代謝廢物、維持血液流動和血容量，讓含氧血液能送達肌肉以進行有氧呼吸（pp.12-15）。因此，必須隨時注意水分的補充，但要避免喝太多的水，尤其是在運動後大量出汗時，因為可能會導致低血鈉。

每日適當的水分攝取量
現行健康指南建議每公斤體重應攝取 30-40 ml，每個人必須要根據自己的流汗狀況、活動量和環境因素去調整每日的水分攝取量。

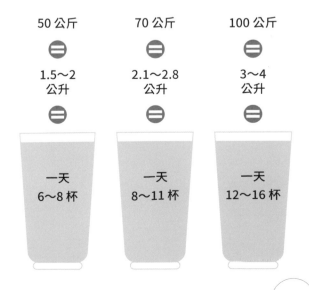

50 公斤	70 公斤	100 公斤
1.5～2 公升	2.1～2.8 公升	3～4 公升
一天 6～8 杯	一天 8～11 杯	一天 12～16 杯

2

核心肌群訓練
pp.34-61

上半身訓練
pp.62-93

下半身訓練
pp.94-123

增強式訓練
pp.124-151

全身性訓練
pp.152-185

訓練前的
基礎知識

本書接下來的幾篇將介紹 95 個訓練動作，包括 46 個主要訓練動作和 49 個增加挑戰性或修改調整的變化式。在做每個訓練動作時，要交替進行 30-60 秒的高強度運動與 30-60 秒的休息。改變強度或是改變運動持續時間和休息時間，就能讓訓練動作有無限多種的變化。在開始進行訓練之前，必須先瞭解一些身體運動的基礎知識與術語，才能確實依照指示進行。

訓練的相關基礎知識

本書後續的訓練動作有助於增強心血管能力以及肌力和肌耐力,每個訓練動作都會針對特定肌肉群,利用人體肌肉構造圖和文字描述清楚說明和提醒正確姿勢和呼吸技巧。請仔細按照說明執行動作,以確保運動安全。

主要訓練動作和變化式

本書第 3~5 篇的訓練動作是按照身體部位分類,第 6 篇將介紹能提升速度和爆發力的增強式訓練(plyometric exercises),第 7 篇是能增加敏捷性以及心血管能力的全身性訓練,各篇皆包括主要訓練動作和變化式。每個主要訓練動作都是經過篩選,能有效地訓練特定肌肉群或多個肌肉群,變化式則是將主要訓練動作做修改調整,以增加或降低挑戰性,或是訓練到周圍的肌肉。

> **❗ 常見錯誤**
>
> 在介紹各種訓練動作時,會出現一個常見錯誤的說明框,提供執行動作時最常見的錯誤和應注意事項。練習任何新動作必須考量本身目前的技巧程度與體能狀況,從低重量和低持續時間開始做起,直到動作熟練正確再往上增加。千萬不要為了追求過高的負荷而犧牲動作姿勢的標準性和正確性。

正確執行動作

執行每個訓練動作都必須確保動作姿勢的正確性,正確執行動作有助於施加張力在正確的肌肉上並提升肌肉力量,同時也能避免受傷。

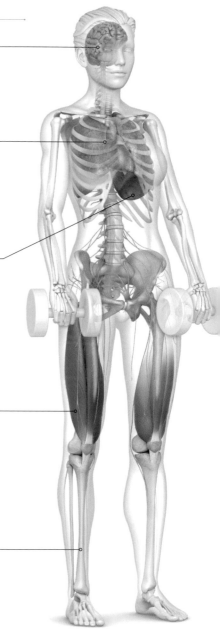

大腦和神經系統
身心連結會有助於鍛鍊到正確的肌肉部位並改善協調性。

心血管系統
心血管系統能將充滿氧氣的血液運送至全身並為肌肉供給能量。

呼吸系統
正確的呼吸可幫助身體獲得更多氧氣,訓練時可利用呼吸節奏去輔助你正確地執行動作。

肌肉系統
正確執行訓練動作有助於施加更多機械張力和壓力在目標肌肉上。

骨骼系統
肌肉附著於骨頭上,藉由收縮和放鬆去拉動骨頭產生動作。正確的姿勢和動作能確保壓力施加在正確的部位,進而減少受傷的機會。

健身訓練的專業術語

健身訓練的專業術語

以下是本書經常使用到的一些術語。

反覆次數 (Reps)

反覆次數係指完成一個完整訓練動作的次數,你可以用明確的次數設定要執行的反覆次數,但是HIIT比較常採取以時間為基準的計算方式,例如在 30、45、60 秒內能夠做到的次數。

組數 (Set)

1 組包含了一系列數個訓練動作,通常是連續執行 4 或 5 個動作,每個動作之間可能會有間歇休息時間,也可能沒有。完成一組之後通常會有休息時間(組間休息),再進行下一組。

訓練課表

訓練課表係指整套健身訓練的內容,包括反覆次數、訓練動作項目、執行的順序、預計完成的組數、執行訓練動作的持續時間、間歇休息時間(前一個訓練動作與下一個訓練動作之間的短暫休息)、組間休息。

呼吸的重要性

呼吸系統能提供身體大部分能量需求所需的氧氣,並清除能量轉換產生的二氧化碳廢棄物 (pp.12-17)。呼吸有助強化身心連結,提升對核心肌肉(尤其是腹部肌肉)的控制,讓核心肌肉能維持收緊和穩定。

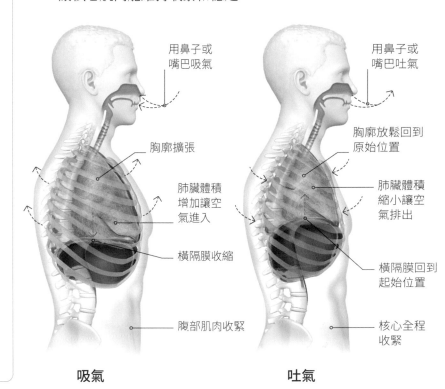

用鼻子或嘴巴吸氣

胸廓擴張

肺臟體積增加讓空氣進入

橫隔膜收縮

腹部肌肉收緊

吸氣

用鼻子或嘴巴吐氣

胸廓放鬆回到原始位置

肺臟體積縮小讓空氣排出

橫隔膜回到起始位置

核心全程收緊

吐氣

訓練器材

本書介紹的大多數訓練動作只需要一些簡單的設備,不管在家裡或是健身房都可以做。瑜伽墊能讓地板動作做起來更舒適;健身球(抗力球)能增加不穩定性,以徵召不同肌肉並增加挑戰性;彈性阻力帶和啞鈴能增加負荷和阻力。

阻力帶是按照顏色區分阻力強度

彈性阻力帶

啞鈴的重量分成固定式和可調式兩種類型,另外還有壺鈴可供選擇

選擇止滑材質,容易捲起來且方便收納

要依照身高挑選合適的尺寸(編註:中等身材者可選直徑65公分的)

啞鈴　　**瑜伽墊**　　**健身球(抗力球)**

人體動作術語

人體有許多動作都需要關節的參與，此處要介紹這些動作的專業術語。本書的訓練動作說明會使用到這些術語，在閱讀後面各篇時可隨時回頭參照這兩頁。

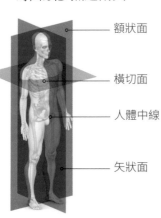

額狀面
橫切面
人體中線
矢狀面

動作平面

三條假想的線穿過身體形成動作平面。矢狀面將人體分割成左右兩半，往前和往後的動作就發生在此平面；額狀面將人體分割成前後兩半，屬於側向動作的平面；橫切面水平切割人體，旋轉動作便是發生在這個平面上。

脊椎

其作用除了為上半身提供結構支撐之外，還能將上半身的負荷傳遞至下半身。脊椎可以執行伸展、屈曲、旋轉、側屈以及結合兩種以上的複合式動作。

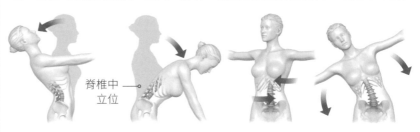

脊椎中立位

伸展
從腰部的位置彎曲讓軀幹往後移動

屈曲
從腰部的位置彎曲讓軀幹往前移動

旋轉
以身體中線為軸心，讓軀幹往右或往左旋轉

側屈
以身體中線為起點，讓軀幹往右或往左彎曲

肘關節

任何用手支撐的運動和某些手臂運動都會使用到肘關節。

伸展
伸直手臂，關節角度增加

屈曲
彎曲手臂，關節角度減少

腕關節

進行訓練時除非特別指示，否則腕關節都應保持中立位，與前臂呈直線對齊。

旋後
旋轉前臂，讓掌心朝上

旋前
旋轉前臂，讓掌心朝下

髖關節

髖關節能在許多動作平面上執行多種動作，所有這些動作都是以腿伸直的姿勢為基準，如下圖所示。

內收
大腿向內往身體中線方向移動

外展
大腿向外往遠離身體中線方向移動

外旋
大腿向外側旋轉

內旋
大腿向內側旋轉

伸展
大腿往後伸展，讓身體在髖部關節處伸直

屈曲
大腿往前移動，讓身體從髖部關節處彎曲

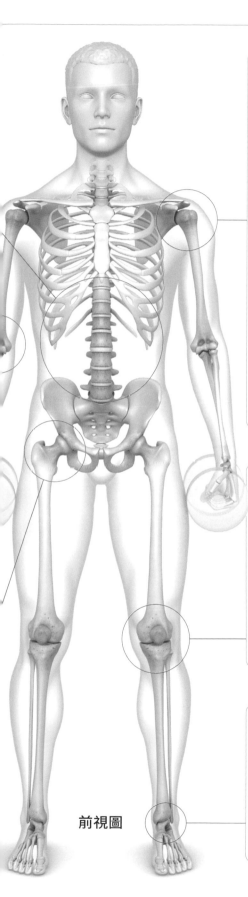

前視圖

肩關節

這個結構複雜的關節能在多個動作平面上執行多種動作，它可以讓手臂往前和往後移動，在身體側邊上下移動，也可以在肩關節處旋轉。

屈曲
手臂從肩關節處
往前移動

伸展
手臂從肩關節處
往後移動

內收
手臂往身體方向
移動

外展
手臂往遠離身體
方向移動

外旋
手臂從肩關節處
向外旋轉

內旋
手臂從肩關節處
向內旋轉

膝關節

膝關節必須能夠承
受高達身體 10 倍
重量的負荷。它的
主要動作是屈曲和
伸展。

屈曲
膝蓋彎曲，
關節角度減少

伸展
膝蓋伸直，
關節角度增加

踝關節

在 HIIT 訓練裡會使
用到的兩個主要踝關
節動作是足背屈和蹠
屈。

足背屈
踝關節彎曲，
讓腳尖朝上

蹠屈
踝關節伸展，
讓腳尖朝下

核心肌群訓練

本篇介紹的訓練著重在鍛鍊腹部肌肉：腹橫肌、腹直肌以及腹內斜肌和腹外斜肌。每個訓練動作都會提供清楚明確的說明和指示，以最大限度地提高效率並降低受傷風險。除此之外，許多訓練動作還會另外提供變化式和調整版本。

高棒式到低棒式
HIGH PLANK TO LOW PLANK

這個訓練可以強化腹部肌肉、背部、臀部、股四頭肌和胸部，此外，從低棒式到高棒式這樣反覆上下的過程也能鍛鍊到肱三頭肌，這種涉及姿勢轉換的棒式會迫使核心收緊以支撐背部。

概述

這項訓練只需要一張瑜伽墊，在整個訓練過程中，要確保核心收緊，將肚臍收往脊椎方向，在上下移動時要保持頭部與頸部對齊。起初先從 30 秒開始做起，做完休息 30 秒，再做下一組。之後再逐步將運動時間增加到 45 秒，最後增加到 60 秒。

頭頂往前伸

腳跟往後推

保持脊椎中立位與核心緊縮

預備階段

起始姿勢為高棒式，雙臂撐地打開與肩同寬，雙腳打開與髖部同寬，頭部、頸部和脊椎呈一直線。手指伸直，手掌平放於地板，雙腳腳趾彎曲，以腳趾撐地。臀肌夾緊，骨盆向下捲收，下背部保持平坦。

腿部

腿後肌收緊對抗重力讓身體能維持正位，從頭到腳呈一直線。臀部肌肉、內收肌群和外展肌群保持緊縮，雙腳併攏同時大腿內側夾緊，保持骨盆向下捲收。

圖例說明

- ●--- 關節
- ○— 肌肉
- ● 肌肉縮短產生張力
- ● 肌肉拉長產生張力
- ● 肌肉拉長但沒有產生張力
- ● 支撐肌肉群沒有產生動作

臀大肌
臀中肌
闊筋膜張肌
股直肌
股外側肌
腓腸肌
腓骨長肌
伸趾長肌
外展拇趾肌

階段一

彎曲右臂，將右手肘放在墊子上，然後彎曲左臂，將左手肘放在墊子上，用兩隻前臂支撐身體。收緊核心（將肚臍往脊椎方向內收），以盡可能減少髖部左右晃動。

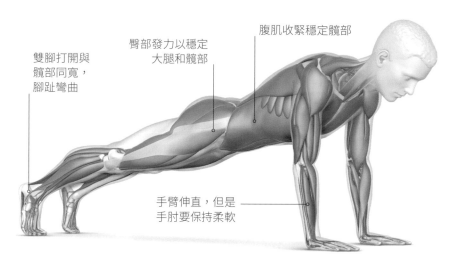

注意事項！
如果姿勢不正確，會導致下背部和手腕受傷，務必全程收緊核心。

雙腳打開與髖部同寬，腳趾彎曲

臀部發力以穩定大腿和髖部

腹肌收緊穩定髖部

手臂伸直，但是手肘要保持柔軟

上半身
這種等長收縮腹部訓練還會運用到斜方肌、大菱形肌和小菱形肌、胸肌、前鋸肌、三角肌、肱二頭肌和肱三頭肌，腹內斜肌和腹外斜肌以及豎脊肌要保持收緊以穩定髖部。

階段二
伸展右手肘，掌心朝下用手掌支撐身體，然後伸展左手臂，回到高棒式的位置，全程保持核心收緊和背部平坦，重複相同動作。

腹外斜肌

腹直肌

背闊肌

伸指肌

肱橈肌

肱三頭肌

三角肌

大圓肌

胸大肌

斜方肌

胸鎖乳突肌

側視圖

» 變化式

這裡要介紹的棒式變化式包括低棒式支撐、低衝擊棒式以及難度更高的海豚棒式。它們都是針對腹橫肌和腹直肌，腹橫肌必須先訓練，才能鍛鍊出腹直肌，也就是俗稱的六塊肌。

棒式變化式可以強化核心肌群，改善柔軟度並有助於減輕背部疼痛

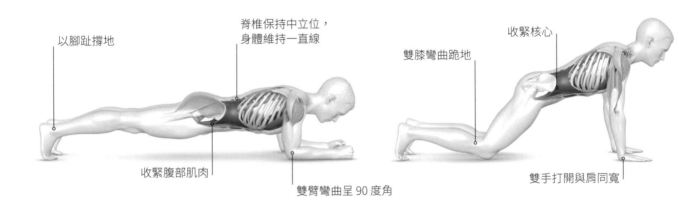

以腳趾撐地

脊椎保持中立位，身體維持一直線

收緊核心

雙膝彎曲跪地

收緊腹部肌肉

雙臂彎曲呈 90 度角

雙手打開與肩同寬

低棒式支撐

這種變化式做法很簡單，只要維持低棒式的姿勢即可。為避免傷害下背部、肩膀、頸部或臀部，請務必收緊腹部、雙腿和肩膀的肌肉。

預備階段／階段一

身體正面朝下，擺出低棒式的姿勢，頭部保持中立位，前臂和腳趾置於地板，雙腿伸直，背部保持平坦；手肘位於肩膀正下方，前臂朝前，頭部放鬆，視線朝向地板。骨盆向下捲收，同時夾緊臀部。維持低棒式的姿勢，支撐 30 秒。

低衝擊棒式

如果你有下背部問題，或者是 HIIT 訓練的新手，那麼低衝擊棒式是很好的選擇。可以在不增加脊椎壓力的情況下獲得核心訓練的益處。

預備階段

以高棒式為起始姿勢，雙手打開與肩同寬，雙腳打開與髖部同寬，頭部、頸部和脊椎呈一直線。

階段一

保持背部平坦與骨盆向下捲收，雙膝彎曲跪地，不要讓背部下沉，並維持姿勢 30 秒。

圖例說明

● 主要目標肌群　● 次要目標肌群

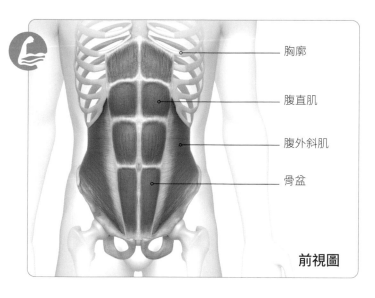

胸廓

腹直肌

腹外斜肌

骨盆

前視圖

核心肌群

做仰臥起坐時，腹部肌肉會進行向心收縮。腹部肌肉會縮短，導致胸廓和骨盆之間的距離減少。然而，在仰臥起坐的頂端位置，當身體開始往地面下降時，腹部肌肉會進行離心收縮，在對抗張力下產生收縮。

海豚棒式

這是一項全身性運動，它具有強化手臂和肩膀的效果，做的過程中需要靠腹肌和核心肌群來穩定軀幹，腿後肌和小腿後肌亦能獲得很好的伸展。記得要保持背部挺直，尤其是在往後跳時。

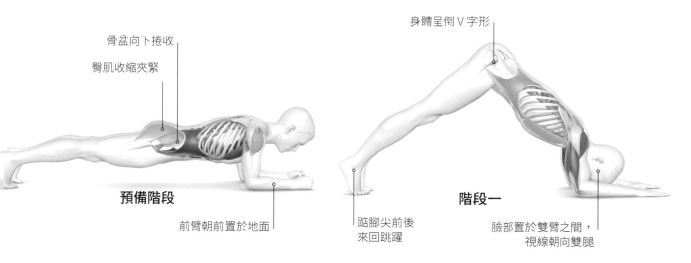

骨盆向下捲收

臀肌收縮夾緊

預備階段

前臂朝前置於地面

身體呈倒 V 字形

階段一

蹠腳尖前後來回跳躍

臉部置於雙臂之間，視線朝向雙腿

預備階段

以低棒式為起始姿勢，頭部維持中立位並面向地板，雙手前臂貼地，雙腳以腳趾撐地。手肘位於在肩膀正下方，同時前臂朝前。

階段一

吐氣，雙腳以蹠腳尖的姿勢向前跳躍，同時抬起臀部，身體順勢形成倒 V 字形，過程中前臂要保持貼地。

階段二

夾緊臀肌，吸氣同時雙腳以蹠腳尖的姿勢輕輕向後跳躍，回到低棒式的起始姿勢，這是海豚棒式基本的來回動作。

游泳棒式
SWIM PLANK

游泳棒式是一項全身性運動，它能強化腹部、背部和肩膀。
這個訓練會使用到的主要肌肉包括：豎脊肌、腹直肌和腹橫肌。

扭轉身體讓髖部回到
與地面平行的位置

概述

這個訓練動作不像很多核心運動那樣會對下背部或頸
部施加太大壓力，因為它的過程中會轉換成側棒式，
所以它也是一種平衡訓練，具有提升平衡感和協調性
的效果。做游泳棒式時，要用鼻子吸氣並用嘴吐氣。
建議先從 4 組，每組 8 次開始做起，為了獲得均衡的
訓練，左右兩側的反覆次數要相同。

核心肌群與腿部
雖然這個動作主要使用的
肌肉是腹肌，但臀中肌和
臀大肌也會啟動以協助穩
定髖部。「游泳」的過
程中，要確保將髖部往前
推，讓脊椎能維持中立位。

腳跟往後推　　臀部和腿部肌肉要同時收緊

收緊腹肌
（將肚臍往脊椎方向收）

預備階段
以低棒式為起始姿勢，雙手前臂貼
地，雙腳腳趾彎曲撐地，腳跟向後
推，手肘位於在肩膀正下方，手腕與
手肘對齊呈一直線，雙手距離與肩同
寬。收緊核心，視線始終朝向地板。

脛前肌　腓腸肌　**膝關節**　股外側肌　股直肌　股內側肌　內收長肌　恥骨肌　闊筋膜張肌　腹直肌　腹外斜肌

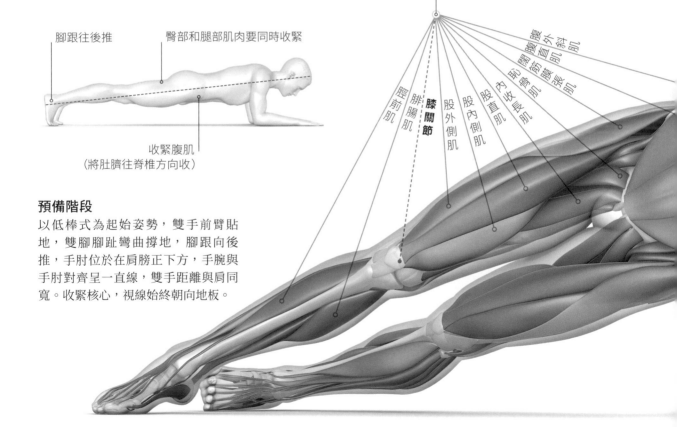

四分之三側視圖

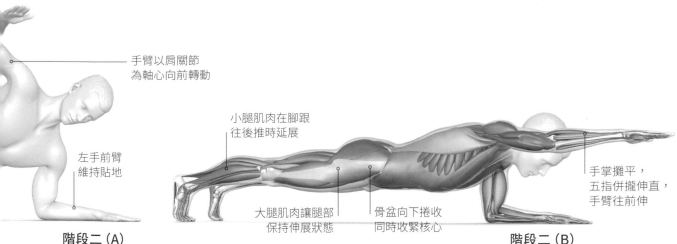

手臂以肩關節
為軸心向前轉動

左手前臂
維持貼地

小腿肌肉在腳跟
往後推時延展

大腿肌肉讓腿部
保持伸展狀態

骨盆向下捲收
同時收緊核心

手掌攤平，
五指併攏伸直，
手臂往前伸

階段二 (A)

階段二 (B)

階段二

手臂向上抬起，肘關節呈 45 度角，以肩關節為軸心轉動帶動右手臂往前移動回到耳朵旁邊，同時扭轉身體讓髖部回到與地板平行的位置，接著右手臂再進一步往頭前方伸直，左前臂保持貼地。維持姿勢 2 秒鐘，然後將右臂往後拉，將前臂放回地面，換左手臂重複相同動作。

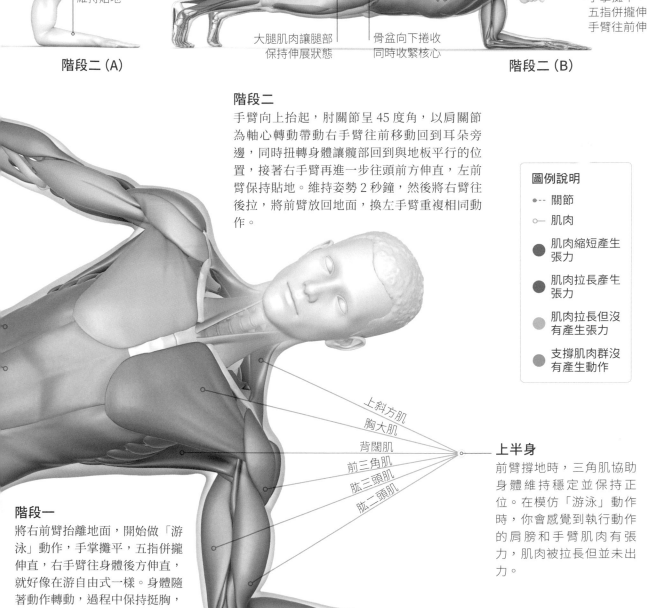

圖例說明

●-- 關節

○— 肌肉

● 肌肉縮短產生
張力

● 肌肉拉長產生
張力

● 肌肉拉長但沒
有產生張力

● 支撐肌肉群沒
有產生動作

上斜方肌
胸大肌
背闊肌
前三角肌
肱三頭肌
肱二頭肌

上半身

前臂撐地時，三角肌協助身體維持穩定並保持正位。在模仿「游泳」動作時，你會感覺到執行動作的肩膀和手臂肌肉有張力，肌肉被拉長但並未出力。

階段一

將右前臂抬離地面，開始做「游泳」動作，手掌攤平，五指併攏伸直，右手臂往身體後方伸直，就好像在游自由式一樣。身體隨著動作轉動，過程中保持挺胸，右腳也跟著轉動變成右腳在前、左腳在後的姿勢。

登山式 *MOUNTAIN CLIMBER*

登山式 (又稱棒式旋轉) 能同時鍛鍊多個肌肉群和關節，能強化手臂、背部、肩膀、核心和腿部。同時使用多肌肉群的另一個好處是增加心跳率，這會有助燃燒更多熱量，這個動作也能讓股四頭肌得到很好的鍛鍊。

概述

在進行這個動作時，肩膀、手臂和胸部的肌肉會作用以穩定上半身，核心肌群也會協助穩定身體其他部分。起始姿勢是棒式，當左右交替抬起膝蓋往身體對側移動並回到棒式位置的過程中，要集中注意力讓身體全程保持直線。如果覺得做這個動作有困難，可以改成將膝蓋直直往上抬至胸部位置，而不是移動到對側，兩側的反覆次數要相同以獲得均衡的訓練。

核心肌群和手臂
核心穩定肌群 (腹直肌、腹橫肌以及腹內斜肌和腹外斜肌) 發揮穩定背部的作用，手臂和肩膀維持不動但處於張力狀態，肱三頭肌讓手肘能維持伸直狀態。

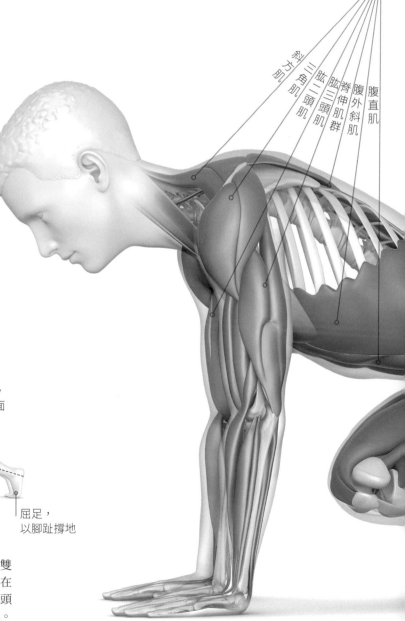

斜方肌
三角肌
肱二頭肌
肱三頭肌
脊伸肌群
腹外斜肌
腹直肌

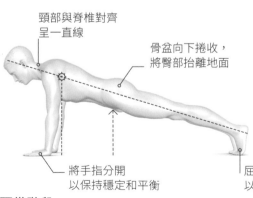

頸部與脊椎對齊呈一直線

骨盆向下捲收，將臀部抬離地面

將手指分開以保持穩定和平衡

屈足，以腳趾撐地

預備階段
以高棒式為起始姿勢，將體重均勻分配於雙手與兩個腳尖。雙手打開與肩同寬，手腕在肩膀正下方，頸部和脊椎對齊呈一直線，頭部處於中立位，背部保持平坦，收緊腹肌。骨盆向下捲收以避免臀部往上翹。

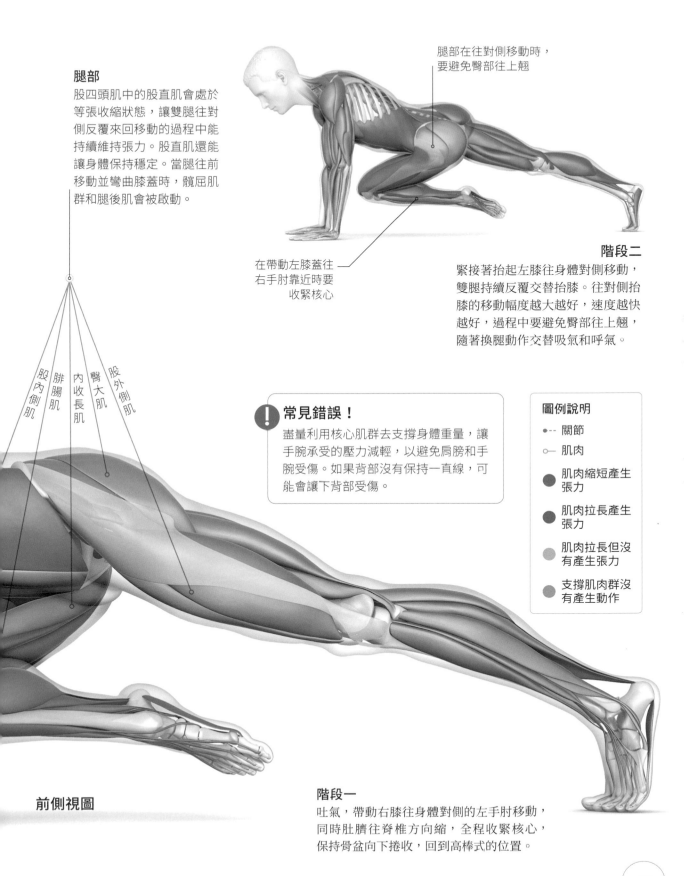

腿部

股四頭肌中的股直肌會處於等張收縮狀態，讓雙腿往對側反覆來回移動的過程中能持續維持張力。股直肌還能讓身體保持穩定。當腿往前移動並彎曲膝蓋時，髖屈肌群和腿後肌會被啟動。

腿部在往對側移動時，要避免臀部往上翹

在帶動左膝蓋往右手肘靠近時要收緊核心

階段二

緊接著抬起左膝往身體對側移動，雙腿持續反覆交替抬膝。往對側抬膝的移動幅度越大越好，速度越快越好，過程中要避免臀部往上翹，隨著換腿動作交替吸氣和呼氣。

股內側肌
腓腸肌
內收長肌
臀大肌
股外側肌

！ 常見錯誤！

盡量利用核心肌群去支撐身體重量，讓手腕承受的壓力減輕，以避免肩膀和手腕受傷。如果背部沒有保持一直線，可能會讓下背部受傷。

圖例說明

- ●-- 關節
- ○ 肌肉
- ● 肌肉縮短產生張力
- ● 肌肉拉長產生張力
- ● 肌肉拉長但沒有產生張力
- ● 支撐肌肉群沒有產生動作

前側視圖

階段一

吐氣，帶動右膝往身體對側的左手肘移動，同時肚臍往脊椎方向縮，全程收緊核心，保持骨盆向下捲收，回到高棒式的位置。

》變化式

這裡介紹的登山式變化式會使用到所有核心肌肉，包括腹直肌、腹橫肌和腹斜肌。如果姿勢動作正確，它們還可以活化臀部和背部的肌肉，並且能夠強化下背部。

雙腳交替前跨步

這種具爆發性的雙腳交替前跨步訓練需要良好的體能和協調性，背部要全程保持挺直平坦，並與頸部和頭部對齊呈一直線。在做左右交替動作時臀部不要往上翹，骨盆要保持向下捲收。

圖例說明
● 主要目標肌群
● 次要目標肌群

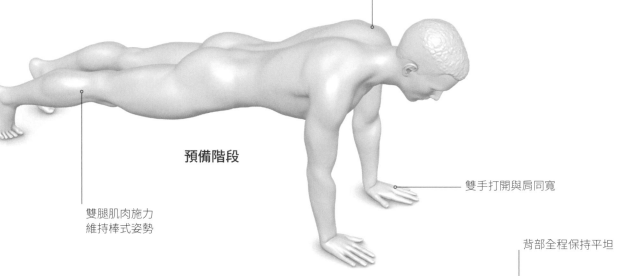

肩膀位於手腕正上方

預備階段

雙手打開與肩同寬

雙腿肌肉施力
維持棒式姿勢

預備階段

以高棒式為起始姿勢（pp.36-37），手腕位於肩膀正下方，雙腳打開與髖部同寬；頭部、頸部、脊椎對齊呈一直線。

階段一

收緊核心，右腳往前跨越至身體右側，膝蓋彎曲，腳掌貼地。

階段二

右腳往後移動，回到起始位置。當右腳一回到原位，左腳要立即往前跨越至身體左側。以順暢的節奏，左右腳持續交替來回移動。

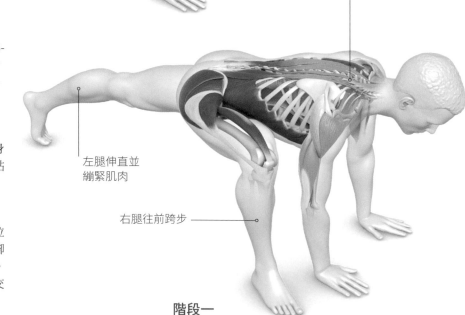

背部全程保持平坦

左腿伸直並
繃緊肌肉

右腿往前跨步

階段一

"在做登山式的變化式時，要特別注意手腕和背部。"

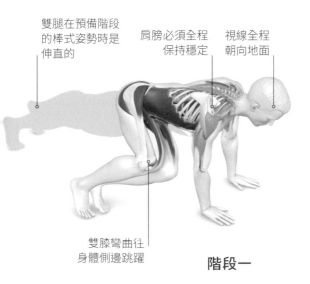

雙腿在預備階段的棒式姿勢時是伸直的

肩膀必須全程保持穩定

視線全程朝向地面

雙膝彎曲往身體側邊跳躍

階段一

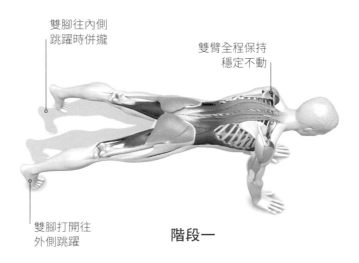

雙腳往內側跳躍時併攏

雙臂全程保持穩定不動

雙腳打開往外側跳躍

階段一

棒式側向跳躍

棒式側向跳躍是一種能提升心血管能力的登山式變化式，除了能強化上下腹肌、左右腹外斜肌之外，還具有改善穩定性、燃燒熱量和減脂的效果。

預備階段

以高棒式為起始姿勢（pp.36-37），手腕位於肩膀正下方，雙腳打開與髖部同寬。頭部、頸部、脊椎對齊呈一直線。

階段一

雙膝彎曲，雙腳一起往身體右側跳躍。

階段二

雙腳跳回起始位置，接著再彎曲雙膝，雙腳往身體左側跳躍。左右交替重複相同動作 30-60 秒，兩側的反覆次數要相同。

棒式開合跳

這個動作是以棒式的姿勢做開合跳，有助於強化胸部、背部、手臂和肩膀的肌肉，其同時也能有效地強化核心肌群。如果有手腕疼痛的問題，可以改成以雙手前臂撐地的姿勢進行。

預備階段

以高棒式為起始姿勢（pp.36-37），雙臂伸直，以手掌撐地，手腕位於肩膀正下方，雙腳併攏，身體從頭部到腳跟呈一直線。

階段一

雙腳像在做開合跳一樣，橫向打開往外側跳躍，身體要始終維持棒式的姿勢。

階段二

當雙腳快速往內側跳躍併攏時，身體要維持棒式姿勢，同時全程保持核心收緊，雙腳持續開合跳的動作。背部要保持平坦，臀部不要下沉，雙臂要保持穩定。起初時先從連續執行 10-20 秒開始做起，再逐步延長到 60 秒或是以更快的速度跳躍以增加挑戰性。

熊棒式 *BEAR PLANK*

這個動作能鍛鍊腹部肌肉和核心肌群，並且能減輕下背部疼痛和減少受傷風險，另外還能訓練平衡感。除了腹肌之外，熊棒式的鍛鍊目標還包括臀中肌、臀大肌、腰大肌、股四頭肌、肩膀和手臂。

概述

做熊棒式時，盡量讓視線朝下看著地板，這樣能使頸部保持中立位。抬頭看天花板或前方會對脖子造成額外的壓力，臀部不要前後移動，這個動作是一種等長運動，因此維持姿勢不動很重要，此外還要確保肌肉始終處於收緊狀態（核心緊繃）。隨著技巧和能力的進步，可以增加維持熊棒式姿勢的時間。

圖例說明
- ●-- 關節
- ○— 肌肉
- ● 肌肉縮短產生張力
- ● 肌肉拉長產生張力
- ● 肌肉拉長但沒有產生張力
- ● 支撐肌肉群沒有產生動作

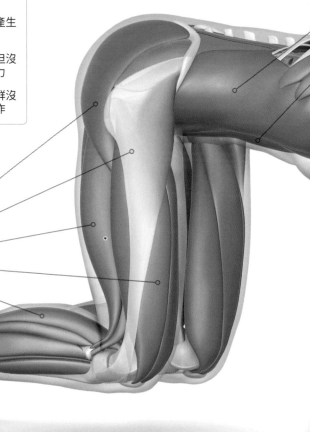

保持背部平坦與脊椎中立位

雙臂伸直，雙手打開與肩同寬

預備階段
起始姿勢為四足跪姿（雙手撐地、雙膝跪地），背部務必保持平坦，雙手打開與肩同寬，手腕位於肩膀正下方，雙膝距離與髖部同寬，以腳趾撐地。

腿部
熊棒式能刺激股四頭肌的肌肉，其在過程中會保持等長收縮。股四頭肌發揮穩定身體的作用，能支撐雙腿維持雙膝騰空離地的姿勢，髖屈肌群和腿後肌參與發力讓膝蓋彎曲。

臀大肌
闊筋膜張肌
股二頭肌
股外側肌
腓腸肌

❗ 注意事項！
在做熊棒式時，下背部不要凹陷往下沉，這樣可能會拉傷下背部肌肉。要收緊核心、保持背部平坦和脊椎中立位以避免這種情況發生。

四分之三側視圖

上半身

為了維持脊椎中立位，腹橫肌、腹直肌、腹內斜肌和腹外斜肌等腹部肌肉都會收縮發力。此外，背部的豎脊肌和髖部的腰大肌也會協助維持等長收縮姿勢。

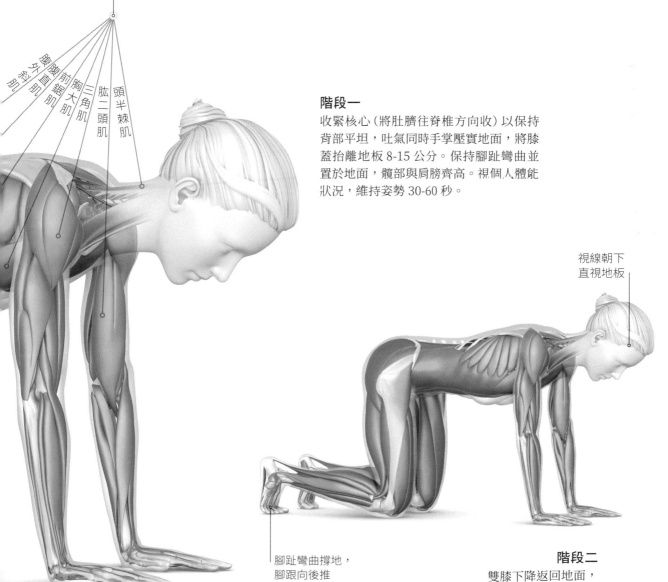

腹橫肌
腹直肌
腹外斜肌
前鋸肌
胸大肌
三角肌
肱二頭肌
頭半棘肌

腳趾彎曲撐地，
腳跟向後推

視線朝下
直視地板

熊棒式是一種等長收縮運動，也就是肌肉會收縮發力，但是不會產生動作

階段一

收緊核心（將肚臍往脊椎方向收）以保持背部平坦，吐氣同時手掌壓實地面，將膝蓋抬離地板 8-15 公分。保持腳趾彎曲並置於地面，髖部與肩膀齊高。視個人體能狀況，維持姿勢 30-60 秒。

階段二

雙膝下降返回地面，回到起始預備位置。

»變化式

以下將介紹基本版熊棒式的幾個替代方案，這些變化式能增添更多挑戰性。它們跟原本的熊棒式一樣，可以鍛鍊到多個肌肉群，包括核心肌群、臀肌群、腿後肌、髖屈肌群和肩膀肌肉。

腳點地時髖部保持不動

背部保持平坦

階段一

屈足以腳趾撐地

雙手打開與肩同寬

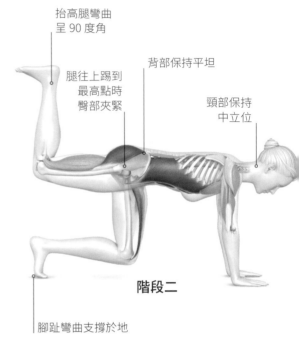

抬高腿彎曲呈 90 度角

腿往上踢到最高點時臀部夾緊

背部保持平坦

頸部保持中立位

階段二

腳趾彎曲支撐於地

單腿伸展腳趾點地運動

腳趾點地動作能改善活動度和敏捷性，並強化臀中肌和臀大肌、腰大肌、股四頭肌、肩膀和手臂的肌肉，它同時也會鍛鍊到腹肌。

預備階段
起始姿勢為四足跪姿（pp.46-47），背部務必保持平坦，雙手打開與肩同寬，手腕要在肩膀正下方，膝蓋張開與髖部同寬，以腳趾撐地。

階段一
擺出熊棒式的姿勢，雙膝離地 8-15 公分。一隻腳向後伸展，讓腿部伸直，同時腳尖輕點地面。

階段二
將腳收回至熊棒式的起始位置，換另一隻腳重複相同動作，過程中髖部要保持穩定不動，不要左右搖晃。未伸展的那條腿要維持熊棒式的姿勢，膝蓋要保持離地，雙腳交替點地持續 30-60 秒。

驢子踢腿

驢子踢腿能在腹肌維持等長收縮的狀態下有效地鍛鍊到臀肌，一條腿往後上方踢時，另一條腿要維持膝蓋稍微離地的姿勢。非動作側的腿保持穩定不動很重要，因為這樣可以讓核心保持收緊。雙腿交替時，動作要放慢，以免髖部左右晃動。

預備階段
起始姿勢為四足跪姿（pp.46-47），背部務必保持平坦，雙手打開與肩同寬，手腕要在肩膀正下方，膝蓋張開與髖部同寬，以腳趾撐地。

階段一
雙膝離地 8-15 公分，擺出熊棒式的姿勢。髖部與肩膀齊高。視線保持朝下直視地板。保持核心收緊、背部平坦和脊椎中立位。

階段二
一隻腿往天花板方向抬高，進行驢子踢腿動作。非動作側的腿要維持熊棒式姿勢，膝蓋保持離地。雙腿反覆交替上踢，持續 30-60 秒。

❝❞

徒手或負重在做手臂「划船」動作時,髖部不要左右晃動,要盡可能保持穩定不動。

單手撐地交替划船

單手撐地交替划船可以改善活動度和敏捷性,這個運動是著重在背部肌肉的鍛練,過程中腹肌會等長收縮以維持身體穩定。這項訓練也能以負重的方式進行,但若是初學者,請從徒手或超輕重量開始做起。

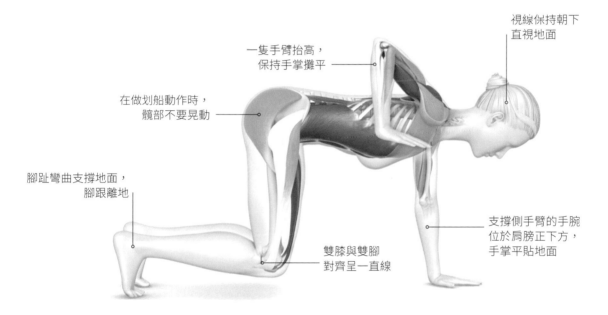

視線保持朝下直視地面

一隻手臂抬高,保持手掌攤平

在做划船動作時,髖部不要晃動

腳趾彎曲支撐地面,腳跟離地

雙膝與雙腳對齊呈一直線

支撐側手臂的手腕位於肩膀正下方,手掌平貼地面

預備階段
起始姿勢為四足跪姿(pp.46-47),背部務必保持平坦。雙手打開與肩同寬,手掌平貼地面,若有拿啞鈴,則是雙手放在啞鈴上面。手腕位於肩膀正下方,膝蓋張開與髖部同寬,以腳趾撐地。

階段一
雙膝離地 8-15 公分,擺出熊棒式的姿勢。髖部與肩膀齊高。保持核心收緊、背部平坦和脊椎中立位,以確保頸部能維持中立位。髖部保持穩定不動,雙膝離地懸空。

階段二
吸氣同時收緊核心,接著吐氣,夾緊肩胛骨,右手(或手持啞鈴)往胸部方向上抬做出划船動作。髖部和肩膀要始終朝下正對地面,避免髖部晃動。右手(或手持啞鈴)回到起始位置,重複 30-60 秒之後,換左手重複相同動作。

仰臥起坐 *SIT UP*

這個動作可以強化和緊實能夠穩定核心的腹部肌肉。除了髖屈肌群、胸部和頸部肌肉之外,更是需要腹直肌、腹橫肌和腹斜肌參與發力。這個動作還能鍛鍊到下背部和臀部肌肉,對於維持良好姿勢亦有幫助。

概述

由於做仰臥起坐時會使用到髖屈肌群,因此如何避免它們「承擔所有工作」很重要。為了讓軀幹離開地面,很常見的情況是髖屈肌群在發力而非腹部肌肉。記得要始終保持核心收緊(將肚臍往脊椎方向收)。過程中可以將雙手放在頭部兩側,或是往身體前方伸直。初始可以從每組 10 次,總共 3 組開始做起。

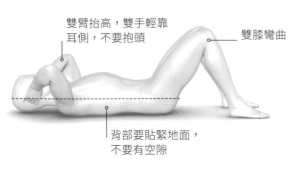

雙臂抬高,雙手輕靠耳側,不要抱頭

雙膝彎曲

背部要貼緊地面,不要有空隙

預備階段

仰躺在地板上,雙膝彎曲,雙腳腳掌平貼並踩穩地面。如果腹部力量較弱,可以把雙腳伸進穩固的沙發或健身椅下方,或是藉助其它外部力量固定雙腳。如果有一起鍛鍊的夥伴或教練,可以請他們幫忙壓住你的雙腳。

上半身和髖部

在做仰臥起坐時,腹直肌、腹橫肌和腹斜肌會收縮發力,髖屈肌群、胸部和頸部肌肉也會參與作用。正確的仰臥起坐會活動到脊椎的每節脊椎骨,髖部彎曲時會使用到髂腰肌和股直肌,同時闊筋膜張肌也會收縮。

> **！注意事項!**
>
> 做的過程中千萬要避免「伸長脖子」,這會導致頸部和背部拉傷。 此外,身體往下降返回地面的過程中要維持肌肉張力,控制好力道和速度,不能猛然落地,以免對脊椎造成衝擊。

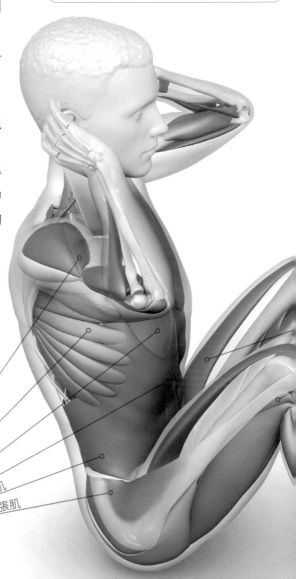

三角肌
前鋸肌
胸大肌
腹直肌
腹外斜肌
闊筋膜張肌

階段一

利用腹部肌肉力量讓背部抬離地面。尾骨和臀部要保持穩定不動並壓實地面,直到上半身完全直立。想像脊椎一節一節捲起離地,而不是一次抬起整個背部。

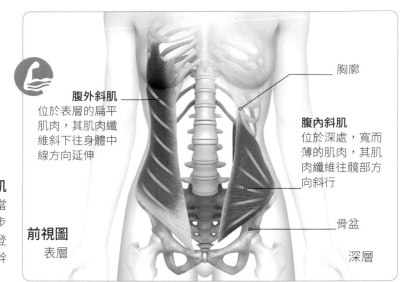

胸廓

腹外斜肌
位於表層的扁平
肌肉,其肌肉纖
維斜下往身體中
線方向延伸

腹內斜肌
位於深處,寬而
薄的肌肉,其肌
肉纖維往髖部方
向斜行

前視圖
表層

骨盆

深層

腹外斜肌和腹內斜肌

這兩者的肌肉纖維走向相互垂直,當
軀體兩側的腹外斜肌和腹內斜肌同步
運作,能讓軀體產生旋轉動作。以登
山式 (pp.42-43) 為例,其旋轉軀幹
的動作就會使用到腹斜肌。

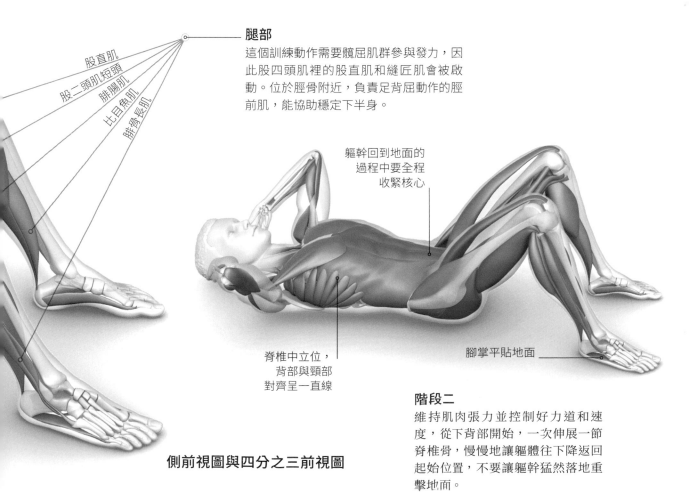

股直肌
股二頭肌短頭
腓腸肌
比目魚肌
腓骨長肌

腿部
這個訓練動作需要髖屈肌群參與發力,因
此股四頭肌裡的股直肌和縫匠肌會被啟
動。位於脛骨附近,負責足背屈動作的脛
前肌,能協助穩定下半身。

軀幹回到地面的
過程中要全程
收緊核心

脊椎中立位,
背部與頸部
對齊呈一直線

腳掌平貼地面

側前視圖與四分之三前視圖

階段二
維持肌肉張力並控制好力道和速
度,從下背部開始,一次伸展一節
脊椎骨,慢慢地讓軀體往下降返回
起始位置,不要讓軀幹猛然落地重
擊地面。

捲腹
CRUNCH

捲腹是很普遍常見的一種腹部運動，很常被用來鍛鍊腹直肌。腹直肌沿著軀幹前側縱向分佈，也就是俗稱的「六塊肌」，體脂較低的人形狀會比較明顯，鍛鍊這塊肌肉可以增強核心肌群的穩定性和表現。

概述

做捲腹時身體的控制很重要。抬起的過程中要控制軀幹，尤其是在下降階段，千萬不要順著重力猛然落地。整個運動過程中保持腹部收緊，效果會更好。脊椎要全程保持中立位，不要圓背(脊椎後凸)或拱背(脊椎前凸)。下巴朝向大腿方向，緊縮核心，頸部和脊椎對齊頭部。初始做這個動作時要放慢速度，從每組10次，總共3組開始做起。隨著技巧和能力進步可逐步增加組數和反覆次數。

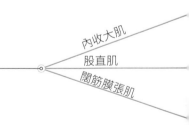

膝蓋彎曲呈90度角

雙手放在耳後或是交叉置於胸前

核心收緊

下半身和腿

雙膝彎曲，大腿與小腿呈90度角，為確保下背部和骨盆貼緊地面，下半身要放鬆不要緊繃。如果你感覺到髖屈肌緊繃，可能需要伸展肌肉以緩解緊繃現象。

內收大肌

股直肌

闊筋膜張肌

預備階段

仰躺於地板上，雙腿抬高屈膝呈90度角，雙手放在耳後或是交叉置於胸前。如果你習慣會用手去拉脖子，那麼最好交叉置於胸前或往前方伸直，核心收緊(將肚臍往脊椎方向收)做好預備動作。

階段一

吐氣同時緊縮腹部肌肉，讓下巴往大腿方向靠近並且將肩胛骨抬離地面約3-5公分，過程中保持下巴與胸部平行，與頸部夾角大約呈45度角。在動作的頂端位置維持姿勢幾秒鐘，持續呼吸。

圖例說明

- •-- 關節
- ○— 肌肉
- ● 肌肉縮短產生張力
- ● 肌肉拉長產生張力
- ● 肌肉拉長但沒有產生張力
- ● 支撐肌肉群沒有產生動作

階段二

在控制下慢慢將肩膀下降回起始位置，腹部全程保持緊縮，當整個身體完全回到地面時才能放鬆肌肉。

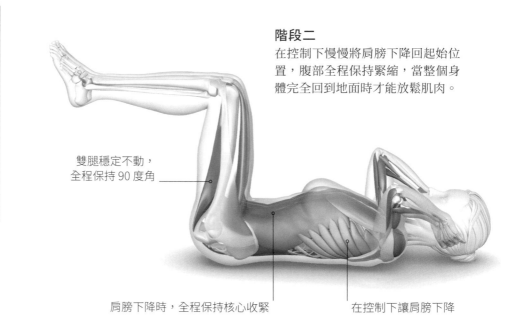

雙腿穩定不動，全程保持 90 度角

肩膀下降時，全程保持核心收緊

在控制下讓肩膀下降

核心肌群和上半身

捲腹是一種等張收縮訓練，藉由肌肉收縮產生動作。腹直肌與腹橫肌（腹部外側最深層的肌肉）會一起收縮，腹外斜肌和腹內斜肌也都會參與作用。

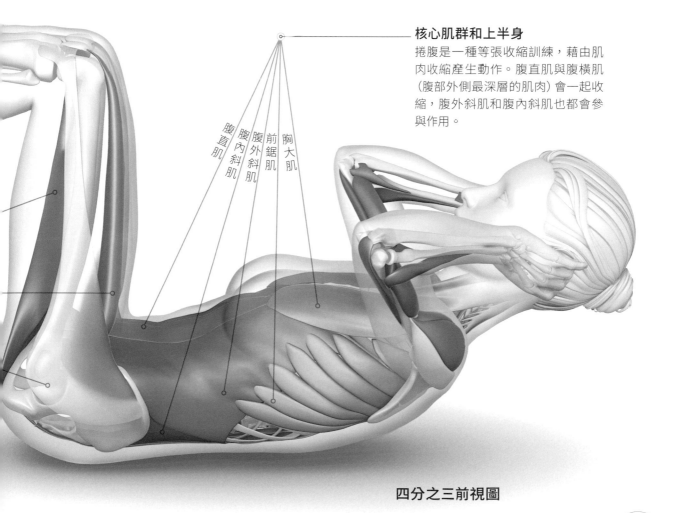

腹直肌
腹內斜肌
腹外斜肌
前鋸肌
胸大肌

四分之三前視圖

》變化式

這裡介紹的捲腹變化式能讓腹部獲得更多刺激，主要鍛鍊目標是腹內斜肌、腹外斜肌、腹橫肌和腹直肌。任何體能水準的人都可以做這些動作，建議初學者可從 30 秒開始做起，再視情況逐步增加到 60 秒。

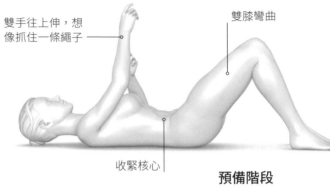

雙手往上伸，想像抓住一條繩子

雙膝彎曲

收緊核心

預備階段

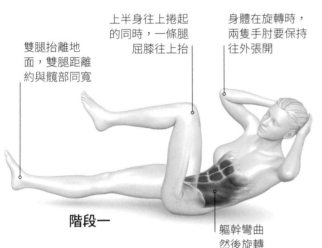

雙腿抬離地面，雙腿距離約與髖部同寬

上半身往上捲起的同時，一條腿屈膝往上抬

身體在旋轉時，兩隻手肘要保持往外張開

階段一

軀幹彎曲然後旋轉

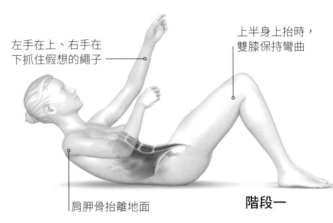

左手在上、右手在下抓住假想的繩子

上半身上抬時，雙膝保持彎曲

肩胛骨抬離地面

階段一

單車式捲腹

單車式捲腹因模仿騎單車動作而得其名，雙腿在訓練過程中像是在「騎單車」一樣持續交替抬腿。若想提高挑戰性，可以在動作的頂端位置維持姿勢 1 秒鐘，並全程保持雙腿離地。

預備階段

仰躺在地板上，雙手輕輕放在頭部後方，髖部和雙膝微微彎曲。頭部稍微抬離地面。

階段一

吸氣以收緊核心，然後吐氣並抬起左膝，同時讓右手肘往左膝靠近。軀幹彎曲同時上半身朝左腿方向旋轉。

階段二

吸氣並有控制地回到起始位置，抬起另一條腿和手肘重複相同動作，兩側的反覆次數要相同以獲得均衡的訓練。

拉繩捲腹

這個訓練動作，無論在上抬或是下降的過程中都需要良好的控制力。必須利用腹部肌肉的力量，抓住假想的繩子把自己往上拉，然後再把自己往下放。

預備階段

仰躺於地面，雙膝彎曲，腳掌平貼地面，雙臂置於身體兩側。將肚臍往脊椎方向收，收緊核心，準備開始做動作。想像有一根繩子懸掛在鼻子上方。

階段一

右手往上伸朝向左側抓住假想的繩子，將身體拉起離開地面。接著左手伸向右手上方，稍微偏向右側，抓住假想的繩子，將身體進一步拉高到形成捲腹的姿勢。

階段二

雙手握著假想的繩子，一次一隻手往下移動，緩慢且有控制地讓身體往地面下降，將注意力放在上腹肌。

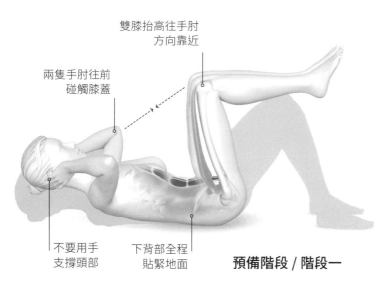

雙膝抬高往手肘
方向靠近

兩隻手肘往前
碰觸膝蓋

不要用手
支撐頭部

下背部全程
貼緊地面

預備階段 / 階段一

雙向捲腹

雙向捲腹是會同時使用到腿部和胸部肌肉的運動，它鍛鍊的目標包括了腹直肌、腹斜肌和股直肌在內的一系列核心肌群。

預備階段

仰躺於地板，雙膝彎曲，腳掌平貼地面，輕輕地將手指放在頭的兩側。

階段一

收緊腹部以穩定核心，慢慢抬起膝蓋，直到大腿與地板之間的角度超過 90 度。同時，將頭部和肩膀抬離地板，讓胸部往膝蓋靠近。在動作的頂端位置，額頭會距離膝蓋約 15 公分。

階段二

肩膀、背部和雙腳往反方向移動，返回起始位置。重新調整呼吸和姿勢，然後重複相同動作。

雙向捲腹支撐轉體

雙向捲腹支撐的部分主要是鍛鍊腹直肌和股直肌，轉體的部分則會鍛鍊到腹外斜肌和腹內斜肌。

圖例說明
● 主要目標肌群　　● 次要目標肌群

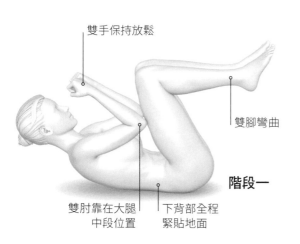

雙手保持放鬆

雙腳彎曲

雙肘靠在大腿
中段位置

下背部全程
緊貼地面

階段一

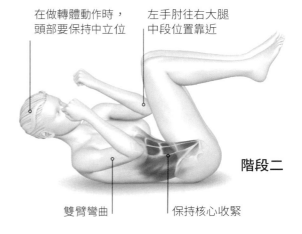

在做轉體動作時，
頭部要保持中立位

左手肘往右大腿
中段位置靠近

雙臂彎曲

保持核心收緊

階段二

預備階段

仰躺於地面，雙腿抬高，雙膝彎曲呈 90 度角，腳趾朝向天花板。雙臂手肘彎曲，前臂朝向臉部。

階段一

將頭部和肩膀抬離地板，同時雙腿往頭部方向移動，讓手肘碰觸大腿中段位置。維持這個姿勢越久越好，最好能撐到 60 秒。

階段二

保持肩胛骨懸空離地，慢慢地往左和往右扭轉身體，讓手肘輪流碰觸對側大腿。左手肘碰觸右大腿中段，右手肘碰觸左大腿中段。

腹橫肌健身球捲腹
TRANSVERSE ABDOMINAL BALL CRUNCH

這個動作主要在鍛鍊腹部肌肉，包括位於腹直肌下方深處的腹橫肌。由於腹直肌是構成「六塊肌」的肌肉，所以想要有強健的腹肌，腹橫肌和腹直肌都要鍛鍊。

概述

要進行這項捲腹訓練需要準備一個直徑至少 55~65 公分的健身球（抗力球），躺在不平穩的球形表面做捲腹動作，能增加肌肉活化效果，有助提升所有主要腹部肌肉的參與程度，包括能穩定脊椎的腹斜肌和較小的肌肉。

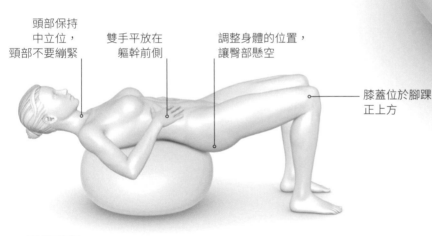

頭部保持
中立位，
頸部不要繃緊

雙手平放在
軀幹前側

調整身體的位置，
讓臀部懸空

膝蓋位於腳踝
正上方

預備階段
坐在健身球上面，雙腳打開與肩同寬，腳掌平貼地面，調整位置讓身體只有下背部與球面接觸，然後上半身小心地往後倒，形成仰躺於球上的姿勢。

階段一
吸氣，收緊腹部以穩定核心，吐氣同時利用腹肌的力量彎曲脊椎讓腹部往上捲起。當腹肌完全彎曲並吐氣完畢，代表已到動作範圍的末端。你可以再稍微抬高軀幹，但是不要讓髖部再往上彎曲。若想增加挑戰性，可在動作的頂峰位置停留 1 秒。

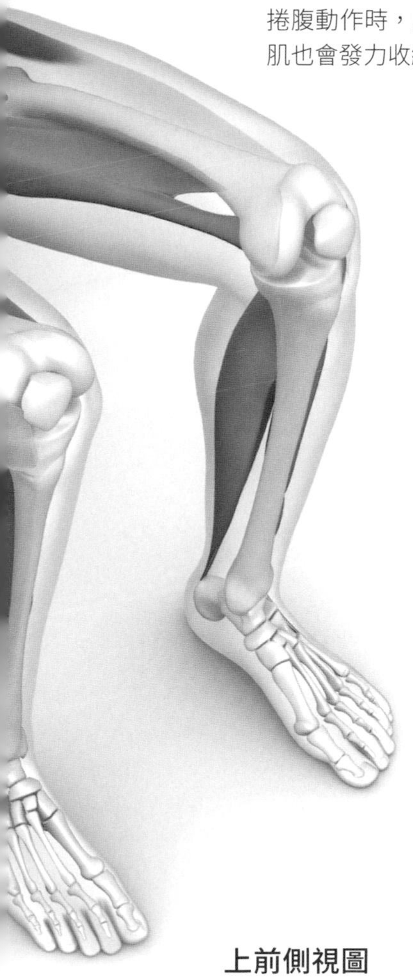

三角肌
胸大肌
肱肌
前鋸肌
腹直肌
腹橫肌
腹內斜肌
腹外斜肌

注意事項！

做這個運動若沒有配合正確的呼吸，會讓肌肉張力移轉到其它部位而影響到核心肌群的鍛鍊效果。為了避免受傷並達到最佳訓練效果，務必要注意呼吸的控制。

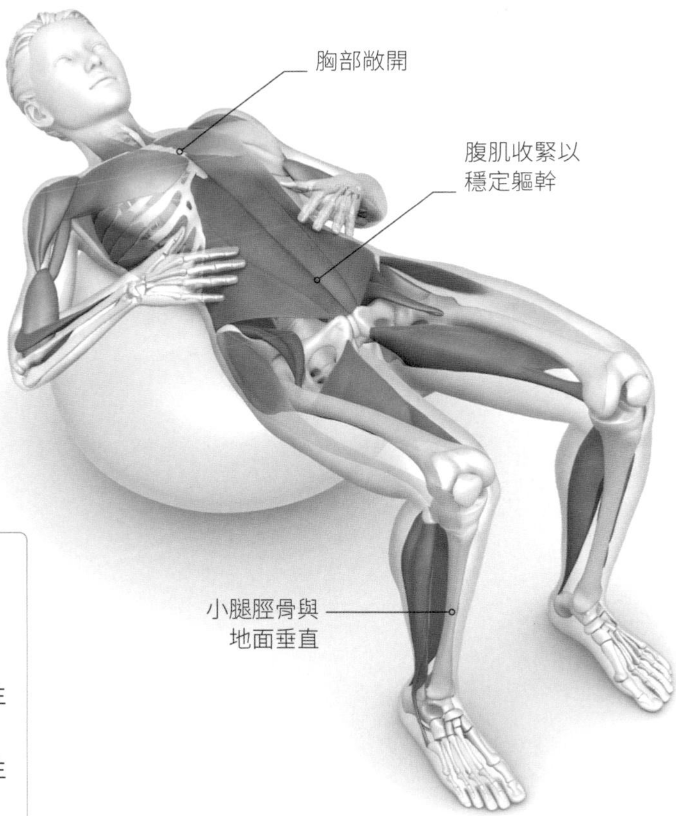

上半身和腹部

做這個運動時，腹部肌肉會承擔完成動作的所有工作。在開始捲腹之前，最深層的腹部肌肉，也就是像塑身衣一般圍繞於腹部內側的腹橫肌，就已經處於收縮狀態，當核心收緊時還會更進一步收緊，而當胸部往骨盆靠近執行捲腹動作時，腹直肌和腹內外斜肌也會發力收縮。

胸部敞開

腹肌收緊以穩定軀幹

小腿脛骨與地面垂直

圖例說明

●-- 關節
○— 肌肉
● 肌肉縮短產生張力
● 肌肉拉長產生張力
● 肌肉拉長但沒有產生張力
● 支撐肌肉群沒有產生動作

階段二

吸氣，然後慢慢地讓身體下降回到起始位置，過程中核心肌群要維持張力並保持穩定。重複階段一和階段二。

上前側視圖

V 字捲腹 *V-UP*

這個肌力訓練動作因為身體姿勢會形成 V 字而得其名，是利用自體體重來鍛鍊核心。V 字捲腹（或稱懸體支撐）是以腹部肌肉為主要鍛鍊目標，能緊實腹斜肌並強化背部肌肉，同時它也能鍛鍊到股四頭肌和腿後肌，對改善平衡感也有幫助。

概述

這個動作不需要使用任何健身器材或設備，只需仰躺在地板上並且讓下背部緊貼地板。執行動作時保持平衡與協調很重要。當身體抬離地面時背部不能彎曲。背部要保持挺直，使用腹部肌肉和坐骨維持平衡和穩定。如果覺得伸直雙腿太具有挑戰性，可以改成雙膝彎曲 90 度角，並讓膝蓋往胸部方向移動，然後下降回到伸直的姿勢。若想增加挑戰性，可以在不穩定的表面上進行訓練，例如半圓平衡球（BOSU）或平衡盤。

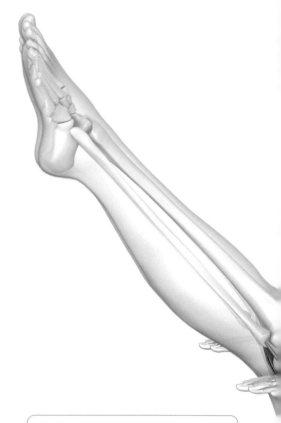

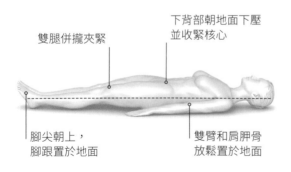

雙腿併攏夾緊

下背部朝地面下壓並收緊核心

腳尖朝上，腳跟置於地面

雙臂和肩胛骨放鬆置於地面

預備階段
仰躺在地板上，下背部緊貼地面。雙腿伸直，手臂伸直置於身體兩側。頭部和脊椎保持中立位。

> **！注意事項！**
> 如果背部沒有保持平直，可能會導致下背部疼痛，也可能拉傷髖屈肌。

階段一
同時抬起軀幹和雙腿，保持雙腿伸直，同時雙臂往前伸直，軀幹和大腿要形成 V 字形。在往上抬的過程中要將背部朝地板方向推以收緊核心。抬起軀幹時，手臂須與地板保持平行，而不是將手指朝向腳趾。

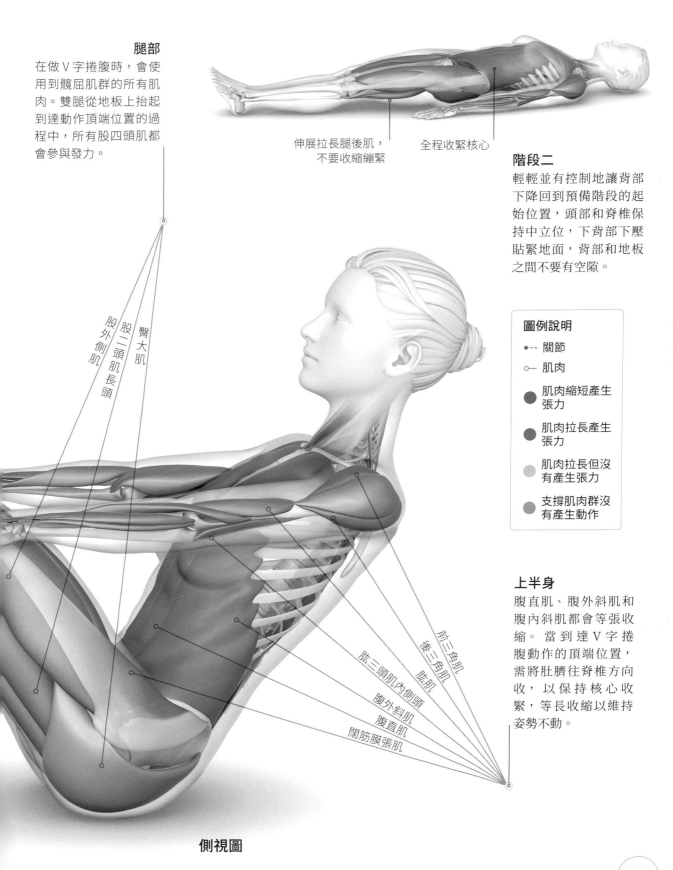

腿部
在做 V 字捲腹時，會使
用到髖屈肌群的所有肌
肉。雙腿從地板上抬起
到達動作頂端位置的過
程中，所有股四頭肌都
會參與發力。

伸展拉長腿後肌，
不要收縮繃緊

全程收緊核心

階段二
輕輕並有控制地讓背部
下降回到預備階段的起
始位置，頭部和脊椎保
持中立位，下背部下壓
貼緊地面，背部和地板
之間不要有空隙。

臀大肌

股二頭肌長頭

股外側肌

前三角肌

後三角肌

肱肌

肱三頭肌內側頭

腹外斜肌

腹直肌

闊筋膜張肌

圖例說明
- ●-- 關節
- ○— 肌肉
- ● 肌肉縮短產生
  張力
- ● 肌肉拉長產生
  張力
- ● 肌肉拉長但沒
  有產生張力
- ● 支撐肌肉群沒
  有產生動作

上半身
腹直肌、腹外斜肌和
腹內斜肌都會等張收
縮。當到達 V 字捲
腹動作的頂端位置，
需將肚臍往脊椎方向
收，以保持核心收
緊，等長收縮以維持
姿勢不動。

側視圖

» 變化式

側 V 字捲腹是以腹部肌肉為鍛鍊目標的針對性訓練。徵召的主要肌肉包括腹外斜肌、腹內斜肌和腹直肌。剪刀式踢腳能強化核心肌群以及其它位於軀幹和臀部的肌肉群。環繞 V 字捲腹結合了基本版 V 字捲腹與側 V 字捲腹。這些變化式很適合加入腹部 HIIT 訓練日，或是以下半身或上半身為重點的 HIIT 健身課程裡。

V 字捲腹變化式非常適合加入腹部健身訓練裡，而且不需要任何器材設備。

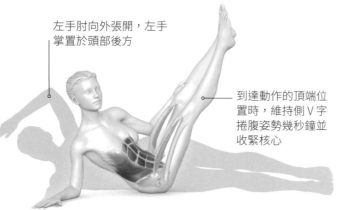

左手肘向外張開，左手掌置於頭部後方

到達動作的頂端位置時，維持側 V 字捲腹姿勢幾秒鐘並收緊核心

階段一

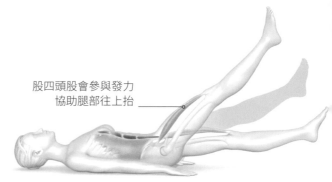

股四頭股會參與發力協助腿部往上抬

階段一

側 V 字捲腹

這個講求肌力的動作是利用自體體重對核心區域施加壓力。側 V 字捲腹是以腹部肌肉為鍛鍊目標，特別是腹斜肌，此外也會鍛鍊到股四頭肌和腿後肌，對於改善平衡感以及髖部和脊椎的柔軟度也有幫助。

預備階段

身體右側朝下側臥於地板上。右手肘置於地面，位於右肩膀正下方。保持骨盆向下捲收，雙腿伸直，雙腳上下疊放。左手臂高舉過頭，彎曲呈倒 V 字形。

階段一

軀幹和雙腿同時抬離地板，並在抬腿時將左手臂放在左大腿側邊。軀幹和大腿會形成 V 字形。維持背部挺直，並利用置於地面的右手臂保持穩定。

階段二

雙腿下降回到起始位置的側躺姿勢。完成預計進行的秒數，換成身體左側朝下側躺，左手肘置於地面，重複相同動作。

剪刀式踢腿

剪刀式踢腿能夠強化核心肌群、臀肌群、股四頭肌和內收肌群。藉由收緊核心肌群讓雙腿能夠執行上下擺動的動作，核心肌群包括腹直肌、腹斜肌、腹橫肌和髖屈肌群。

預備階段

仰躺於地板上，雙腿往前伸直，雙臂掌心朝下置於身體兩側，下背部緊貼地面。也可以調整姿勢，改成把雙手放在臀部下方腰線凹陷的地方，掌心下壓地面。

階段一

吐氣同時雙腿抬離地板約 45 度角。核心收緊、頸部放鬆，一條腿往地面下降 (不要觸地)，另一條腿往上抬高。

階段二

兩條腿輪流上下擺動，持續做剪刀式踢腿的動作，頭部、頸部和脊椎保持對齊，下背部緊貼地面。如果覺得做動作有困難，可減少擺動的頻率。

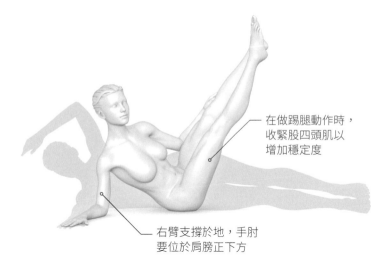

在做踢腿動作時，
收緊股四頭肌以
增加穩定度

右臂支撐於地，手肘
要位於肩膀正下方

環繞 V 字捲腹

這項運動將基本版 V 字捲腹與側 V 字捲腹
整合成連續動作的高強度訓練。要執行這個
運動，髖關節需要有良好的活動度，而且要
全程保持頭部、頸部和脊椎中立位，骨盆向
下捲收。核心收緊，雙腳拼攏。依序執行階
段一、二和三的動作，每個階段進行 2 次反
覆。

預備階段／階段一

身體右側朝下側臥於地板上，右手肘置於地
面，位於右肩膀正下方。保持骨盆向下捲收、
雙腿伸直。左手臂高舉過頭，彎曲呈倒 V 字
形。雙腿和軀幹往上抬起，形成側 V 字捲腹的
姿勢。在這個階段進行 2 次反覆，然後進到階
段二。

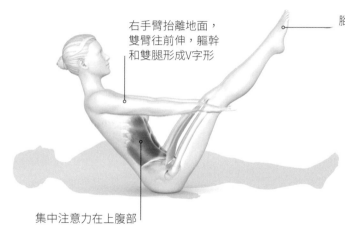

右手臂抬離地面，
雙臂往前伸，軀幹
和雙腿形成V字形

腳尖朝上

集中注意力在上腹部

階段二

轉身變成仰躺姿勢，準備進行基本版 V 字
捲腹。雙腿和軀幹往上抬起，雙臂往前伸。
此時軀幹和雙腿會形成 V 字形。當處於這
個姿勢時，雙臂要與地板保持平行。在這
個階段進行 2 次反覆，然後進到階段三。

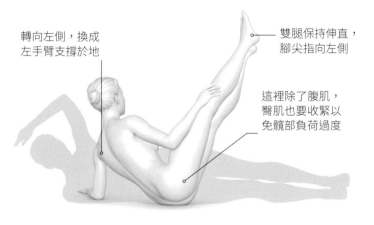

轉向左側，換成
左手臂支撐於地

雙腿保持伸直，
腳尖指向左側

這裡除了腹肌，
臀肌也要收緊以
免髖部負荷過度

階段三

轉身朝向左側，執行側 V 字
捲腹。進行 2 次反覆之後，
返回右側進行側 V 字捲腹，
重複整個動作流程。

圖例說明
● 主要目標肌肉群　● 次要目標肌肉群

4

上半身訓練

本篇介紹的訓練動作著重在上半身。這些動作能夠強健和活化肩膀、肱二頭肌、肱三頭肌、背部和胸部的肌肉。大部分的訓練動作還會提供適合不同體能水準的變化式和調整版。所有訓練動作都會提供清楚明確的說明和指示,以盡可能提高訓練效率和降低受傷風險。

伏地挺身
PUSH UP

這個訓練動作可以強化胸肌、肩膀的三角肌、肱三頭肌（位於手臂後側）、位於腋窩正下方如同翅膀般的前鋸肌以及腹部肌肉。雙腿扮演穩定的角色以防止脊椎下沉（前凸）或往上拱起（後凸）。

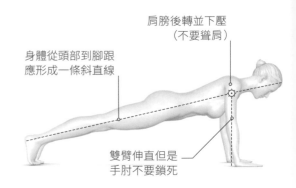

肩膀後轉並下壓
（不要聳肩）

身體從頭部到腳跟
應形成一條斜直線

雙臂伸直但是
手肘不要鎖死

概述

伏地挺身不僅鍛鍊胸肌，很多肌肉都會參與發力。做伏地挺身時，正確的姿勢和良好的控制是最重要的。在下降過程中要控制好身體，不要讓身體順著重力直接下落。腹部肌肉要全程收緊。初學者可以從每組 5-6 次，總共 4 組開始做起，並可參考針對初學者修改做法的變化式（pp.66-67）。

預備階段

先擺出高棒式的姿勢，骨盆向下捲收，頸部保持中立，兩手掌距離略大於肩寬。肩膀向後旋轉並下壓，避免聳肩，同時核心要收緊。雙腳腳趾彎曲，腳跟向後推，以腳尖撐地。

> **! 注意事項！**
>
> 在做伏地挺身時，必須全程保持腹肌收緊（將肚臍往脊椎方向收）。這樣可以防止脊椎下沉，避免對下背部和關節造成壓力。

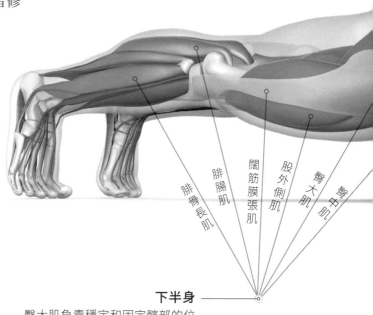

腓骨長肌

腓腸肌

闊筋膜張肌

股外側肌

臀大肌

臀中肌

下半身

臀大肌負責穩定和固定髖部的位置，防止髖部下沉，進而導致脊椎跟著一起下沉。股四頭肌裡的股直肌會產生等長收縮。

圖例說明	
•-- 關節	● 肌肉拉長產生張力
○─ 肌肉	● 肌肉拉長但沒有產生張力
● 肌肉縮短產生張力	● 支撐肌肉群沒有產生動作

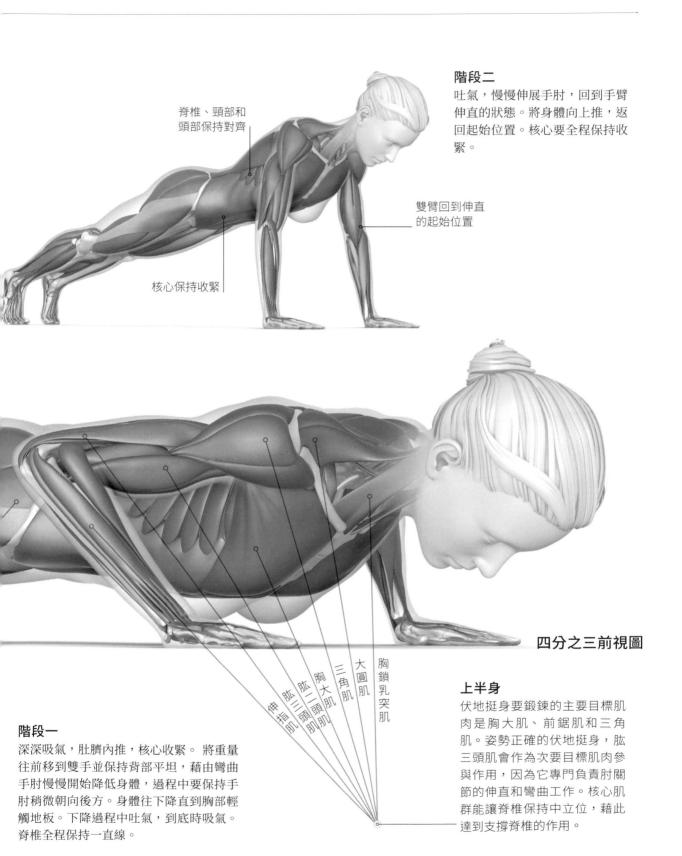

階段二

吐氣，慢慢伸展手肘，回到手臂
伸直的狀態。將身體向上推，返
回起始位置。核心要全程保持收
緊。

脊椎、頸部和
頭部保持對齊

雙臂回到伸直
的起始位置

核心保持收緊

四分之三前視圖

伸指肌
肱三頭肌
肱二頭肌
胸大肌
三角肌
大圓肌
胸鎖乳突肌

上半身

伏地挺身要鍛鍊的主要目標肌
肉是胸大肌、前鋸肌和三角
肌。姿勢正確的伏地挺身，肱
三頭肌會作為次要目標肌肉參
與作用，因為它專門負責肘關
節的伸直和彎曲工作。核心肌
群能讓脊椎保持中立位，藉此
達到支撐脊椎的作用。

階段一

深深吸氣，肚臍內推，核心收緊。 將重量
往前移到雙手並保持背部平坦，藉由彎曲
手肘慢慢開始降低身體，過程中要保持手
肘稍微朝向後方。身體往下降直到胸部輕
觸地板。下降過程中吐氣，到底時吸氣。
脊椎全程保持一直線。

» 變化式

不同類型的伏地挺身能針對不同的肌肉群加強鍛鍊。這裡選了幾個能針對肱三頭肌、胸部和肩膀肌肉做集中鍛鍊的伏地挺身變化式。

圖例說明
- ● 主要目標肌肉群
- ● 次要目標肌肉群

肱三頭肌伏地挺身

肱三頭肌伏地挺身是一種多關節複合式運動，可以鍛鍊到全身的肌肉群，但特別能針對肱三頭肌。這個變化式調整了手與手臂的位置以及手臂的活動路徑。

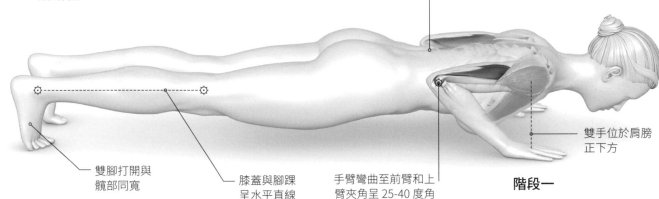

脊椎全程
保持中立位

雙手位於肩膀
正下方

階段一

雙腳打開與
髖部同寬

膝蓋與腳踝
呈水平直線

手臂彎曲至前臂和上
臂夾角呈 25-40 度角

預備階段
以高棒式為起始姿勢 (pp.36-37)，雙手位於肩膀正下方，頸部與脊椎中立位，雙腳打開與髖部同寬。

階段一
收緊核心，然後吸氣，手肘彎曲，手臂夾緊肋骨外側，身體往地面下降。

階段二
吸氣，伸展手肘讓身體往上抬，回到幾乎接近高棒式的起始位置。重複階段一和階段二。

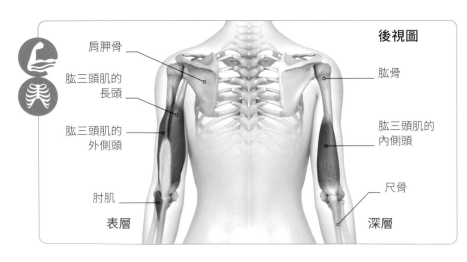

後視圖

肩胛骨

肱三頭肌的
長頭

肱三頭肌的
外側頭

肘肌

表層

肱骨

肱三頭肌的
內側頭

尺骨

深層

肱三頭肌的構造

肱三頭肌是位於手臂後側的大塊肌肉，由三個頭所構成：外側頭和內側頭附著於肱骨和肘關節，長頭則附著於肩胛骨。有些動作會訓練到三個頭，有的只會訓練到一個或兩個頭。有時改變肩膀位置就能在不影響其它兩個頭的狀態下，對長頭施加更多負荷。多了解一些解剖構造和每個頭的附著位置，有助於理解為何某個動作的效果會比另一個動作好。

左右交替伏地挺身

身體在這個變化式裡會左右來回移動，需要靠單側支撐整個身體，因此保持身體的肌肉張力和控制很重要。這個動作主要是針對胸部的胸大肌，腹肌則是擔任穩定肌的角色。

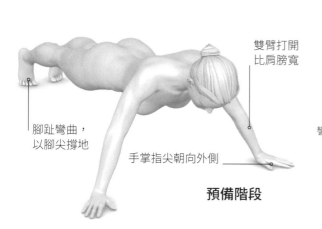

腳趾彎曲，
以腳尖撐地

手掌指尖朝向外側

雙臂打開
比肩膀寬

預備階段

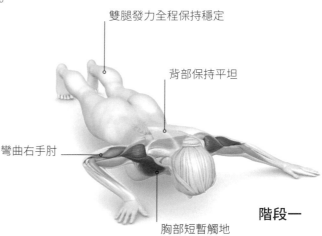

雙腿發力全程保持穩定

背部保持平坦

彎曲右手肘

胸部短暫觸地

階段一

預備階段
以高棒式為起始姿勢（pp.36-37），但是雙臂打開比肩膀寬，指尖朝向身體外側。身體保持挺直。

階段一
彎曲右手肘，左手臂往左側伸直，讓身體右側往下降，下降至胸部輕觸地面後立即往上抬。返回起始位置。

階段二
彎曲左手肘，右手臂往右側伸直，讓身體左側往下降。

鑽石伏地挺身

鑽石伏地挺身因在做此伏地挺身時，手部在地面的位置成鑽石形狀而得名，此訓練重量主要集中在肱三頭肌。

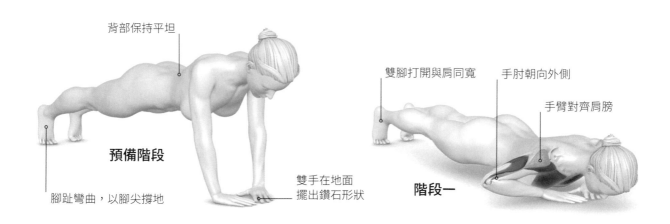

背部保持平坦

預備階段

腳趾彎曲，以腳尖撐地

雙手在地面
擺出鑽石形狀

雙腳打開與肩同寬　手肘朝向外側

手臂對齊肩膀

階段一

預備階段
以高棒式為起始姿勢（pp.36-37），骨盆向下捲收，頭部和頸部保持中立。雙手在胸部下方的地面擺出鑽石形狀。

階段一
收緊核心，慢慢彎曲手肘朝身體外側伸出，手臂對齊肩膀，身體下降直到碰觸到「鑽石」為止。

階段二
在動作最底端位置停留 2 秒，接著吐氣並伸直手臂回到起始位置。雙手始終保持鑽石形狀。重複相同動作。

過頭肱三頭肌伸展
OVERHEAD TRICEPS EXTENSION

圖例說明

- ● 肌肉拉長產生張力
- 關節
- 肌肉
- ● 肌肉縮短產生張力
- ● 肌肉拉長但沒有產生張力
- ● 支撐肌肉群沒有產生動作

！注意事項！

頭部要保持穩定不動，並與頸部和背部對齊。手臂伸展時盡可能只讓肘關節產生動作（肩關節不動）。手肘的擺放位置錯誤可能會導致受傷，因此手肘應盡可能往耳朵靠近。手臂往上伸展高舉過頭的過程中，肱二頭肌要貼近耳邊。

這個運動的做法非常有彈性，能利用啞鈴、彈性阻力帶，甚至裝水的瓶子等多種器材進行訓練。這個肱三頭肌伸展訓練能夠孤立上臂後側的肌肉，以達到更好的強化效果。伸展前臂時，肱三頭肌的三個頭、長頭、外側頭和內側頭都會參與作用。

概述

頭部必須對齊胸部中線，胸部要對齊髖部。視線保持朝前，下巴不要往下朝胸部靠近，也就是將負重（例如啞鈴）往下降到手肘彎曲 90 度角的位置，然後再向上舉起至最高點。建議從每組 8 次，總共 4 組開始做起；其它過頭肱三頭肌伸展的變化式可參考 pp.70-71。

上半身

肱三頭肌的三塊肌肉是主要負責穩定肩膀和手肘的主要肌肉；肩膀肌肉群則是次要肌肉。在每次反覆的頂端位置，三角肌會收縮並變短。以站姿進行訓練時，腹部肌肉也會參與作用產生等長收縮以維持身體穩定不動。

肱三頭肌
肱肌
肱二頭肌
三角肌
上斜方肌
大圓肌
下斜方肌
髂肋肌
前鋸肌

四分之三後視圖

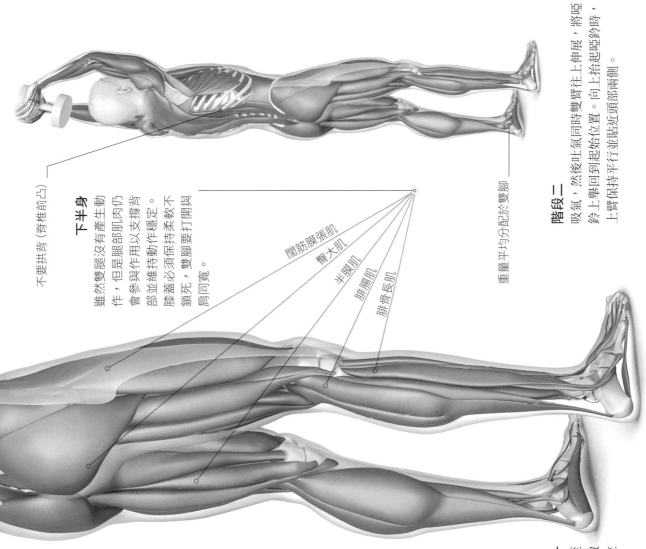

不要拱背（脊椎前凸）

下半身

雖然雙腿沒有產生動作，但是腿部肌肉仍會參與並維持以支撐背部並維持動作穩定。膝蓋必須保持柔軟不鎖死，雙腳要打開與肩同寬。

闊筋膜張肌

臀大肌

半膜肌

腓腸肌

腓骨長肌

重量平均分配於雙腳

階段二

吸氣，然後吐氣同時雙臂往上伸展，將啞鈴上舉回到起始位置。向上抬起啞鈴時，上臂保持平行並貼近頭部近頭部兩側。

階段一

吐氣並彎曲雙臂手肘，讓啞鈴慢慢下降至頭部後方。手肘要彎曲到 90 度角或稍微更下方的位置。當啞鈴位於動作最底端位置時，不應接觸到腦勺。

預備階段

身體站立，雙腳打開與肩同寬或是採取前後跨步，左腳放在比右腳稍微往後一點的位置。雙手掌心朝向天花板，以虎口托住啞鈴上端，雙臂伸直將啞鈴高舉過頭。此時啞鈴會接近近似豎直，下端朝向頭部後方。

雙手托住啞鈴一端

全程收緊核心以維持良好姿勢

雙膝保持柔軟不鎖死

» 變化式

這裡介紹的所有過頭肱三頭肌伸展的變化式，都是針對肱三頭肌的單關節訓練（孤立訓練），能鍛鍊到肱三頭肌全部三個頭。這些動作的做法都可彈性變化，可以負重或是利用彈性阻力帶進行訓練。

在做肱三頭肌撐體時保持脊椎挺直，若脊椎彎曲會增加背部壓力

俯身肱三頭肌伸展

這個訓練動作主要是針對肱三頭肌的外側頭。它同時也會鍛鍊到腹肌、肩膀和臀部肌肉。

> **圖例說明**
> ● 主要目標肌肉群　　● 次要目標肌肉群

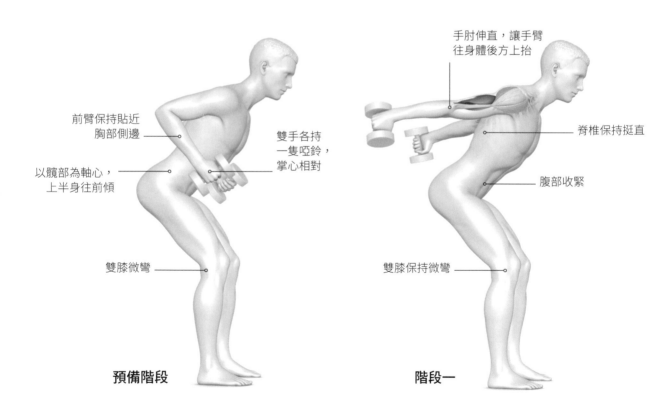

前臂保持貼近胸部側邊

雙手各持一隻啞鈴，掌心相對

以髖部為軸心，上半身往前傾

雙膝微彎

預備階段

手肘伸直，讓手臂往身體後方上抬

脊椎保持挺直

腹部收緊

雙膝保持微彎

階段一

預備階段
身體站立，雙腳打開與肩同寬，雙手各持一個啞鈴。以髖部為軸心，上半身往前傾 45 度角，同時手肘彎曲往上抬，上臂與前臂呈 90 度角。

階段一
頭部與脊椎對齊呈一直線，下巴微收，吐氣，肱三頭肌收縮發力，讓手肘往身體後方伸直。

階段二
為了針對性地鍛鍊到肱三頭肌，上臂要保持固定不動，只移動前臂。到達動作最頂端位置時停留，然後吸氣同時讓啞鈴下降回到起始位置。

肱三頭肌撐體

肱三頭肌撐體能鍛鍊到肱三頭肌全部三個頭。當你熟練這個動作之後，可以改成坐在椅子、台階或訓練椅的邊緣，雙手置於臀部兩側抓住邊緣，然後臀部往前離開邊緣，身體開始往下蹲。

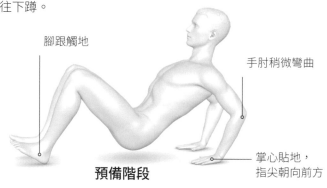

脊椎保持挺直

臀部保持懸空

到達動作最頂端位置時，手肘不鎖死

腳跟觸地

手肘稍微彎曲

掌心貼地，指尖朝向前方

預備階段

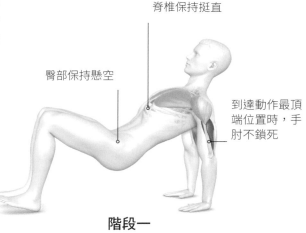

階段一

預備階段
坐在地板上，雙膝彎曲，打開與髖部同寬，腳尖朝前，腳跟置於地面，手掌放在身後，掌心貼地，指尖朝向腳跟。

階段一
雙手往地面下壓，利用手臂發力將臀部抬離地板。到達動作最頂端位置時，手肘會稍微彎曲。

階段二
慢慢地將身體往下降，但不要讓臀部觸地，快到地面時就反方向往上重複相同動作。上升和下降的過程都要控制好速度和力道。

肱三頭肌撐體觸腳趾（又稱蟹式撐體觸腳趾）

這是一項針對臀部肌肉、腿後肌、股四頭肌和核心肌群的全身性訓練。它能訓練平衡感、核心力量並鍛鍊到許多肌肉群，是一項省時又有效的自體體重訓練動作。

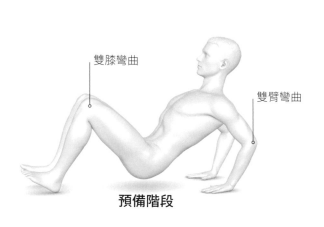

雙膝彎曲

雙臂彎曲

預備階段

手臂前伸觸摸對側腳趾

觸摸腳趾時，脊椎要保持挺直

一隻手觸摸腳趾，另一隻手撐穩地面

臀部上抬

階段一

預備階段
坐在地板上，姿勢與肱三頭肌撐體的預備姿勢相同，雙膝彎曲，雙手放在身後。

階段一
將臀部抬離地面，左腿往天花板方向踢，然後用右手去碰觸左腳趾，左手撐穩地面。

階段二
左腿放回地面，身體下降回到肱三頭肌撐體姿勢，然後再次抬高臀部，換右腿重複相同動作。

啞鈴肱二頭肌彎舉
DUMBBELL BICEPS CURL

不管是採取坐姿或站姿都能進行肱二頭肌彎舉，這個動作是特別針對上臂前側的肱二頭肌，同時也能鍛鍊到前臂的肌肉：肱肌和肱橈肌。

概述

藉由這個訓練，可以增強上臂肌力，並能學會正確使用手臂肌肉，利用核心肌群支撐身體。根據個人體能水準選擇合適的啞鈴重量，如果太重可能會導致受傷。學習如何保持正確的背部姿勢以及收緊核心也會有助於防止拉傷。初學者建議從低重量開始做起。

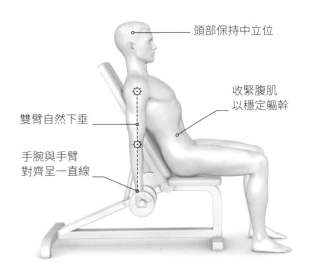

頭部保持中立位

收緊腹肌
以穩定軀幹

雙臂自然下垂

手腕與手臂
對齊呈一直線

預備階段
採取坐姿，雙膝和雙腳打開與髖部同寬，背部貼緊椅背。雙手反握啞鈴，雙臂自然下垂於身體兩側。掌心朝向前方，肩膀往後推。

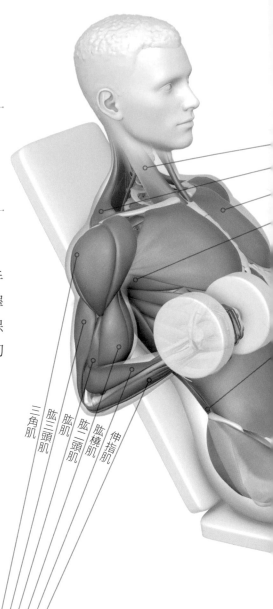

三角肌
肱三頭肌
肱肌
肱二頭肌
肱橈肌
伸指肌

手臂
進行肱二頭肌彎舉會徵召的肌肉包括前三角肌、肱二頭肌、肱肌、肱橈肌以及前臂的屈肌群和伸肌群。其中大部分肌肉在彎舉過程中扮演穩定肩膀、手腕和手肘的角色，前臂肌肉則負責控制抓握啞鈴的力量。

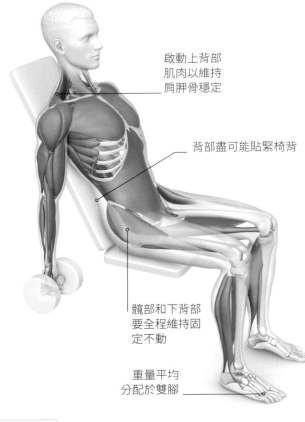

啟動上背部
肌肉以維持
肩胛骨穩定

背部盡可能貼緊椅背

髖部和下背部
要全程維持固
定不動

重量平均
分配於雙腳

胸鎖乳突肌
斜方肌
胸大肌
前鋸肌

背闊肌
腹橫肌

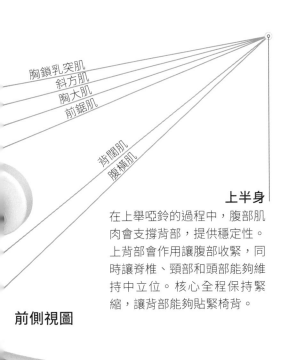

上半身

在上舉啞鈴的過程中，腹部肌
肉會支撐背部，提供穩定性。
上背部會作用讓腹部收緊，同
時讓脊椎、頸部和頭部能夠維
持中立位。核心全程保持緊
縮，讓背部能夠貼緊椅背。

前側視圖

圖例說明

●-- 關節

○— 肌肉

● 肌肉縮短產生
　張力

● 肌肉拉長產生
　張力

● 肌肉拉長但沒
　有產生張力

● 支撐肌群沒
　有產生動作

階段二

到達彎舉動作的頂端位置時，維
持手臂肌肉的張力 2 秒鐘，然後
緩慢且有控制地將啞鈴往下降，
返回起始位置，過程中不要擺動
啞鈴。重新調整呼吸和姿勢，然
後重複階段一和階段二。

階段一

上臂保持穩定、肩膀放鬆，
吐氣同時彎曲手肘，手臂將
啞鈴朝肩膀方向上舉，手肘
要靠近胸部側邊。

常見錯誤

務必要依據你的體能水準選
擇適合的啞鈴重量。如果啞
鈴太重，身體會晃動或傾
斜，藉此借力將啞鈴往上
推。上舉啞鈴的動作不能太
快，以免對手肘造成壓力。

》變化式

這些肱二頭肌彎舉變化式專門針對肱二頭肌的不同部位。錘式彎舉是針對肱二頭肌的長頭、肱肌以及肱橈肌。寬距彎舉則是針對肱二頭肌內側的短頭。

" "

選擇適合的啞鈴重量，如果過重的話，容易造成傷害

寬距肱二頭肌彎舉

寬距肱二頭肌彎舉是能夠強化肱二頭肌的單關節訓練。寬握能提供肱二頭肌的短頭更多刺激。除了肱二頭肌，次要鍛鍊目標還有三角肌和腹肌。

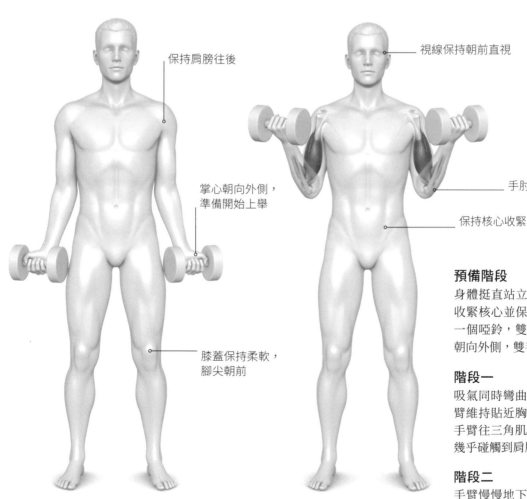

保持肩膀往後

掌心朝向外側，準備開始上舉

膝蓋保持柔軟，腳尖朝前

預備階段

視線保持朝前直視

手肘靠近體側

保持核心收緊

階段一

圖例說明
- ● 主要目標肌肉群
- ● 次要目標肌肉群

預備階段

身體挺直站立，雙腳打開與肩同寬。收緊核心並保持肩膀往後。雙手各握一個啞鈴，雙臂置於身體兩側。掌心朝向外側，雙手手臂置於身體兩側。

階段一

吸氣同時彎曲手肘讓前臂往上抬，上臂維持貼近胸部側邊。指關節朝上。手臂往三角肌的方向彎舉，直到手掌幾乎碰觸到肩膀的頂部。

階段二

手臂慢慢地下降回到起始位置。下降的過程中吐氣，頸部、脊椎和頭部要全程保持對齊。

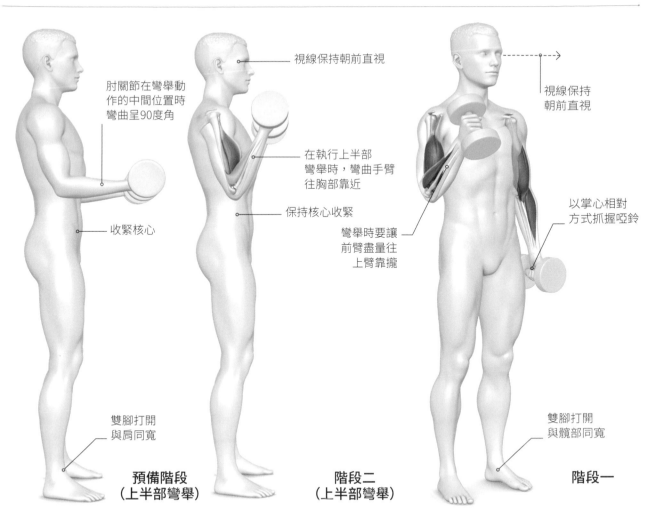

肘關節在彎舉動
作的中間位置時
彎曲呈90度角

視線保持朝前直視

在執行上半部
彎舉時，彎曲手臂
往胸部靠近

保持核心收緊

彎舉時要讓
前臂盡量往
上臂靠攏

收緊核心

視線保持
朝前直視

以掌心相對
方式抓握啞鈴

雙腳打開
與肩同寬

雙腳打開
與髖部同寬

預備階段
（上半部彎舉）

階段二
（上半部彎舉）

階段一

肱二頭肌部分彎舉

這個動作是針對肱二頭肌的單關節訓練。你可以做
下半部彎舉（從肘關節伸直上舉至肘關節彎曲 90 度
角的位置），也可以做上半部彎舉（從肘關節彎曲 90
度角的位置往上舉至肘關節完全彎曲的位置）。這兩
種做法都能加強上臂前側的肱二頭肌和下背部肌肉。

預備階段
身體站立，雙手各握一隻啞鈴置於身體前方，指關節朝
外，雙腳打開與肩同寬。雙膝保持柔軟、肩膀往後推，
頭部和脊椎保持中立位。

階段一
彎曲手肘將啞鈴舉到肘關節彎曲 90 度角的位置，手肘
貼近胸部側邊，在這個位置停留。

階段二
手臂慢慢地下降回到起始位置。這個訓練的另一種做法
是從肘關節彎曲 90 度角的位置開始，然後往上朝肩膀
方向彎舉，再下放啞鈴回到彎曲 90 度角的位置。

錘式彎舉

除了肱二頭肌，這個變化能夠鍛鍊到其它手肘
屈肌：肱橈肌和肱肌。你可以一次彎舉一隻手
臂（如上圖），也可以雙臂同時彎舉，在動作的
頂端位置停留 1-2 秒可以增加挑戰性。

預備階段
雙手各握住一隻啞鈴，身體站立，雙臂自然下垂
於身體兩側。手握啞鈴時，手腕要保持放鬆。

階段一
吸氣並收緊核心，然後吐氣同時手臂彎舉（雙臂或
是單臂），手肘彎曲將啞鈴往上抬至最高點。

階段二
吸氣同時下放啞鈴，讓手臂回到起始位位置。重
複階段一和階段二。如果是採取單臂訓練的方
式，要讓雙臂的反覆次數相同。

啞鈴前平舉
DUMBBELL FRONT RAISE

啞鈴前平舉是針對三角肌（肩膀肌肉）的單關節訓練，使用的主要肌肉是三角肌，另外也會使用到胸部上部肌肉。

概述

啞鈴前平舉對於初學者而言是一個很好的運動。首先要選擇適當重量的啞鈴。如果你對負重訓練不熟練，應該從輕重量的啞鈴入手，並從每組 10-12 次，總共 3 組開始做起。上舉和下放啞鈴都要控制好速度和力道，動作過程中可以在心中默數上舉 3 秒、下放 3 秒。

❗ 常見錯誤！

進行此訓練時請勿搖晃或擺動，如果必須如此才舉得起啞鈴時，代表啞鈴可能過重。保持腹部收緊會有助於避免晃或擺動，因為這樣腹部收緊可以支撐背部，使身保持挺直並處於中立位。

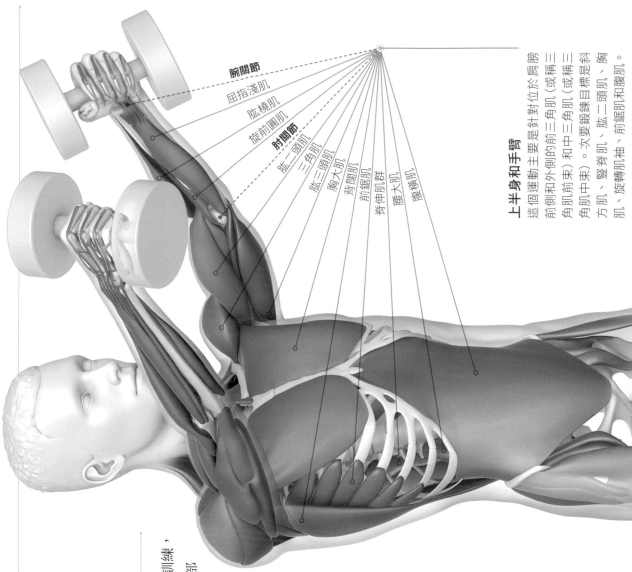

腕關節
屈指淺肌
肱橈肌
旋前圓肌

肘關節
肱二頭肌
三角肌
肱三頭肌
胸大肌
背闊肌
前鋸肌
脊伸肌群
腰大肌
腹橫肌

上半身和手臂

這個運動主要是針對位於肩膀前側和外側的前三角肌（或稱三角肌前束）和中三角肌（或稱三角肌中束）。次要鍛鍊目標是斜方肌、豎脊肌、肱二頭肌、胸肌、旋轉肌袖、前鋸肌和腹肌。

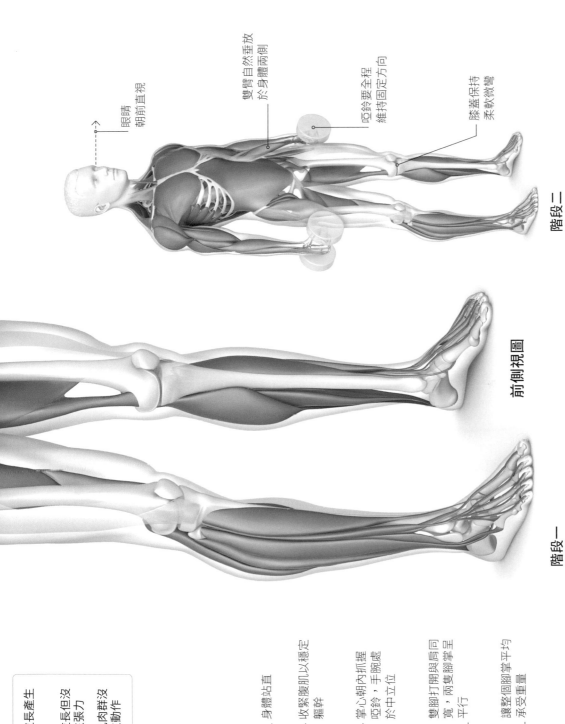

圖例說明

--·-- 關節
-○- 肌肉
● 肌肉縮短產生張力

● 肌肉拉長產生張力
● 肌肉拉長但沒有產生張力
● 支撐肌群沒有產生動作

眼睛朝前直視

雙臂自然垂放於身體兩側

啞鈴要全程維持固定方向

膝蓋保持柔軟微彎

前側視圖

身體站直

收緊腹肌以穩定軀幹

掌心朝內抓握啞鈴，手腕處於中立位

雙腳打開與肩同寬，兩隻腳掌呈平行

讓整個腳掌平均承受重量

預備階段

身體站立，雙腳打開與肩同寬，背部挺直同時雙腳踩穩地面。雙手抓握啞鈴，自然垂放於大腿兩側，掌心朝向大腿，收緊核心。

階段一

吸氣同時慢慢地讓雙臂往住身體前方抬起，將啞鈴住上舉，手肘保持微彎以減輕肘關節承受的壓力。手臂上抬至與地面近乎平行時要停頓，不要將啞鈴舉高超過眉毛，在上舉動作的頂端位置停留 2 秒鐘。

階段二

吐氣，同時慢慢將啞鈴下放，回到大腿側邊的起始位置，全程保持核心收緊。

» 變化式

涉及划船動作的訓練主要在鍛鍊背部肌肉,但是對於提升核心穩定度也有幫助,同時也能鍛鍊到肩膀和手臂的肌肉。主要鍛鍊的肌肉包括背闊肌、菱形肌、斜方肌、三角肌後束、豎脊肌和肱二頭肌。

啞鈴俯身划船

使用啞鈴可以在訓練椅上進行以單腿支撐的單邊划船訓練,或是以雙腳與肩同寬、髖部彎曲 90 度角的姿勢進行雙邊划船訓練。若想增加挑戰性,可在上舉啞鈴至最頂端位置時停留 2 秒鐘。

預備階段

訓練手對側腿的膝蓋置於訓練椅上,另一條腿伸直支撐於地。軀幹打平往前傾斜至大約與地面呈平行,髖部兩側要保持水平。頭部對齊脊椎和頸部。深呼吸以啟動核心肌群並收緊背部肌肉。

階段一

吐氣,肩胛骨內收並驅動手臂往上,手肘彎曲角度介於 30-75 度。角度改變,受刺激的肌肉部位也會跟著改變。

階段二

吸氣並保持腹肌收緊,控制好速度和力道讓啞鈴往下降,全程收緊腹肌。重複階段一和階段二。

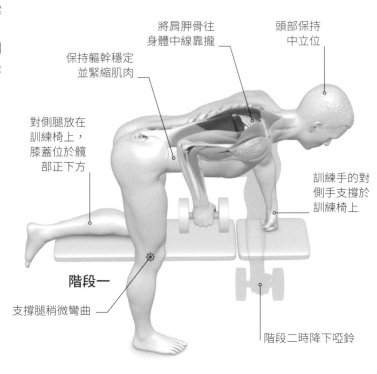

將肩胛骨往身體中線靠攏

保持軀幹穩定並緊縮肌肉

頭部保持中立位

對側腿放在訓練椅上,膝蓋位於髖部正下方

訓練手的對側手支撐於訓練椅上

階段一

支撐腿稍微彎曲

階段二時降下啞鈴

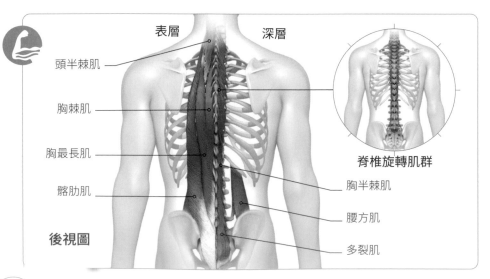

表層　深層

頭半棘肌

胸棘肌

胸最長肌

髂肋肌

後視圖

脊椎旋轉肌群

胸半棘肌

腰方肌

多裂肌

脊椎伸肌群

脊椎伸肌群附著在脊椎後側,能讓身體維持直立姿勢。脊椎伸肌群包括沿著脊椎兩側分佈的大塊成對肌肉,統稱為豎脊肌,其具有支撐脊椎的作用。位於深層的脊椎伸肌群(包括旋轉肌群),能夠輔助豎脊肌的工作,同時也具有穩定骨盆的作用。強化這些肌肉有助於支撐身體,改善姿勢,並有助於緩解下背疼痛

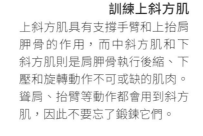

圖例說明
● 主要目標肌肉群　● 次要目標肌肉群

彈力帶直立划船

這個變化式是使用彈性阻力帶。彈力帶
有各種阻力大小,請依據你目前的體能
水準選擇適合的彈力帶,在動作最頂端
位置停留 2 秒鐘。

訓練上斜方肌

上斜方肌具有支撐手臂和上抬肩
胛骨的作用,而中斜方肌和下
斜方肌則是肩胛骨執行後縮、下
壓和旋轉動作不可或缺的肌肉。
聳肩、抬臂等動作都會用到斜方
肌,因此不要忘了鍛鍊它們。

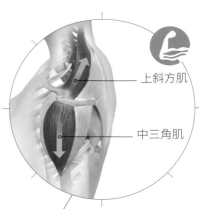

上斜方肌

中三角肌

側視圖

頭部保持中立位

肩膀要能夠
旋轉自如

手肘彎曲將手臂往上
抬至與地面呈平行

雙手距離保持
與肩同寬

預備階段 / 階段二

階段一

以正握方式抓穩彈力帶

核心收緊以
維持穩定

雙膝保持微彎

雙腳打開與肩同寬

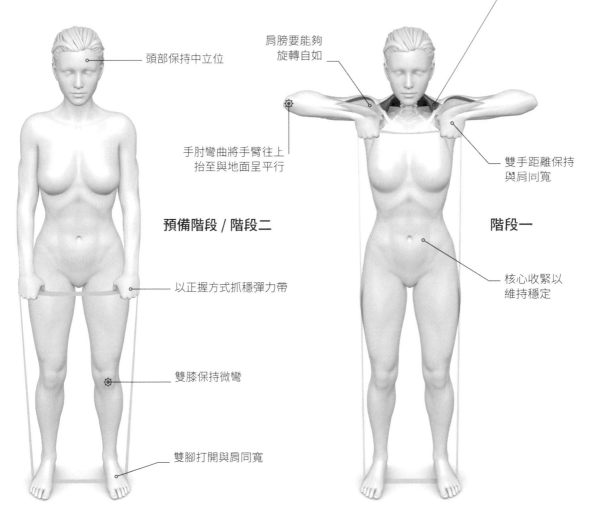

預備階段
雙腳踩住彈力帶,身體挺直站立,
雙膝微彎,雙腳打開與肩同寬。雙
手抓穩彈力帶置於髖部前側下方,
雙手距離保持與肩同寬。

階段一
吸氣並收緊核心,然後吐氣,雙肩
上抬,雙肘彎曲,雙手上抬將彈力
帶往上拉。

階段二
吸氣,雙肩慢慢往下降,手肘伸展
讓手臂伸直,下放彈力帶回到起始
位置,重複階段一和階段二。

啞鈴側平舉
DUMBBELL LATERAL RAISE

執行側平舉動作的主要肌肉是中三角肌。前三角肌、後三角肌、上斜方肌、棘上肌(旋轉肌袖)和前鋸肌(位於腋下沿著肋骨分佈的肌肉) 也會參與作用，經常做側平舉有助於鍛鍊出寬闊的肩膀。

概述

進行訓練時要全程收緊核心，緩慢且有控制地舉起和下降手臂，下降時要維持肌肉張力，避免讓啞鈴如自由落體般下墜。如果你對負重訓練不熟練，建議選擇輕重量的啞鈴，並且從每組 10-12 次，總共 3 組開始做起。

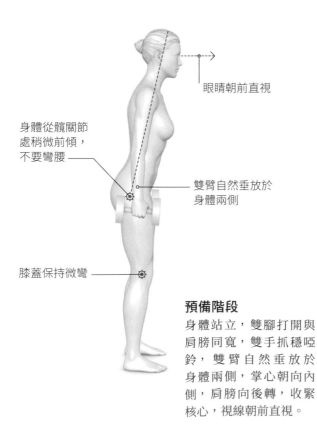

眼睛朝前直視

身體從髖關節處稍微前傾，不要彎腰

雙臂自然垂放於身體兩側

膝蓋保持微彎

預備階段
身體站立，雙腳打開與肩膀同寬，雙手抓穩啞鈴，雙臂自然垂放於身體兩側，掌心朝向內側，肩膀向後轉，收緊核心，視線朝前直視。

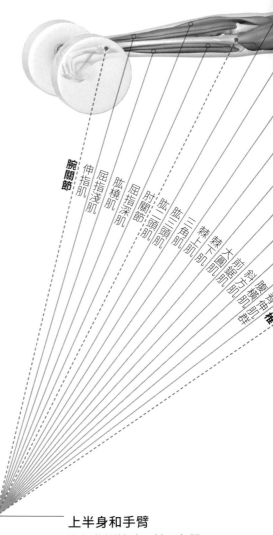

腕關節
伸指肌
屈指淺肌
肱橈肌
屈指深肌
肘關節
肱三頭肌
肱三頭肌
三角肌
棘上肌
棘下肌
大圓肌
斜方肌
前鋸肌
背闊肌

上半身和手臂
進行此訓練時，前三角肌、棘上肌和斜方肌會協助中三角肌執行動作。前三角肌位於肩膀前側，位於肩胛骨上方的棘上肌負責啟動手臂抬起的動作，斜方肌負責讓肩膀抬高。

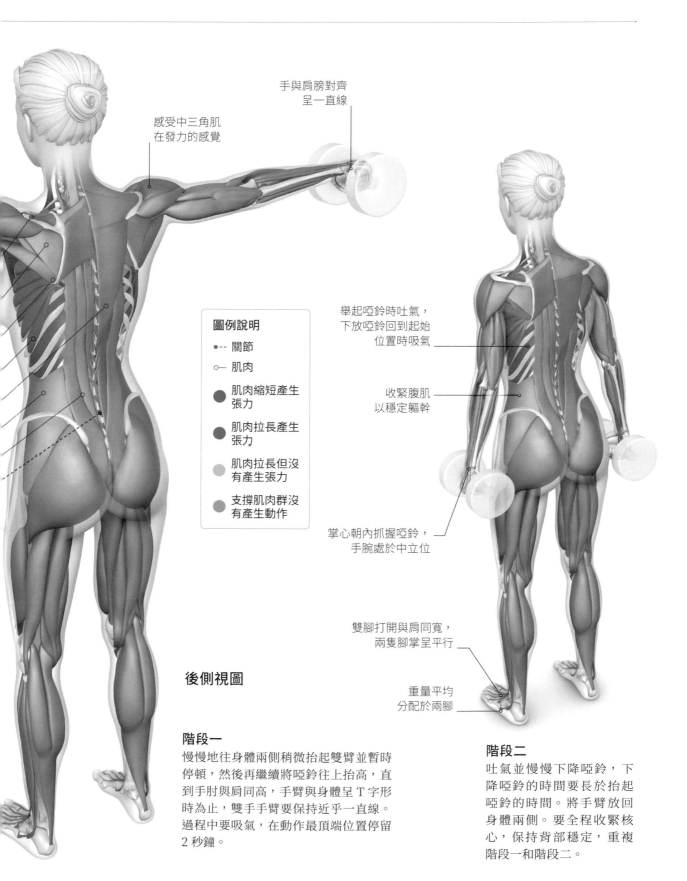

感受中三角肌
在發力的感覺

手與肩膀對齊
呈一直線

舉起啞鈴時吐氣，
下放啞鈴回到起始
位置時吸氣

收緊腹肌
以穩定軀幹

掌心朝內抓握啞鈴，
手腕處於中立位

雙腳打開與肩同寬，
兩隻腳掌呈平行

重量平均
分配於兩腳

圖例說明

●-- 關節

○- 肌肉

● 肌肉縮短產生
張力

● 肌肉拉長產生
張力

● 肌肉拉長但沒
有產生張力

● 支撐肌肉群沒
有產生動作

後側視圖

階段一

慢慢地往身體兩側稍微抬起雙臂並暫時
停頓，然後再繼續將啞鈴往上抬高，直
到手肘與肩同高，手臂與身體呈 T 字形
時為止，雙手手臂要保持近乎一直線。
過程中要吸氣，在動作最頂端位置停留
2 秒鐘。

階段二

吐氣並慢慢下降啞鈴，下
降啞鈴的時間要長於抬起
啞鈴的時間。將手臂放回
身體兩側。要全程收緊核
心，保持背部穩定，重複
階段一和階段二。

軍式肩上推舉
MILITARY SHOULDER PRESS

這個運動能夠強化胸肌（胸部）、三角肌（肩膀）、肱三頭肌（手臂）和斜方肌（上背部）。以站姿的方式進行訓練，因為需要保持平衡，因此還會使用到核心肌群和下背部肌肉，亦可嘗試以坐姿進行訓練。

概述

將啞鈴舉過頭頂時，手肘必須維持在手腕正下方或稍微往內，避免肘關節鎖死。在進行將重物高舉過頭的動作時，收縮核心和臀肌會有助於穩定脊椎。初學者建議從 1 組 8-10 次開始做起。

⚠ 注意事項！

如果負荷過重，可能會導致您的下背部前拱（脊椎前凸）並造成下背部疼痛。從地上拿起啞鈴時也要小心，不要站著直接彎腰去拿，而是要彎曲膝蓋和臀部，降低身體讓雙手能抓握到啞鈴。

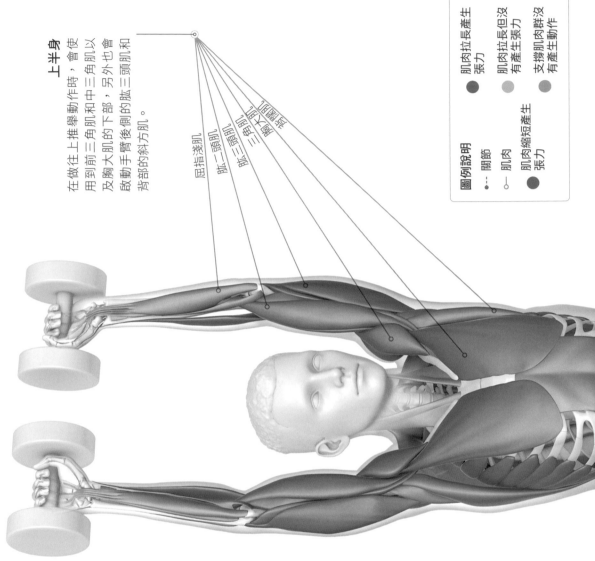

上半身

在做往上推舉動作時，會使用到前三角肌和中三角肌以及胸大肌的下部，另外也會啟動手臂後側的肱三頭肌和背部的斜方肌。

屈指淺肌
肱二頭肌
肱三頭肌
三角肌
胸大肌
斜方肌

圖例說明
- ⚫ 肌肉拉長產生張力
- ⚫ 肌肉拉長但沒有產生張力
- ⚫ 支撐肌肉群沒有產生動作
- --- 關節
- ⚊ 肌肉
- ⚫ 肌肉縮短產生張力

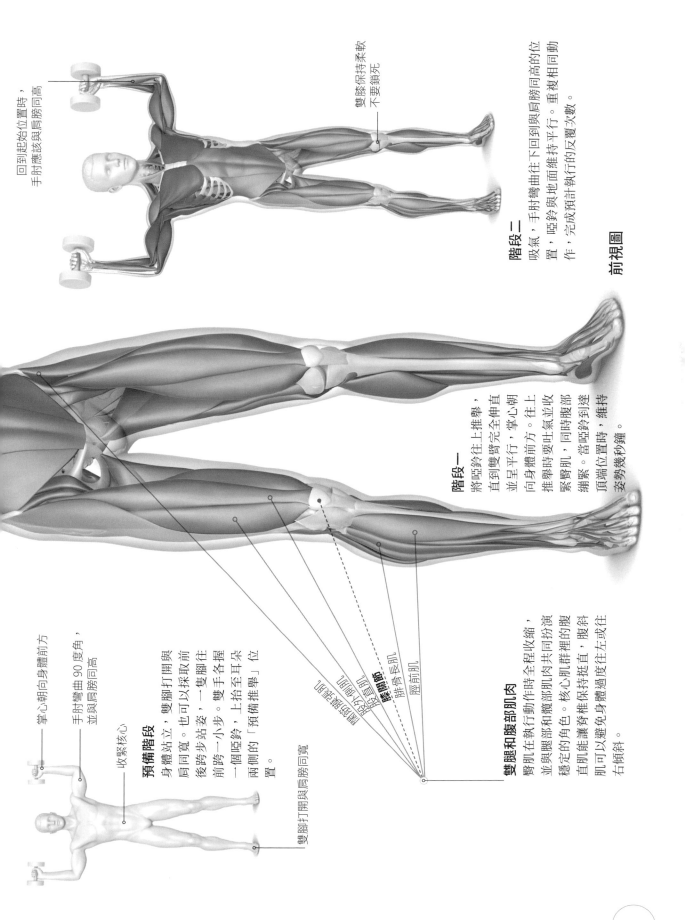

回到起始位置時，
手肘應該與肩膀同高

雙膝保持柔軟
不要鎖死

階段二

吸氣，手肘彎曲往下回到與肩膀同高的位置，啞鈴與地面維持平行。重複相同動作，完成預計執行的反覆次數。

前視圖

階段一

將啞鈴往上推舉，直到雙臂完全伸直並呈平行，掌心朝向身體前方。在上推舉時要吐氣並收緊臀肌，同時腹部繃緊。當啞鈴到達頂端位置時，維持姿勢幾秒鐘。

掌心朝向身體前方

手肘彎曲 90 度角，並與肩膀同高

收緊核心

預備階段

身體站立，雙腳打開與肩同寬。也可以採取前後跨步站姿，一隻腳往前跨一小步。雙手各握一個啞鈴，上抬至耳朵兩側的「預備推舉」位置。

雙腳打開與肩膀同寬

雙腿和腹部肌肉

臀肌在執行動作時全程收縮，並與腿部和髖部肌肉共同扮演穩定的角色。核心肌群維持腹直肌讓脊椎挺直，腹斜肌可以避免身體過度傾斜往左或往右傾斜。

腹外斜肌
腹直肌
股直肌
髖關節
腓骨長肌
脛前肌

»變化式

肩上推舉訓練所使用的主要肌肉是三角肌，它是
由前三角肌、中三角肌和後三角肌所構成，這裡
介紹的變化式針對三角肌的不同部位。對握肩上
推舉主要是針對前三角肌和中三角肌，以阿諾史
瓦辛格命名的阿諾推舉則是同時針對三角肌所有
三個部位。

圖例說明
● 主要目標肌肉群　● 次要目標肌肉群

對握啞鈴肩上推舉

這個變化式除了中三角肌之
外，還能鍛鍊到前三角肌。
以掌心相對（對握或稱中立握）
的方式握啞鈴，能有效刺激
三角肌不同部位的肌肉。

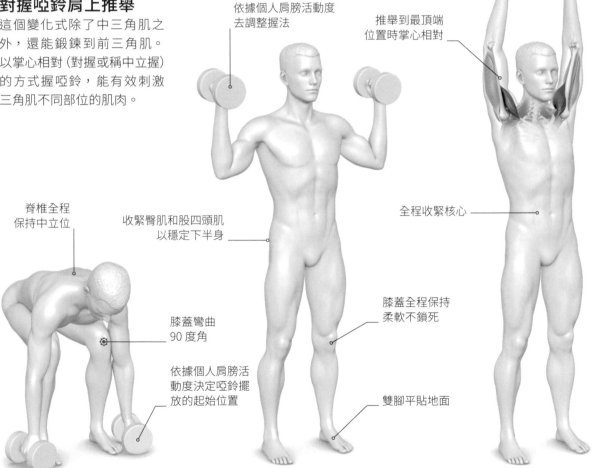

上臂盡量往
耳朵靠近

依據個人肩膀活動度
去調整握法

推舉到最頂端
位置時掌心相對

全程收緊核心

脊椎全程
保持中立位

收緊臀肌和股四頭肌
以穩定下半身

膝蓋彎曲
90 度角

依據個人肩膀活
動度決定啞鈴擺
放的起始位置

膝蓋全程保持
柔軟不鎖死

雙腳平貼地面

以安全的姿勢拿起啞鈴

雙腳打開與髖部或肩膀同寬。膝關
節和髖關節彎曲讓雙手能抓握到擺
放在腳掌外側的啞鈴。

預備階段 / 階段二

伸展膝關節使身體站立，同時雙臂
肘關節彎曲將啞鈴舉至高於肩膀的
「預備推舉」位置，準備將啞鈴往
上推舉時核心保持收緊。

階段一

吸氣並收緊腹部，然後吐氣同時將
啞鈴往上推舉過頂，全程掌心相
對。吸氣回到階段二。重複階段一
和階段二。

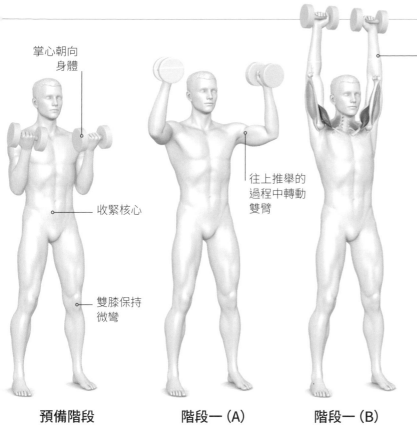

掌心朝向身體

收緊核心

雙膝保持微彎

往上推舉的過程中轉動雙臂

往上推以伸展雙臂

預備階段　　　　**階段一 (A)**　　　　**階段一 (B)**

阿諾肩推

這個推舉運動能刺激到三角肌所有三個部位，也就是覆蓋上臂頂端的圓形肌肉―前三角肌、中三角肌和後三角肌，這是鍛鍊肩膀肌肉很好的運動。

預備階段

雙手各握一隻啞鈴，舉至與肩同高的位置，掌心朝向身體，雙腳打開與肩同寬，膝蓋微彎。

階段一

雙臂往兩側轉動，將啞鈴往上推舉至略高於肩膀的位置，變成掌心相對的姿勢。慢慢將啞鈴高舉過頭，同時轉動手腕，讓掌心朝向身體前方，往上推舉直到手臂完全伸展。

階段二

在動作的頂端位置不要停頓，立刻下降啞鈴返回起始位置，過程中轉動手臂和手腕直到掌心再次朝向身體。重複相同動作，完成預計執行的反覆次數。

自體體重反向肩上推舉

地面或訓練椅反向肩上推舉是以伏地挺身為基礎的變化式，可以鍛鍊胸部、肩膀和肱三頭肌，反向的角度愈大主要鍛鍊的部位在肩膀和肱三頭肌，角度愈小主要鍛鍊的部位則在胸部。

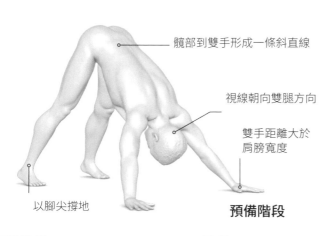

髖部到雙手形成一條斜直線

視線朝向雙腿方向

雙手距離大於肩膀寬度

以腳尖撐地

預備階段

進行推舉時，臀部全程朝上

手肘彎曲90度角

進行推舉時，維持踮腳尖姿勢

階段一

預備階段

雙手打開置於地面，距離大於肩膀寬度，雙臂伸直，臀部朝上抬高，讓身體形成倒 V 字形。

階段一

雙肘彎曲90度角，上半身往地面下降，直到頭部幾乎碰觸地面。

階段二

吐氣同時往上推，讓身體回到起始位置，頭頂全程朝向地面。

啞鈴反向飛鳥
DUMBBELL REAR DELTOID FLY

反向飛鳥訓練針對的是肩膀後側的後三角肌和上背部的主要肌肉，其中包括斜方肌。斜方肌能協助肩胛骨後收（肩胛骨往彼此靠攏）。加強這些肌肉會有助於改善不良姿勢，讓站姿更挺直並改善平衡感。

> **！常見錯誤**
>
> 使用過重的啞鈴，會導致圓背，進而對脊椎造成壓力。下巴保持內收，脊椎維持中立位同時收緊核心。

概述

建議先進行徒手訓練，等你準備好進行負重訓練時，也請先使用輕重量啞鈴。上抬和下放啞鈴要控制好力道和速度，不要用力甩出去，也不要讓啞鈴如自由落體般下降。

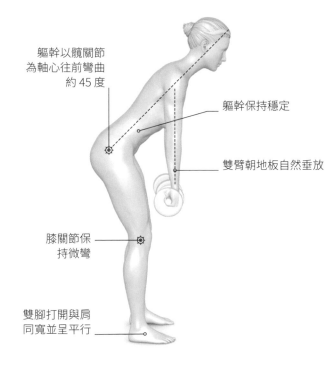

軀幹以髖關節為軸心往前彎曲約 45 度

軀幹保持穩定

雙臂朝地板自然垂放

膝關節保持微彎

雙腳打開與肩同寬並呈平行

預備階段

身體站立，雙腳打開與肩同寬，雙手各握一隻啞鈴置於身體兩側。以髖關節為軸心將臀部往後推（髖關節鉸鏈動作），讓上半身往前傾，讓啞鈴朝下自然垂放於身體前方，掌心朝向身體。

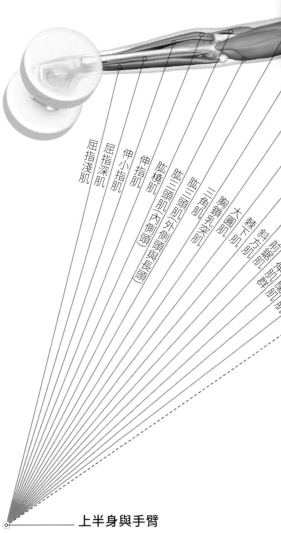

屈指淺肌
屈指深肌
伸小指肌
伸指肌
肱橈肌
肱三頭肌（內側頭）
肱三頭肌外側頭
肱三頭肌（內側頭與長頭）
三角肌
大圓肌
棘下肌
斜方肌
菱形肌
豎脊肌

上半身與手臂

這個運動需要後三角肌、菱形肌和中斜方肌參與發力。位於上背部和肩膀的菱形肌是反向飛鳥動作使用的主要肌肉。進行訓練時要保持正確姿勢，並使用重量適中的啞鈴以確保能良好地控制動作和正確發力。

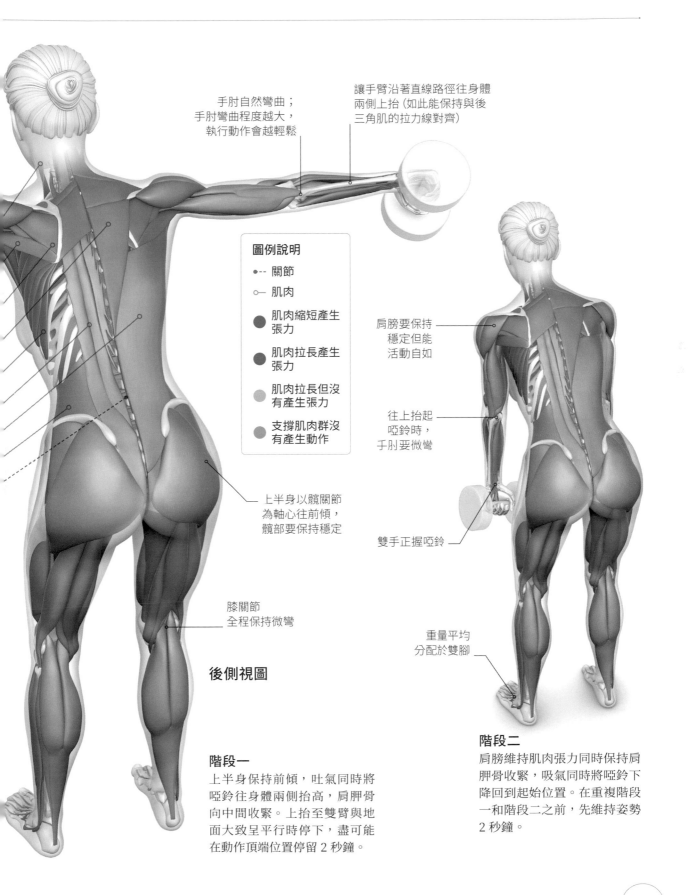

手肘自然彎曲；
手肘彎曲程度越大，
執行動作會越輕鬆

讓手臂沿著直線路徑往身體
兩側上抬 (如此能保持與後
三角肌的拉力線對齊)

圖例說明
- ●--- 關節
- ○─ 肌肉
- ● 肌肉縮短產生張力
- ● 肌肉拉長產生張力
- ● 肌肉拉長但沒有產生張力
- ● 支撐肌肉群沒有產生動作

肩膀要保持
穩定但能
活動自如

往上抬起
啞鈴時，
手肘要微彎

雙手正握啞鈴

上半身以髖關節
為軸心往前傾，
髖部要保持穩定

膝關節
全程保持微彎

重量平均
分配於雙腳

後側視圖

階段一

上半身保持前傾，吐氣同時將
啞鈴往身體兩側抬高，肩胛骨
向中間收緊。上抬至雙臂與地
面大致呈平行時停下，盡可能
在動作頂端位置停留 2 秒鐘。

階段二

肩膀維持肌肉張力同時保持肩
胛骨收緊，吸氣同時將啞鈴下
降回到起始位置。在重複階段
一和階段二之前，先維持姿勢
2 秒鐘。

» 變化式

這些反向飛鳥變化式主要是針對背部不同區域的肌肉，俯身寬距划船可以鍛鍊斜方肌、菱形肌和後三角肌，也能鍛鍊到背闊肌；仰臥過頭推舉能集中刺激背闊肌和胸大肌。這兩個變化式都能鍛鍊到腹肌，因為腹肌需要全程收緊。

啞鈴俯身寬距划船

這個划船動作能鍛鍊到上背部和中背部的肌肉，還有上臂肌肉和肩膀旋轉肌。上背部肌肉能協助將肩膀往下和往後拉，訓練所有這些肌肉可以改善上半身的對稱性，也能讓身體在站立時保持挺直並維持良好姿勢。

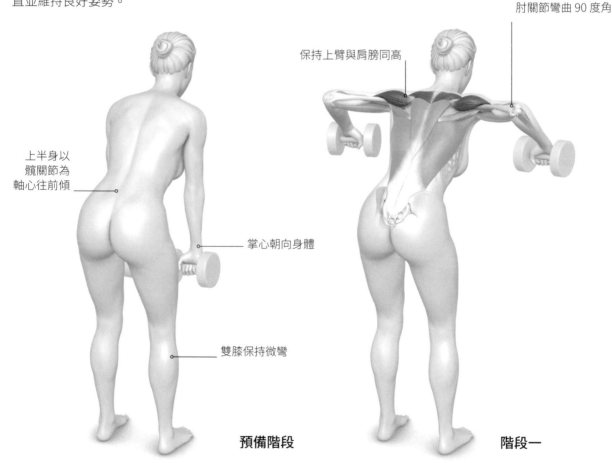

肘關節彎曲 90 度角

保持上臂與肩膀同高

上半身以髖關節為軸心往前傾

掌心朝向身體

雙膝保持微彎

預備階段

階段一

預備階段
身體挺直站立，雙腳打開與肩同寬，核心收緊，雙手各握一隻啞鈴置於大腿前側，掌心朝向身體，上半身往前傾。

階段一
將啞鈴往胸部方向抬高，保持雙臂打開比肩膀寬的距離，上臂與肩膀同高，肩胛骨向中間收緊。

階段二
下降啞鈴，返回起始位置，這樣是完成 1 次反覆，重複相同動作直到完成預計的運動持續時間（例如 30 秒、45 秒或 60 秒）。

啞鈴仰臥過頭推舉

基本版的啞鈴仰臥過頭推舉能鍛鍊胸大肌和背闊肌，藉由調整動作還可以鍛鍊核心肌群和上臂後側的肱三頭肌。這是個很好的訓練動作，能同時鍛鍊身體的前側和後側。

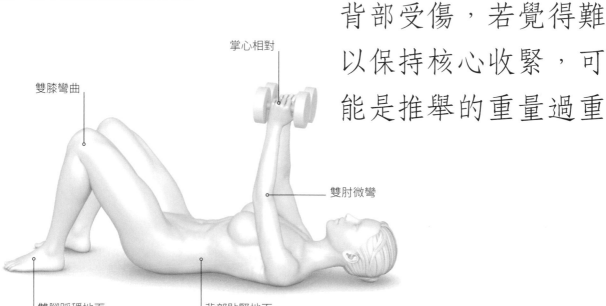

掌心相對

雙膝彎曲

雙肘微彎

雙腳踩穩地面

背部貼緊地面

> 核心穩定有助於避免背部受傷，若覺得難以保持核心收緊，可能是推舉的重量過重

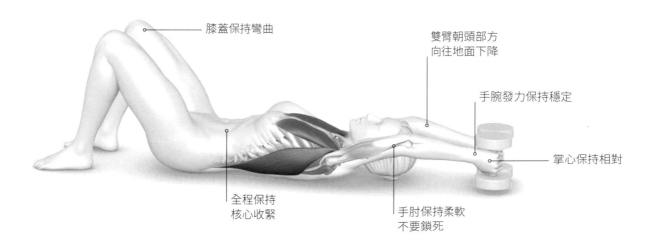

膝蓋保持彎曲

雙臂朝頭部方向往地面下降

手腕發力保持穩定

掌心保持相對

全程保持核心收緊

手肘保持柔軟不要鎖死

預備階段
仰躺於地面，雙腳打開與髖部同寬，雙膝彎曲，下背部貼緊地面，雙手各握一隻啞鈴，雙臂往天花板方向伸展，讓啞鈴位於胸部上方。

階段一
吸氣時保持背部和核心穩定，同時雙臂朝頭部方向往地面下降，直到啞鈴碰觸到地板為止。

階段二
完成整個動作之後，慢慢地吐氣，然後讓雙臂返回起始位置。重複相同動作，持續 30-60 秒。

啞鈴仰臥推舉
DUMBBELL BENCH PRESS

啞鈴胸部推舉動作能鍛鍊胸肌,同時也會鍛鍊到肩膀的前三角肌、上臂的肱三頭肌以及前臂和腹部。

概述

這個動作可以在地板上或是長椅上進行,在地板上做的時候,雙腳要打開與髖部同寬、雙膝彎曲、腳掌平貼地面,背部要貼緊地面或椅背上並收緊核心。緩慢且有控制地將啞鈴往上推和往下降,身體和雙腿要全程保持穩定和肌肉張力。如果對負重訓練不熟練,建議選擇輕重量的啞鈴,並且從每組 10-12 次,總共 3 組開始做起。

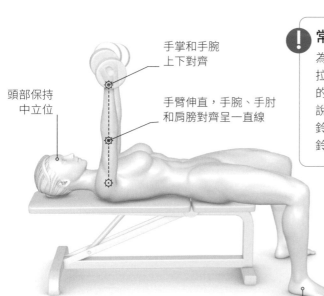

手掌和手腕
上下對齊

頭部保持
中立位

手臂伸直,手腕、手肘
和肩膀對齊呈一直線

預備階段
平躺在長椅上,雙腳平放於地面,雙手正握啞鈴,置於雙腿上,吐氣同時慢慢地將啞鈴舉到肩膀正上方,手臂從肩膀到手腕呈一直線。

雙腳打開超過
髖部寬度的距離

! 常見錯誤
為了避免在進行胸部推舉時拉傷肩膀或肘關節,手臂的移動路徑務必依照本書的說明。也不要使用過重的啞鈴,這會使得身體在舉起啞鈴時彎曲或歪斜。

肱橫肌

肱二頭肌

胸鎖乳突肌

背闊肌

胸大肌

三角肌

腹橫肌

上半身和手臂
胸部推舉主要是使用胸肌(胸大肌),此外前三角肌也會作用讓手臂能夠往上伸直。做動作的過程中,肱三頭肌、前鋸肌和肱二頭肌也會參與施力;腹肌則負責支撐脊椎並保持軀幹穩定。

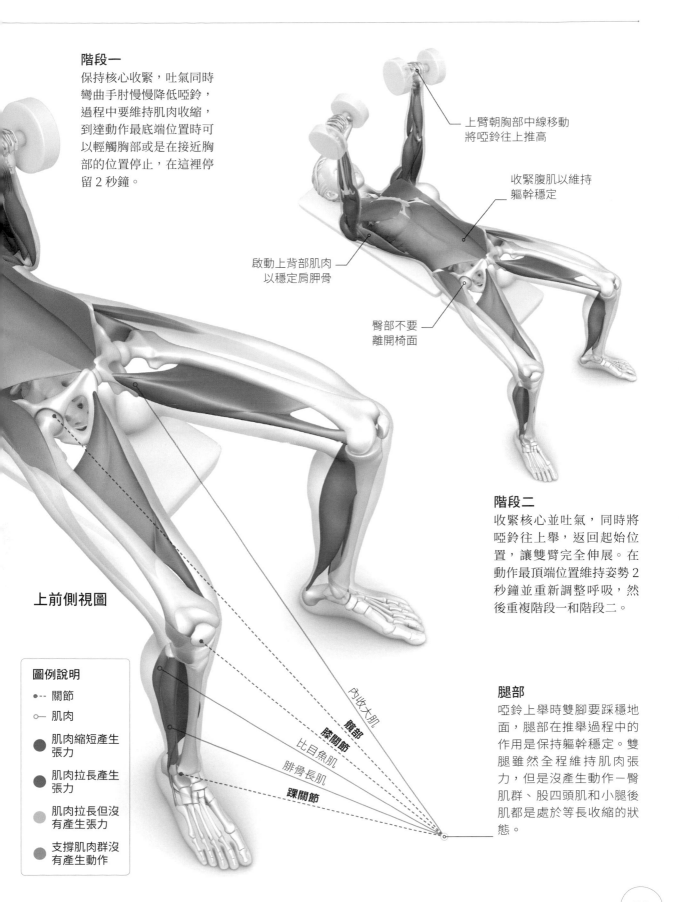

階段一
保持核心收緊，吐氣同時彎曲手肘慢慢降低啞鈴，過程中要維持肌肉收縮，到達動作最底端位置時可以輕觸胸部或是在接近胸部的位置停止，在這裡停留 2 秒鐘。

上臂朝胸部中線移動將啞鈴往上推高

收緊腹肌以維持軀幹穩定

啟動上背部肌肉以穩定肩胛骨

臀部不要離開椅面

上前側視圖

內收大肌

髖部

膝關節

比目魚肌

腓骨長肌

踝關節

圖例說明
- •-- 關節
- ○- 肌肉
- ● 肌肉縮短產生張力
- ● 肌肉拉長產生張力
- ● 肌肉拉長但沒有產生張力
- ● 支撐肌肉群沒有產生動作

階段二
收緊核心並吐氣，同時將啞鈴往上舉，返回起始位置，讓雙臂完全伸展。在動作最頂端位置維持姿勢 2 秒鐘並重新調整呼吸，然後重複階段一和階段二。

腿部
啞鈴上舉時雙腳要踩穩地面，腿部在推舉過程中的作用是保持軀幹穩定。雙腿雖然全程維持肌肉張力，但是沒產生動作－臀肌群、股四頭肌和小腿後肌都是處於等長收縮的狀態。

仰臥啞鈴飛鳥
DUMBBELL CHEST FLY

這個單關節運動的主要鍛鍊目標是胸部肌肉，其次是三角肌、肱三頭肌和肱二頭肌。 這個動作能夠伸展胸部肌肉，有助於舒緩胸部緊繃現象並改善姿勢。

概述

在進行仰臥飛鳥訓練時，正確的技巧非常重要，緩慢且有控制地上舉和下降啞鈴，以避免肌肉和關節拉傷。如果對負重訓練不熟練，建議選擇輕重量的啞鈴，並且從每組 10-12 次，總共 3 組開始做起。

階段一
吸氣並收緊核心，手肘保持微彎，吐氣同時慢慢地將啞鈴往身體兩側下降，直到胸部感受明顯的拉伸感，在動作最底端位置停留 2 秒鐘。

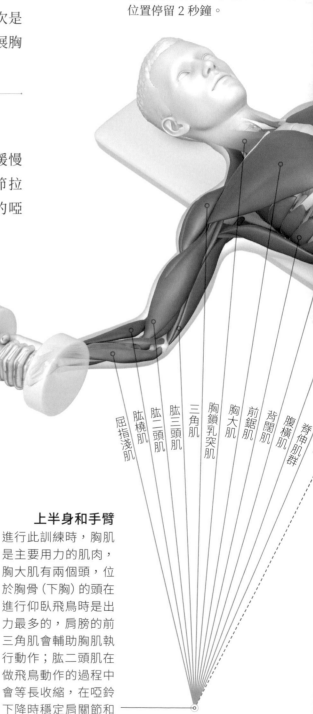

手腕保持中立位

雙手各握一個啞鈴，啞鈴握把與軀幹呈平行

頭部後側平貼椅面，眼睛朝上直視

雙臂與地面呈垂直

屈指淺肌
肱橈肌
肱二頭肌
肱三頭肌
三角肌
胸鎖乳突肌
胸大肌
前鋸肌
背闊肌
腹橫肌
脊伸肌群

上半身和手臂
進行此訓練時，胸肌是主要用力的肌肉，胸大肌有兩個頭，位於胸骨（下胸）的頭在進行仰臥飛鳥時是出力最多的，肩膀的前三角肌會輔助胸肌執行動作；肱二頭肌在做飛鳥動作的過程中會等長收縮，在啞鈴下降時穩定肩關節和前臂。

預備階段
仰躺在訓練椅或平坦的長椅上（也可以躺在地板上），雙腳分開與肩同寬，腳掌貼緊地面；雙手各握一隻啞鈴，掌心相對，雙臂往上伸直，與地面呈垂直；頭部、頸部和脊椎維持中立位。

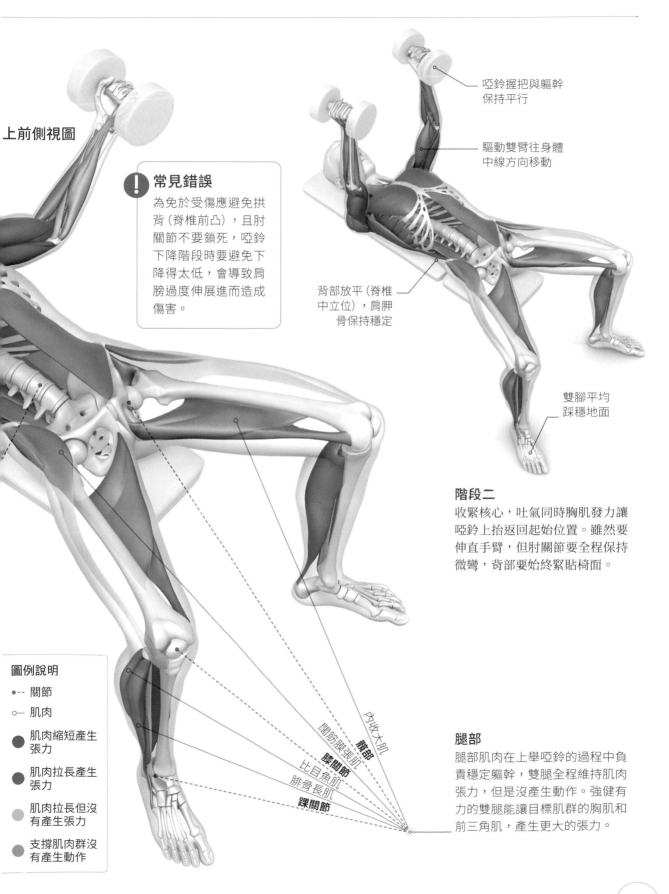

上前側視圖

! 常見錯誤

為免於受傷應避免拱背 (脊椎前凸)，且肘關節不要鎖死，啞鈴下降階段時要避免下降得太低，會導致肩膀過度伸展進而造成傷害。

啞鈴握把與軀幹保持平行

驅動雙臂往身體中線方向移動

背部放平 (脊椎中立位)，肩胛骨保持穩定

雙腳平均踩穩地面

階段二

收緊核心，吐氣同時胸肌發力讓啞鈴上抬返回起始位置。雖然要伸直手臂，但肘關節要全程保持微彎，背部要始終緊貼椅面。

內收大肌
臀部
闊筋膜張肌
膝關節
比目魚肌
腓骨長肌
踝關節

圖例說明

•-- 關節
○─ 肌肉
● 肌肉縮短產生張力
● 肌肉拉長產生張力
● 肌肉拉長但沒有產生張力
● 支撐肌肉群沒有產生動作

腿部

腿部肌肉在上舉啞鈴的過程中負責穩定軀幹，雙腿全程維持肌肉張力，但是沒產生動作。強健有力的雙腿能讓目標肌群的胸肌和前三角肌，產生更大的張力。

下半身訓練

本篇介紹的訓練主要在鍛鍊下半身肌肉，包括大腿股四頭肌、腿後肌、小腿肌肉、臀肌群、內收肌群和外展肌群。很多訓練動作還會另外提供變化式和調整版。所有訓練動作都會提供清楚明確的說明和指示，以最大限度地提高效率並降低受傷風險。

深蹲 *SQUAT*

深蹲可以強化腿部和臀部的所有大肌肉，包括那些難以鍛鍊到的區域，例如股四頭肌、臀肌群和腿後肌群。深蹲也能夠改善下半身的活動能力，並保持骨骼和關節的健康，另外也會鍛鍊到核心肌群。

概述

深蹲屬於多關節複合式訓練動作，因為它會徵召臀部到膝蓋到腳的大量肌肉。下蹲時，應從髖部向後推使臀部往下，而不是先彎曲膝蓋往前蹲。膝蓋盡量不要超過腳尖，以免對膝關節和下背部造成過大壓力。避免膝蓋內夾、駝背、腳跟離地。建議從每組 8-10 次，總共 4 組開始做起；另外也可以參考 pp. 98-99 的變化式。

眼睛朝前直視

挺起胸膛

腳尖稍微朝外

預備階段
身體挺直站立，雙腳打開比髖部稍寬的距離，腳尖稍微朝外，將身體大部分的重量放在腳跟。

階段一
當髖部向後方推，逐漸往下坐時，要將重心轉移到腳跟，同時雙臂往前伸，雙手放鬆交握於胸前；臀部往下降，直到大腿與地面呈平行或幾乎平行。下蹲時大腿和臀部應該要有發力的感覺，當膝蓋到達腳尖正上方時停止動作。

前側視圖

上半身

腹直肌、腹橫肌和前鋸肌應全程收緊，收緊腹部肌肉有助於支撐背部，讓脊椎能維持中立位，身體下降時脊椎要保持挺直。

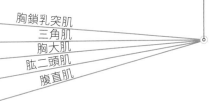

胸鎖乳突肌
三角肌
胸大肌
肱二頭肌
腹直肌

下半身

股四頭肌和內收肌群是主要的作用肌肉，而腿後肌和小腿肌肉則是協助穩定骨盆和膝蓋。往下蹲形成深蹲姿勢的過程屬於離心動作。深蹲會對下半身關節施加大量張力，因此務必留意姿勢的正確性。

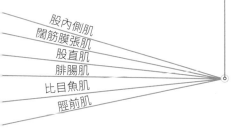

股內側肌
闊筋膜張肌
股直肌
腓腸肌
比目魚肌
脛前肌

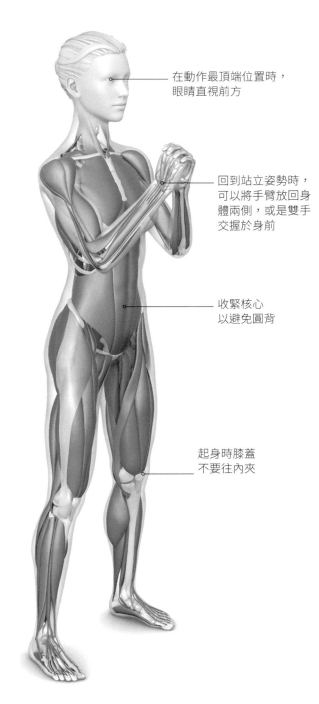

在動作最頂端位置時，眼睛直視前方

回到站立姿勢時，可以將手臂放回身體兩側，或是雙手交握於身前

收緊核心以避免圓背

起身時膝蓋不要往內夾

圖例說明

•-- 關節
○- 肌肉
● 肌肉縮短產生張力
● 肌肉拉長產生張力
● 肌肉拉長但沒有產生張力
● 支撐肌肉群沒有產生動作

階段二

吐氣，收緊核心同時雙腳推蹬地面，起身回到起始位置，胸部挺直，頸部和頭部與脊椎對齊，在起身的過程中要避免膝蓋往內夾。

» 變化式

這些深蹲變化式係針對腿部不同區域，椅子深蹲主要使用的是股四頭肌、腿後肌和臀肌群；相撲深蹲＋相撲飛行能夠鍛鍊臀中肌和臀大肌，以及髖部肌肉、內收肌群、股四頭肌、腿後肌和小腿後肌；高腳杯深蹲則是針對所有下半身肌肉。

> ❝❞
> 在做深蹲時若膝蓋容易
> 往內夾，很可能是臀肌
> 無力或髖部緊繃

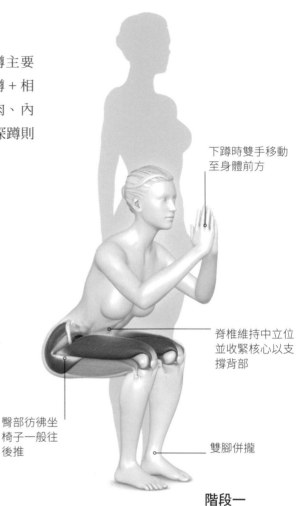

下蹲時雙手移動至身體前方

脊椎維持中立位並收緊核心以支撐背部

臀部彷彿坐椅子一般往後推

雙腳併攏

階段一

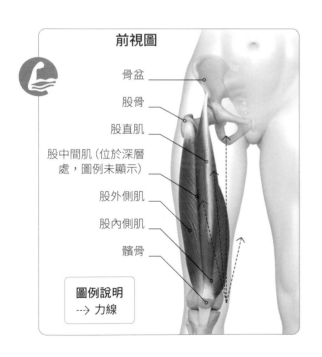

前視圖

骨盆

股骨

股直肌

股中間肌 (位於深層處，圖例未顯示)

股外側肌

股內側肌

髕骨

圖例說明
--> 力線

股四頭肌的構造

股四頭肌位於大腿前側，由四塊肌肉所構成。每塊肌肉都有不同的力線 (也就是拉力)。股外側肌從大腿外側向下延伸，連接股骨與髕骨 (俗稱膝蓋骨)；股內側肌沿著大腿內側延伸，介於股骨和髕骨之間；股中間肌是最深層的肌肉，位於股外側肌與股內側肌之間；股直肌從髖骨延伸到膝蓋骨。

椅子深蹲

這個運動可以強化股四頭肌、臀大肌和內收大肌，並能提升腿後肌、腹橫肌、腹直肌和腹斜肌的肌力；豎脊肌能讓脊椎在進行這種窄距深蹲時保持伸直。

預備階段

身體挺直站立，雙腳打開小於肩寬 (正常的深蹲，雙腳距離較寬)，雙臂放鬆置於身體兩側；吸氣。

階段一

身體像是要坐椅子一般往下蹲，髖關節和膝關節慢慢彎曲，盡可能往下蹲低，臀部低於與地面平行的位置。

階段二

吐氣，利用臀部的力量將軀幹往上推並伸直膝蓋慢慢站起來，直到膝關節和髖關節完全伸直，回到起始位置。

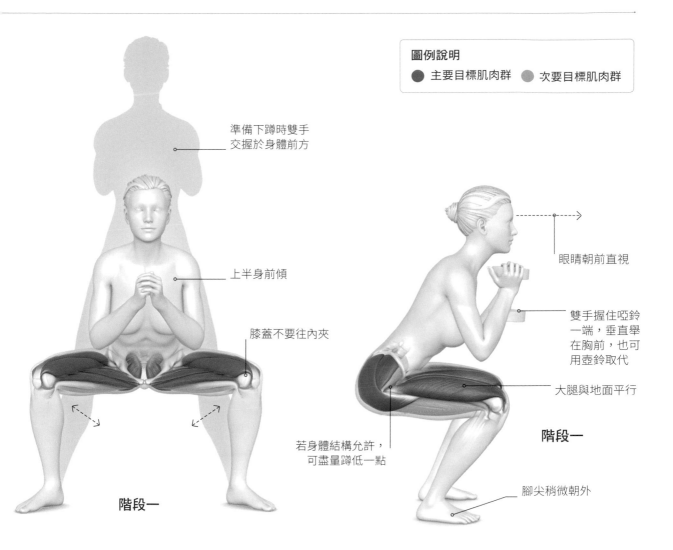

準備下蹲時雙手
交握於身體前方

上半身前傾

膝蓋不要往內夾

階段一

眼睛朝前直視

雙手握住啞鈴
一端，垂直舉
在胸前，也可
用壺鈴取代

大腿與地面平行

若身體結構允許，
可盡量蹲低一點

階段一

腳尖稍微朝外

相撲深蹲 + 相撲飛行

這個運動可以強化臀肌群、股四頭肌、腿後腿、
髖屈肌群、小腿後肌和核心肌群；相撲飛行裡雙腿
「振翅拍打」的動作，能提供髖部肌肉以及大腿內
側的內收肌群更多刺激。

預備階段

身體站立，雙腳打開超過肩膀寬，腳尖向外轉 45 度
角，頭部、頸部和脊椎保持中立位，身體重量平均
分配於兩腳。

階段一

開始彎曲髖關節和膝關節，慢慢將臀部向後推，讓
身體順勢往下降，直到大腿與地板呈平行，然後雙
膝像拍打翅膀一樣往內移動再往外張開。

階段二

起身返回起始位置，過程中要避免膝蓋往內夾，同
時要維持脊椎和頸部處於中立位。

啞鈴高腳杯深蹲

高腳杯深蹲是全身性運動，它能鍛鍊下半身所有主要
肌肉群，包括股四頭肌，臀肌群和腿後肌；雙手在身
體前方舉重物能更加刺激股四頭肌。

預備階段

雙腳打開比髖部稍寬的距離，腳尖稍微朝外。雙手握
住啞鈴一端，彷彿捧著一隻高腳杯般地將啞鈴舉在胸
前。

階段一

吸氣，將臀部往後推並開始彎曲膝蓋，讓身體往下蹲
低，往下蹲的過程中要保持挺胸，身體重量平均分配
於兩腳。

階段二

吐氣，用腳跟推蹬地面，將身體往上推，起身返回起
始位置。在深蹲動作的頂端位置時，將髖部往前推以
收緊臀肌。

左右分腿蹲
RIGHT AND LEFT SPLIT SQUAT

分腿蹲是一次只鍛鍊一條腿的單側訓練動作，它可以增強下半身肌力並能改善平衡感、穩定性和髖關節活動度。腿後肌、股四頭肌、臀肌群和核心群肌也都能獲得強化；腿後肌在下蹲階段負責提供平衡、穩定和支撐力，因此能獲得增肌和提升肌力的效果。

概述

一次只專注於一條腿時，鍛鍊效果會更好並且能避免受傷。訓練時要注意站姿，雙腿距離不能過近或過遠，肩膀保持往後，不要圓肩駝背；全程收緊核心，前腳膝蓋不要超過腳尖。初學者建議從 1 組 8-12 次開始做起，然後換另一條腿重複相同動作，等熟練之後，可以增加到 3 組。若想增加挑戰性，可以雙手各持一隻啞鈴進行訓練。

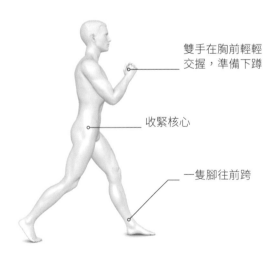

雙手在胸前輕輕交握，準備下蹲

收緊核心

一隻腳往前跨

上半身
腹部肌肉是上半身的主要動作肌，腹斜肌和腹直肌負責穩定核心並支撐脊椎，讓髖部能在進行分腿蹲動作時發揮作用，而核心肌群則負責對抗因平衡感和穩定性不足所引起的旋轉力，手持啞鈴能讓手臂肌肉產生張力。

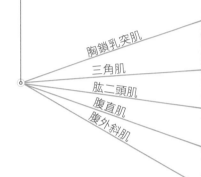

胸鎖乳突肌

三角肌

肱二頭肌

腹直肌

腹外斜肌

下半身
在分腿蹲訓練中，臀肌群負責伸展髖部和穩定骨盆，股四頭肌則伸展膝關節讓身體回到起始位置，腿後肌在下蹲階段會參與發力以提供平衡、穩定和支撐力；小腿肌肉也會被啟動。

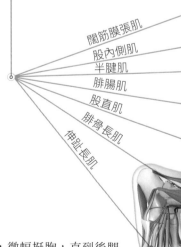

闊筋膜張肌

股內側肌

半腱肌

腓腸肌

股直肌

腓骨長肌

伸趾長肌

預備階段
身體挺直站立，雙腳打開與肩同寬，腳尖朝向正前方，雙手在胸前輕輕交握，一隻腳往前跨出一步，找到自己覺得舒適平穩的姿勢位置之後，收緊核心準備下蹲。

階段一
吸氣並慢慢下蹲，微幅挺胸，直到後腿膝蓋幾乎觸地；後腿腳跟離地，腳趾撐地保持平衡。盡可能蹲低，核心要全程保持收緊；前腿膝蓋維持彎曲 90 度角，停留這個姿勢幾秒鐘。

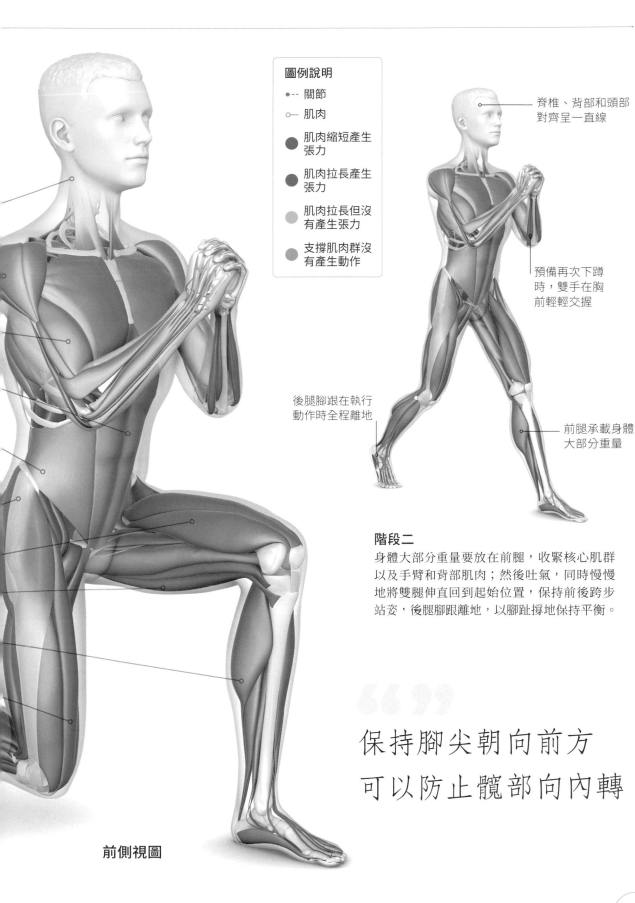

圖例說明

●-- 關節
○— 肌肉
● 肌肉縮短產生張力
● 肌肉拉長產生張力
● 肌肉拉長但沒有產生張力
● 支撐肌肉群沒有產生動作

脊椎、背部和頭部對齊呈一直線

預備再次下蹲時，雙手在胸前輕輕交握

後腿腳跟在執行動作時全程離地

前腿承載身體大部分重量

階段二

身體大部分重量要放在前腿，收緊核心肌群以及手臂和背部肌肉；然後吐氣，同時慢慢地將雙腿伸直回到起始位置，保持前後跨步站姿，後腿腳跟離地，以腳趾撐地保持平衡。

" "

保持腳尖朝向前方
可以防止髖部向內轉

前側視圖

» 變化式

分腿蹲主要是鍛鍊臀部全部肌肉以及腹肌，屈膝禮深蹲變化式能特別針對股四頭肌和臀肌群，交替後踢深蹲能鍛鍊到深蹲基本式使用的所有肌肉，但後踢的動作能更進一步孤立訓練臀肌群。

交替屈膝禮深蹲

屈膝禮深蹲可以強化股四頭肌和臀肌群，當腿交替交叉下蹲，前腿的臀中肌會被啟動；在將後腿收回起始位置時，髖外展肌也會參與發力；在下蹲動作最底端位置要將身體往上推時，會啟動小腿肌群。

> 處於下蹲姿勢時，前腿膝蓋不要超出腳踝，以免導致膝蓋和股四頭肌拉傷

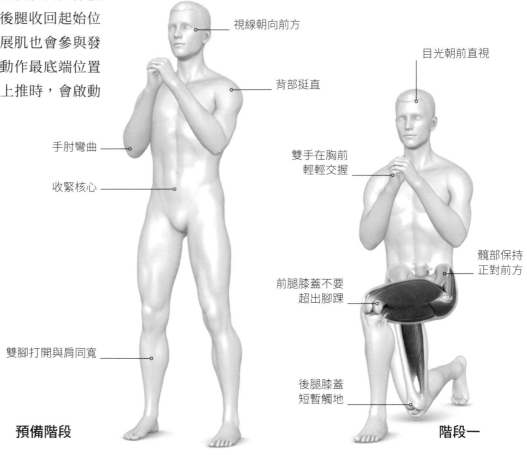

視線朝向前方

背部挺直

手肘彎曲

收緊核心

雙腳打開與肩同寬

預備階段

目光朝前直視

雙手在胸前輕輕交握

髖部保持正對前方

前腿膝蓋不要超出腳踝

後腿膝蓋短暫觸地

階段一

預備階段
身體站立、抬頭挺胸、背部打直，雙腳打開與肩同寬，雙手在胸前輕輕交握。

階段一
左腿保持伸直，右腿往左斜後方跨大步，此時右腿會在左腿後方，雙腿膝蓋彎曲下蹲，兩條腿形成交叉。

階段二
收緊核心同時將身體往上推，回到站立姿勢的起始位置。換成右腿在前，左腿在後，重複相同動作，兩腿持續交替屈膝下蹲。

交替後踢深蹲

這個結合了深蹲和單腿後踢的運動，能同時鍛鍊腿後肌和臀肌群。深蹲和後踢動作交替進行，重複循環 30-60 秒。

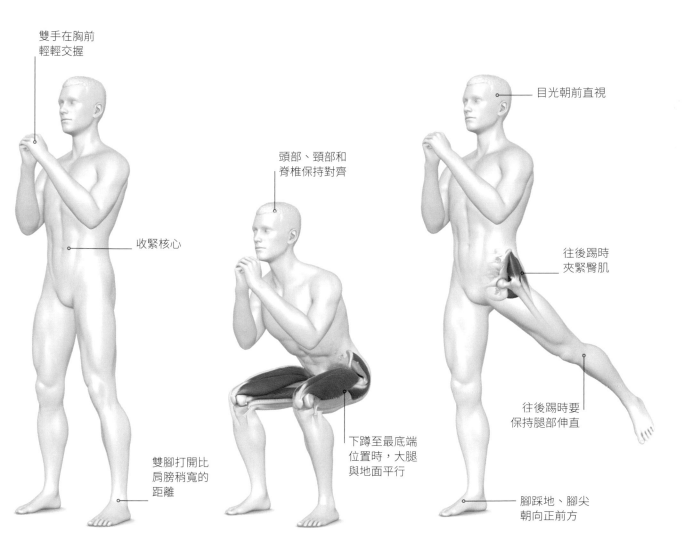

雙手在胸前輕輕交握

收緊核心

雙腳打開比肩膀稍寬的距離

頭部、頸部和脊椎保持對齊

下蹲至最底端位置時，大腿與地面平行

目光朝前直視

往後踢時夾緊臀肌

往後踢時要保持腿部伸直

腳踩地、腳尖朝向正前方

預備階段

身體站立，雙腳打開比肩膀略寬的距離，雙手輕輕交握於上胸部前方。

階段一

吸氣同時收緊核心，慢慢彎曲膝蓋，身體往下降形成深蹲姿勢，微幅挺胸，脊椎、頸部和頭部對齊，不要讓膝蓋超過腳尖。

階段二

起身回到站立姿勢，吐氣同時把身體重心轉移到右腿，左腿往後方踢，停留 2 秒鐘，然後回到深蹲姿勢，接著再起身站立換右腳往後踢腿，重複循環相同動作。

螃蟹走路
CRAB WALK

螃蟹走路的側向步行動作能充分刺激臀肌群和髖外展肌，還可以增強髖部、大腿和小腿的所有主要肌肉。它可以改善柔軟度和穩定度，亦有助於防止受傷，對於從事涉及跑步、跳躍和旋轉動作等運動的人來說特別有幫助。

概述

這個運動的起始姿勢和執行過程都是採取半蹲姿勢（介於全蹲和站立姿勢之間），如果做法正確，應該可以感覺到臀中肌在出力。半蹲時，膝蓋彎曲並且位於腳背中間的正上方，這樣能確保刺激到正確的肌肉，同時也能避免膝蓋受傷。初學者建議一開始先執行 30 秒，再慢慢增加到 60 秒，重複 3-4 組，兩隻腳的行走步數要相同。

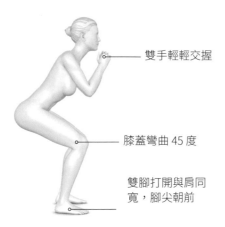

雙手輕輕交握

膝蓋彎曲 45 度

雙腳打開與肩同寬，腳尖朝前

預備階段
身體站立，雙腳打開與肩同寬，稍微彎曲膝蓋，下蹲至半蹲位置以啟動臀中肌；讓身體重量均勻分配於雙腳，收緊核心並稍微挺胸。

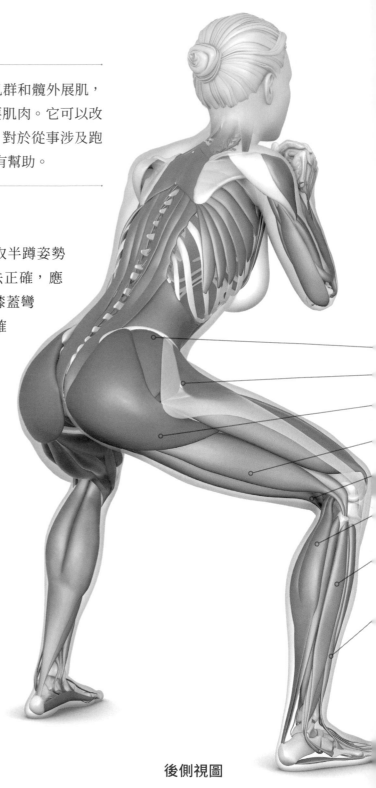

後側視圖

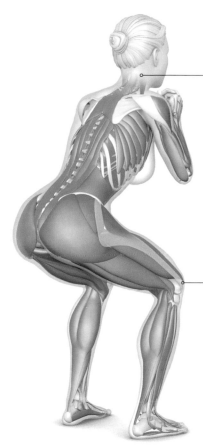

注意事項！

為避免半蹲時拉傷膝蓋，請保持膝蓋彎曲並且位於腳背中間的正上方，這樣也能確保刺激到正確的肌肉。橫向移動時盡量保持平穩，避免搖擺晃動，這樣會消減目標肌肉的張力，並可能會對髖部造成額外的壓力。

圖例說明

- ●--　關節
- ○--　肌肉
- ●　肌肉縮短產生張力
- ●　肌肉拉長產生張力
- ●　肌肉拉長但沒有產生張力
- ●　支撐肌肉群沒有產生動作

下半身

股四頭肌所有肌肉都會發力以伸展膝蓋，髖外展肌會與臀中肌和臀大肌共同運作，讓雙腿能橫向上抬。髖外展肌包括闊筋膜張肌、 孖下肌、孖下肌和梨狀肌。

脊椎、頸部和背部保持對齊

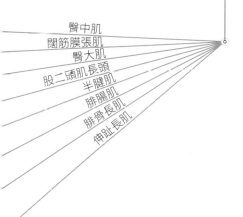

臀中肌
闊筋膜張肌
臀大肌
股二頭肌長頭
半腱肌
腓腸肌
腓骨長肌
伸趾長肌

膝蓋不要超過腳尖

階段二

回到預備姿勢，然後慢慢轉移身體重心，換左腿開始向左邊橫向跨步 2-4 次。

階段一

擺好半蹲姿勢之後，右腿向右橫跨一步，接著左腿亦往同一方向橫跨一步；繼續往右邊橫向跨步，反覆 2-4 次，髖部全程維持水平，始終保持半蹲、身體正對前方、背部挺直的姿勢。

> 66 99
> 強壯的臀中肌能夠穩定髖部並減少膝蓋的側向壓力

啞鈴交替抓舉 *ALTERNATING SNATCH*

這個運動又稱單臂啞鈴抓舉，是充滿爆發力的複合式訓練動作，能夠鍛鍊到全身。它可以提升速度和敏捷性，並且能增強股四頭肌、腿後肌和臀肌群，另外還能刺激到肩部和肩膀肌肉。

概述

除了活化肌肉的效果之外，啞鈴交替抓舉還能增進心肺適能。

在往下蹲的過程中，身體要從髖部彎曲（髖關節鉸鏈動作）並彎曲膝蓋，避免圓背或是往下看。

將注意力放在利用下半身產生的動量將啞鈴往上舉，而不是依賴肩膀和手臂。初學者建議讓從 1 組 8-12 次開始做起。

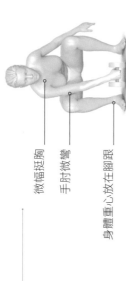

收緊核心

腳尖朝前

微幅挺胸

手肘微彎

身體重心放在腳跟

預備階段

身體站立，雙腳打開與肩同寬，將一個啞鈴放在雙腳之間的地板上。彎曲膝蓋，身體從髖部彎曲，然後往下蹲，擺好預備姿勢。右手抓住啞鈴並起身前，手肘和肩膀先往外轉。

階段一

保持肩膀往後收，微幅挺胸，眼睛直視前方。將重心放在腳跟上，以充滿爆發力的動作把身體站立，將啞鈴舉到同肩上方。

上半身與核心肌群

背部的背闊肌會收縮發力將啞鈴從地板上舉起，而豎脊肌則負責在髖部伸展到動作最頂端的過程中保持脊椎穩定。旋轉肌袖和三角肌協助將啞鈴高舉過頭，核心肌群全程收緊以維持身體穩定。

肱二頭肌

肱三頭肌

背闊肌

胸大肌

腹外斜肌

腹直肌

圖例說明

⋯•⋯ 關節

— 肌肉

● 肌肉縮短產生張力

● 肌肉拉長產生張力

● 肌肉拉長但沒有產生張力

● 支撐肌肉群沒有產生動作

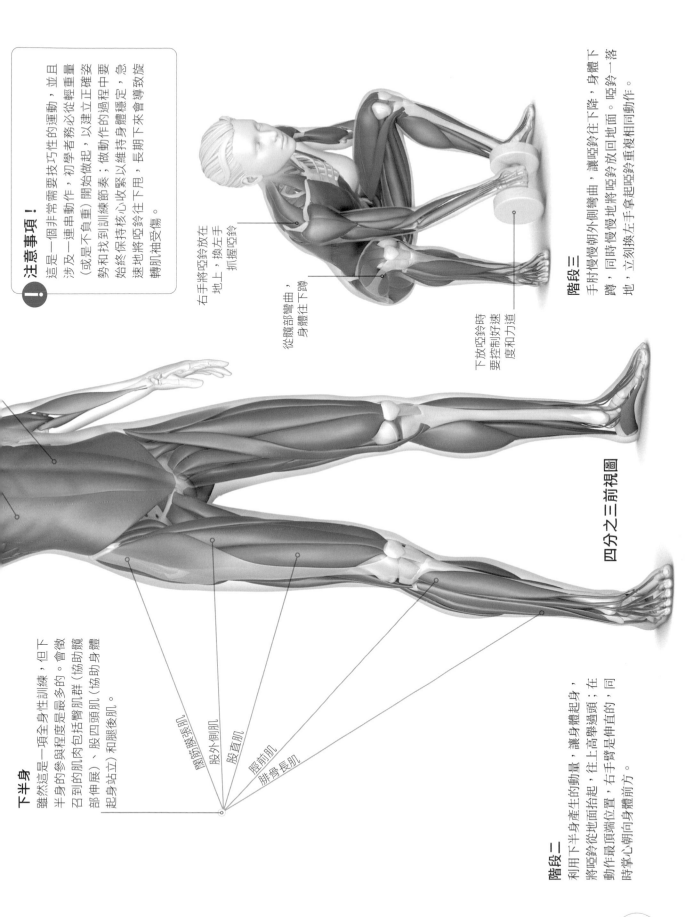

這是一個非常需要技巧性的運動，並且涉及一連串動作，初學者務必從輕重量（或是不負重）開始做起，以建立正確姿勢和找到訓練節奏；做動作的過程中要始終保持核心收緊以維持身體穩定，急速地將啞鈴往下甩，長期下來會導致旋轉肌袖受傷。

階段三

手肘慢慢朝外側彎曲，讓啞鈴往下降、身體下蹲，同時慢慢地將啞鈴放回地面。啞鈴一落地，立刻換左手拿起啞鈴啞鈴重複相同動作。

右手將啞鈴放在地上，換左手抓握啞鈴

從髖部彎曲，身體往下蹲

下放啞鈴時要控制好速度和力道

四分之三前視圖

下半身

雖然這是一項全身性訓練，但下半身的參與程度是最多的。會徵召到的肌肉包括臀肌群（協助髖部伸展）、股四頭肌（協助身體起身站立）和腿後肌。

階段二

利用下半身產生的動量，讓身體起身，將啞鈴從地面抬起，往上高舉過頭；在動作最頂端位置，右手臂是伸直的，同時掌心朝向身體前方。

闊筋膜張肌

股外側肌

股直肌

腓腸肌

脛前肌

趾長肌

交替側向弓步
ALTERNATING LATERAL LUNGE

這個運動可以改善平衡感、穩定性和肌力，相較其他弓步運動，側向弓步能鍛鍊到不同的肌肉；除了股四頭肌、髖部和腿部外，它還會運用到大腿內外側肌肉，臀肌群也會參與發力，側向弓步可以提高運動表現和動作敏捷性。

概述

避免圓背，身體亦不要過度前傾，務必留意不要讓膝蓋超出腳尖。若想提升挑戰性，不用改變任何動作，只需在訓練時增加負重即可，例如背部扛一個槓鈴或是雙手各持一個啞鈴。

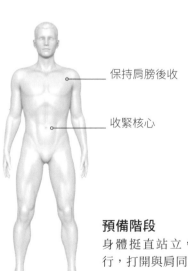

保持肩膀後收

收緊核心

預備階段
身體挺直站立，雙腳呈平行，打開與肩同寬，雙手自然垂放於身體兩側；脊椎、頭部和頸部保持中立位，身體重心放在腳跟。

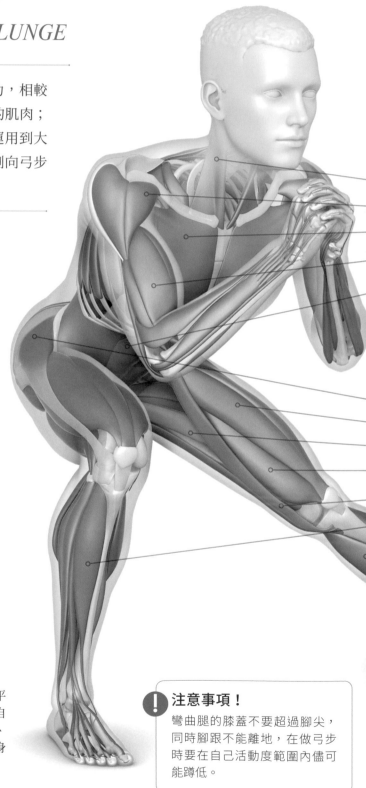

❗ 注意事項！
彎曲腿的膝蓋不要超過腳尖，同時腳跟不能離地，在做弓步時要在自己活動度範圍內儘可能蹲低。

上半身

腹肌務必收緊以協助支撐脊椎，讓脊椎能保持中立位；背部打直、保持挺胸（軀幹往前傾斜不要超過 45 度），以避免下背部受傷。

胸鎖乳突肌
三角肌
胸大肌
肱二頭肌
腹直肌

下半身

臀大肌以及較小的臀肌會參與發力，腿後肌協助控制彎曲腿這側的髖部，同時這側的內收肌群會與股四頭肌和腿後肌共同作用控制膝蓋和髖部的活動；股四頭肌在身體下降進行側向弓步時，以及推蹬地面回到站立姿勢時都會參與作用。

闊筋膜張肌
股直肌
內收長肌
股內側肌
縫匠肌
脛前肌
腓腸肌

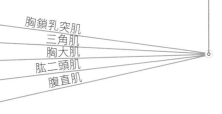

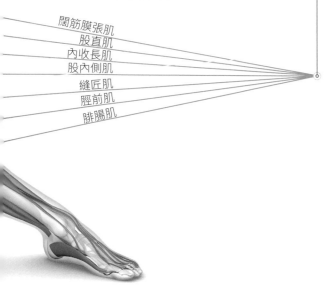

雙手輕輕交握於身體前方

脊椎保持中立位

雙膝保持柔軟，不要超過腳尖

雙腳打開與肩同寬

階段一

向右跨一大步，軀幹盡可能保持挺直，將髖部往後推，右膝蓋彎曲，身體往右側降低下降，直到膝蓋彎曲約 90 度，左腿往左側伸直；屈膝下蹲時，雙臂往前伸，雙手輕輕交握於身體前方。

階段二

右腳推蹬地面將身體上推回到起始姿勢，將重心從右腿移回身體中心位置，回到起始位置之後換左腿重複相同動作。

》變化式

由於角度的關係，側向弓步特別能夠針對髖內收肌群（作用是讓雙腿併攏），以及
髖部外展肌群（作用是讓大腿往身體外側方向移動，以及在髖關節處旋轉大腿）。
這裡介紹的變化式能啟動相同的肌肉群，但是比原始版本的挑戰性更高。

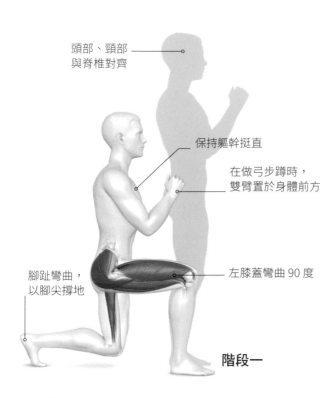

頭部、頸部
與脊椎對齊

保持軀幹挺直

在做弓步蹲時，
雙臂置於身體前方

腳趾彎曲，
以腳尖撐地

左膝蓋彎曲 90 度

階段一

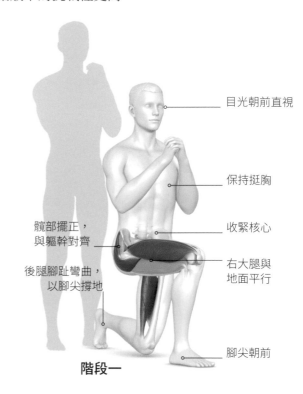

目光朝前直視

保持挺胸

收緊核心

右大腿與
地面平行

腳尖朝前

髖部擺正，
與軀幹對齊

後腿腳趾彎曲，
以腳尖撐地

階段一

交替後弓步蹲

後弓步蹲能強化大腿前側的股四頭肌。隨著技巧
進步，可以依據自己的體能水準，在做動作時增
加適度的重量。

預備階段

身體挺直站立，雙腳打開與肩同寬，腳尖朝前，
收緊核心，雙手輕輕交握於胸前。

階段一

慢慢地將右腿往後移動到身體後側，好像要跪下
一樣，但是要讓膝蓋稍微離地，同時彎曲左膝，
讓髖部順勢下降；保持軀幹挺直，當膝蓋呈 90 度
角且左大腿與地板平行時停止下蹲，膝蓋不要超
過腳尖。稍作停留，然後夾緊臀肌，用左腿推動
讓身體起身站起來，同時讓右腿返回起始位置，
換左腿重複相同動作。

屈膝禮前弓步蹲

屈膝禮弓步蹲很適合用來增強下半身肌力和穩定
性，它能鍛鍊到股四頭肌、臀肌群、髖外展肌群
和大腿內側。臀中肌是很容易缺乏活動的肌肉，
屈膝弓步蹲是鍛鍊臀中肌很好的動作。

預備階段

身體站立，雙腳打開與肩同寬，雙手交握於胸前。

階段一

將身體重心放在左腳，右腳往左前斜方跨步至左
膝前方，然後像行屈膝禮一樣往下蹲，脊椎要全
程保持中立位，當右大腿與地板平行時停止下蹲。

階段二

利用右腳跟推蹬地面產生向上推力，伸展右腿，
讓右腳和左腳同時回到起始位置，換左腳重複相
同動作。

啞鈴弓步行走

這個變化式比原地弓步蹲困難度更高且需要更高的協調性，一開始請先採取徒手訓練（無負重），待動作熟練，能夠保持平衡和協調，覺得有信心之後，可視情況增加負重。

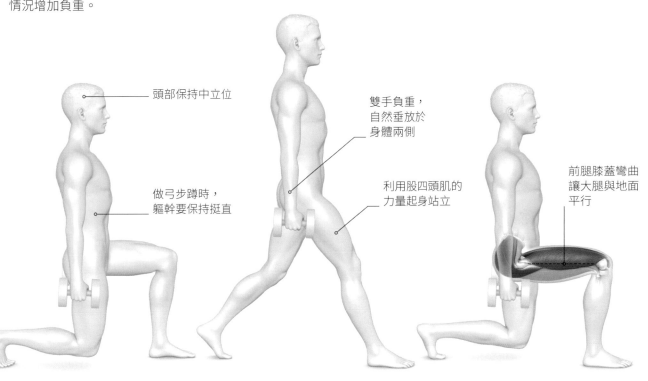

頭部保持中立位

做弓步蹲時，軀幹要保持挺直

雙手負重，自然垂放於身體兩側

利用股四頭肌的力量起身站立

前腿膝蓋彎曲讓大腿與地面平行

預備階段
身體站立，雙腳打開與肩同寬，吸氣同時一條腿往前跨大步形成弓步蹲的姿勢，後腿膝蓋彎曲至幾乎快觸地的位置。

階段一
吐氣，腿部發力讓身體起身站立，一回到站立姿勢，另一條腿立刻向前跨一大步，全程軀幹保持挺直並收緊腹肌。

階段二
吸氣，髖部往下沉，同時前腿膝蓋往前彎曲，讓後腿膝蓋下降至幾乎觸地的高度。重複相同動作，雙腿輪流交替弓步蹲，往前移動。

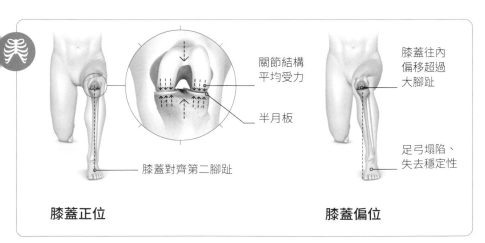

關節結構平均受力

半月板

膝蓋對齊第二腳趾

膝蓋正位

膝蓋往內偏移超過大腳趾

足弓塌陷、失去穩定性

膝蓋偏位

膝蓋保持正位
做弓步蹲時，膝蓋應在腳的上方，前腿膝蓋骨要對齊第二腳趾，雙膝應彎曲呈 90 度。很常見的一個膝蓋偏位現象是雙腿膝蓋朝內往身體中線偏移，稱為**膝蓋外翻**（valgus collapse）；膝蓋外翻會導致關節承受不均勻壓力，長期下來會導致疼痛和受傷。

站姿小腿提踵
CALF RAISE

站姿小腿提踵的主要鍛鍊目標是小腿後肌，特別是腓腸肌，涉及屈膝動作的運動肌。能鍛鍊到附著於膝關節下方的比目魚肌。強壯有彈性的小腿後肌有助於維持膝蓋健康，並能提升腳踝的力量。

概述

站姿小腿提踵屬於低衝擊的運動，因此很適合初學者，也可以使用站姿提踵訓練機進行訓練。無論哪一種方式，都要在踮腳尖時保持平衡。使用前腳掌保持平衡；膝蓋保持微彎，雙腳打開與肩同寬，兩個腳掌呈平行。如果對負重訓練不熟練，請從輕重量開始做起，每組10-12次，總共3組。

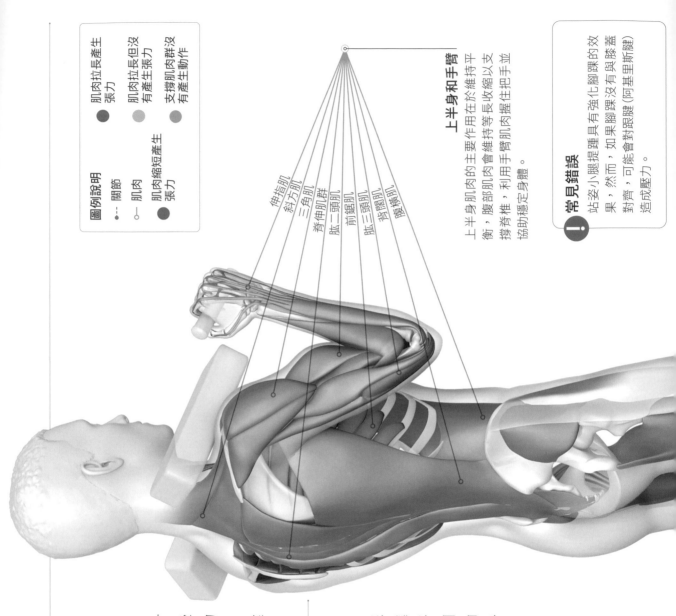

圖例說明

- ● 關節
- ○ 肌肉
- ● 肌肉縮短產生張力
- ● 肌肉拉長產生張力
- ● 肌肉拉長但沒有產生張力
- ● 支撐肌肉群沒有產生動作

伸指肌
斜方肌
三角肌
脊伸肌群
肱二頭肌
前鋸肌
肱三頭肌
背闊肌
腹橫肌

上半身和手臂

上半身肌肉的主要作用在於維持平衡，腹部肌肉會維持等長收縮以支撐脊椎，利用手臂肌肉握住把手並協助穩定身體。

⚠ 常見錯誤

站姿小腿提踵具有強化腳踝的效果，然而，如果腳踝沒有與膝蓋對齊，可能會對跟腱 (阿基里斯腱) 造成壓力。

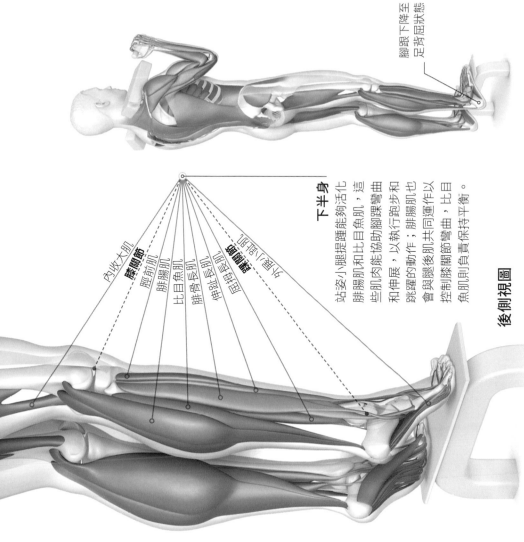

腳跟下降至足背屈狀態

後側視圖

下半身

內收大肌
膝關節
脛前肌
腓腸肌
比目魚肌
腓骨長肌
伸趾長肌
屈拇長肌
踝關節

站姿小腿提踵能夠活化腓腸肌和比目魚肌，這些肌肉能協助腳踝彎曲和伸展，以執行跑行和跳躍的動作；腓腸肌也會與腿後肌共同運作以控制膝關節彎曲，比目魚肌則負責保持平衡。

階段一

吸氣以收緊核心，吐氣同時慢慢地將腳跟往上抬，直到身體呈站姿站立的姿勢，膝蓋保持伸展（但不要鎖死），腳跟上抬至最頂端位置停留1-2秒。

階段二

吸氣同時腳腳跟緩緩下降，當腳跟降到最底端位置停留1-2秒。調整姿勢然後重複階段一和階段二。

預備階段

根據自己的體能水準設定負重，將肩膀墊在肩墊下方，用前腳掌站在踏板邊緣，雙腳打開與髖部同寬並呈平行收緊核心以保持平衡，腳跟慢慢下降到起始位置。

雙手握住手把以增加穩定度
收緊腹肌
臀肌出力收緊
膝蓋保持微度伸展，不要過度伸展
用前腳掌站在踏板上

啞鈴登階
STEP UP WITH DUMBBELLS

這個運動可以強化股四頭肌和身體後側肌群，同時也能鍛鍊到核心肌群，是任何體能水準的人都適合做的一種運動。

概述

在進行這個運動時，站上台階的動作是由前腿啟動發力撐起身體，而不是用後腿推蹬地面將身體往上推。初學者建議從較低的台階和利用自體負重（徒手訓練）開始做起，等比較有信心之後，再改成 30 公分高的台階加上負重。在開始訓練前，需確定能整隻腳（前腿）踩穩台階；初學者建議從每組 10-12 次，總共 3 組開始做起。可以左右兩腿輪流交替登階，或是同一條腿連續執行 10 次之後再換另一條腿執行 10 次。

髖部和腿部

在做登上台階的動作時，股四頭肌是主要發力的肌肉，腿後肌則負責穩定膝關節和髖部。臀肌肌群會參與發力，將大腿拉回與軀幹對齊並協助髖幹保持直立，臀大肌和臀中肌（位於髖部外側的小肌肉）在做動作的過程中會獲得大量刺激。

圖例說明
- 關節
- 肌肉
- 肌肉縮短產生張力
- 肌肉拉長產生張力
- 肌肉拉長但沒有產生張力
- 支撐肌肉群沒有產生動作

胸鎖乳突肌
斜方肌
三角肌
胸大肌
肱二頭肌
肱三頭肌
脊椎
腹直肌
腹橫肌
腹橫肌

上半身與腹部

腹部肌肉施力支撐背部，防止身體往前或往後傾斜；腹內斜肌和腹外斜肌也會收縮，以防止身體在上下台階時左右搖晃。

前側視圖

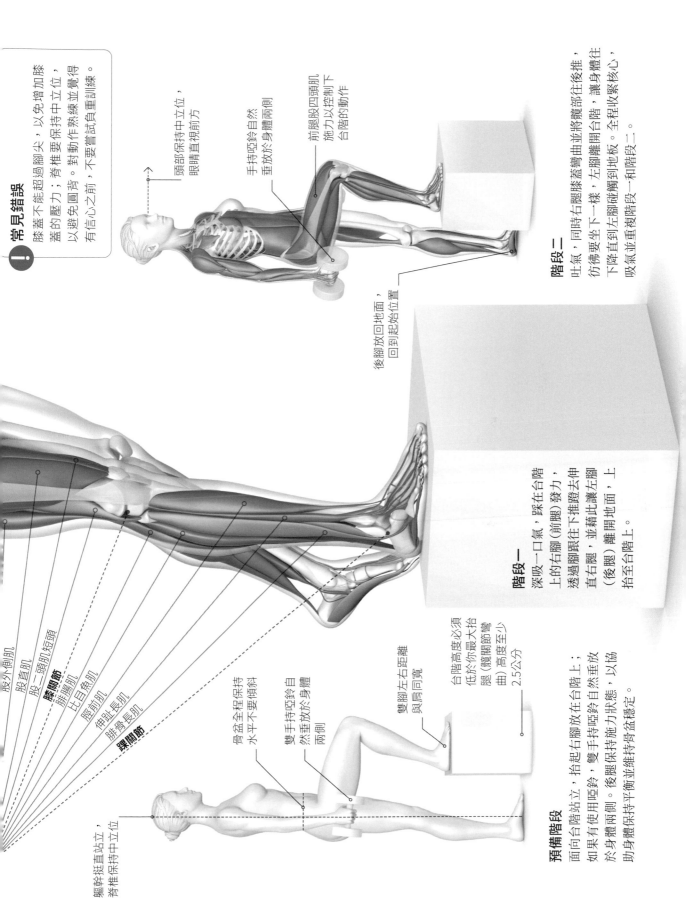

常見錯誤

膝蓋不能超過腳尖，以免增加膝蓋的壓力；脊椎要保持中立位，以避免圓背。對動作熟練並覺得有信心之前，不要嘗試負重訓練。

頭部保持中立位，眼睛直視前方

手持啞鈴自然垂放於身體兩側

前腿股四頭肌施力以控制下台階的動作

後腳放回地面，回到起始位置

階段二

吐氣，同時右腿膝蓋彎曲並將髖部往後推，彷彿要坐下一樣，左腳離開台階，讓身體往下降直到左腳跟碰觸到地板。全程收緊核心，吸氣並重複階段一和階段二。

股外側肌
股直肌
股二頭肌短頭
膝關節
腓腸肌
比目魚肌
脛前肌
趾長伸肌
伸拇長肌
踝關節

階段一

深吸一口氣，踩在台階上的右腳（前腿）發力，透過腳跟往下推蹬去伸直右腿，並藉此讓左腳（後腿）離開台階，上抬至台階上。

台階高度必須低於你最大抬腿（髖關節彎曲）高度至少2.5公分

雙腳左右距離與肩同寬

骨盆全程保持水平不要傾斜

雙手持啞鈴自然垂放於身體兩側

預備階段

面向台階站立，抬起右腳放在台階上；如果有使用啞鈴，雙手持啞鈴施力放於身體兩側。後腿保持施力狀態，以協助身體保持平衡並維持骨盆穩定。

軀幹挺直站立，脊椎保持中立位

交替腳尖點地
ALTERNATING TOE TAP

這種心肺有氧運動可以增強股四頭肌、腿後肌、小腿後肌、臀肌群和髖屈肌群，過程中也會需要核心肌群的參與。腳尖點地的訓練能夠提升速度、敏捷性、耐力和整體運動表現。

概述

先從高度適合你目前體能水準的平台、台階或是箱子開始做起。收緊核心有助於增加平衡、穩定性與支撐力，同時也能讓你以更大的力量、更快的速度抬起膝蓋。先從每次持續 30 秒開始做起，再增加到 45 秒，然後再稍微增加平台高度，並增加至 60 秒。

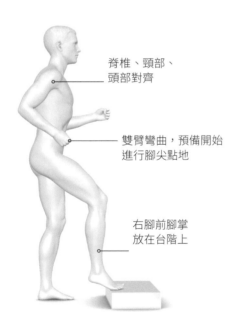

脊椎、頸部、頭部對齊

雙臂彎曲，預備開始進行腳尖點地

右腳前腳掌放在台階上

圖例說明

- ●-- 關節
- ○— 肌肉
- ● 肌肉縮短產生張力
- ● 肌肉拉長產生張力
- ● 肌肉拉長但沒有產生張力
- ● 支撐肌肉群沒有產生動作

預備階段
雙腳打開與肩同寬，雙臂置於身體兩側，抬起右腳，將前腳掌放在平台上，左腳保持平貼地面，雙臂彎曲呈 45-90 度角，擺好預備姿勢，準備開始進行腳尖點地。

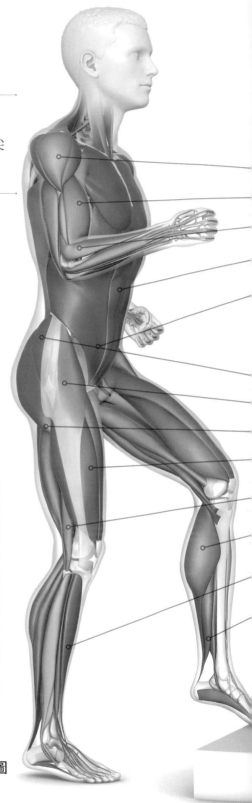

前側視圖

腹部肌肉與心肺耐力

交替腳尖點地動作是很好的有氧健身訓練，具有增加心肺耐力的效果。腹部肌肉尤其是腹直肌，會發力支撐脊椎，使其保持中立位，讓身體能維持穩定和挺直。

三角肌
肱二頭肌
肱橈肌
腹直肌
腹外斜肌

臀中肌
闊筋膜張肌
臀大肌
股外側肌
股二頭肌短頭
腓腸肌
脛前肌
比目魚肌

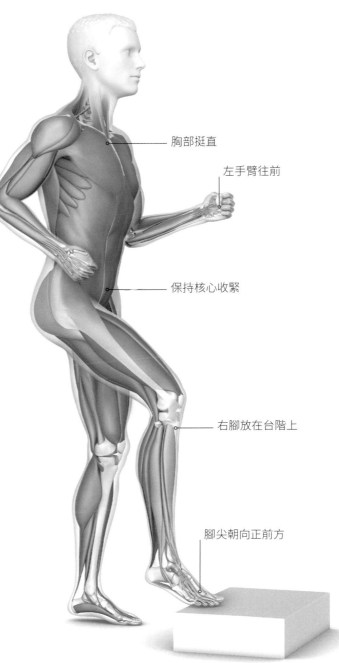

胸部挺直

左手臂往前

保持核心收緊

右腳放在台階上

腳尖朝向正前方

下半身

腳尖點地主要是針對下半身肌肉，股四頭肌能協助膝蓋抬起以進行腳尖點地，腿後肌與臀肌群一起協助穩定髖部肌肉；臀肌群、髖屈肌群能避免身體旋轉，小腿肌群也會參與作用。

階段一

左腳往下推蹬以離開地面，與此同時右腳下台階，變成左腳在台階上，右腳在地板上。雙臂保持彎曲並交替前後擺動，就好像在原地奔跑一樣，做動作時要快速流暢。

階段二

慢慢地反覆練習交替腳尖點地的動作，直到自己能夠掌握動作的技巧，並確保姿勢的正確性。藉由加快速度、增加運動持續時間和台階高度，可以增加熱量消耗。

單腿硬舉
SINGLE-LEG DEADLIFT

這個單側運動（一次只訓練一條腿）可以強化臀大肌、臀中肌和臀小肌。臀肌群是身體後側肌群的一部分，身體後側肌群還包括腿後肌和下背部肌肉，全部這些肌肉都有助於身體保持直立姿勢和維持平衡。

概述

身體往前彎進行硬舉時，身體應該呈一條直線，脊椎不要前凸（拱背）或後凸（圓背），脊椎、頸部和頭部應始終保持對齊。動作緩慢且有控制地完成訓練的兩個階段，從每條腿 5-10 次開始做起，待姿勢正確和肌力提升之後，可以視情況增加重量。

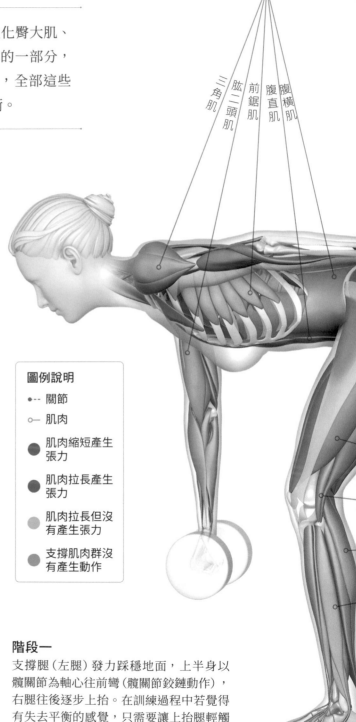

三角肌
肱二頭肌
前鋸肌
腹直肌
腹橫肌

圖例說明

- ●-- 關節
- ○— 肌肉
- ● 肌肉縮短產生張力
- ● 肌肉拉長產生張力
- ● 肌肉拉長但沒有產生張力
- ● 支撐肌肉群沒有產生動作

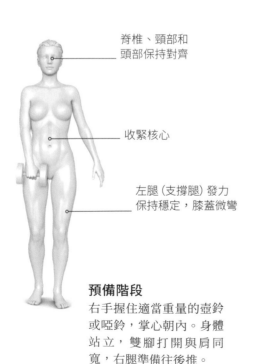

脊椎、頸部和頭部保持對齊

收緊核心

左腿（支撐腿）發力保持穩定，膝蓋微彎

預備階段
右手握住適當重量的壺鈴或啞鈴，掌心朝內。身體站立，雙腳打開與肩同寬，右腿準備往後推。

階段一
支撐腿（左腿）發力踩穩地面，上半身以髖關節為軸心往前彎（髖關節鉸鏈動作），右腿往後逐步上抬。在訓練過程中若覺得有失去平衡的感覺，只需要讓上抬腿輕觸地面並收緊核心，以重新找回平衡感。

上半身和腹部

豎脊肌是這個運動的主要鍛鍊目標，豎脊肌有助於支撐脊椎，並且讓上半身能夠靈活柔軟地往多個方向彎曲。斜方肌、前臂和中 / 下背部肌肉會收縮以控制負重物；腹直肌、腹橫肌和腹斜肌等長收縮以穩定身體並支撐脊椎，讓脊椎能保持中立位。

> !
> ### 注意事項！
> 圓背可能會導致受傷或背部疼痛。上抬腿應該保持筆直，與脊椎呈一條直線；身體從頸部到腳跟要形成一直線。上抬腿彎曲會使脊椎無法保持中立位。

❝❞

像單腿硬舉這類的單側運動有助於減少受傷機會並能強化下背部

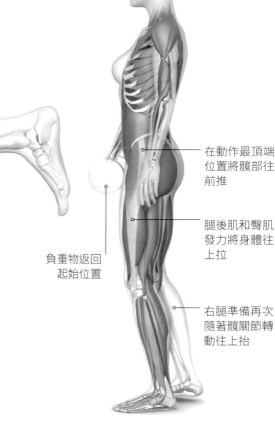

側視圖

半腱肌
內收長肌
臀大肌
臀中肌
闊筋膜張肌
股二頭肌長頭
股外側肌
股二頭肌短頭
腓腸肌
腓骨長肌

負重物返回
起始位置

在動作最頂端
位置將髖部往
前推

腿後肌和臀肌
發力將身體往
上拉

右腿準備再次
隨著髖關節轉
動往上抬

下半身

這個運動的鍛鍊重點是身體後側肌群：臀肌群和腿後肌。腿後肌能提供執行硬舉過程中的拉、推和移動等動作所需要的力量；位於身體後側肌群中間區段的臀肌群裡面，獲得最多刺激的是臀大肌。

階段二

以髖關節為軸心，讓上半身往後回到直立姿勢，並藉此順勢將負重物往上拉，同時讓上抬腿往地板下降回到起始位置，支撐腿亦回到伸直狀態。完成預計執行的反覆次數之後換另一條腿，重複相同動作。

橋式
GLUTE BRIDGE

橋式不僅能鍛鍊臀部，還能強化腹直肌、腹斜肌和股四頭肌；除此之外，也能鍛鍊到豎脊肌，其沿著脊椎兩側分佈，從頸部到尾骨貫穿整個背部。橋式能強化核心，進而改善姿勢，並有助於緩解腰部疼痛。

概述

訓練時不要將臀部抬得太高，以免對下背部施加太大壓力，進而導致拉傷，腹部保持收緊能避免過度拱起背部（脊椎前凸）。在維持橋式姿勢不動時，若有臀部下沉現象，請將骨盆放回地面並重新開始。初學者可以從一組8-12次開始做起，每次維持橋式姿勢數秒鐘。若想提升挑戰性，可增加組數或是延長維持姿勢的時間。

雙膝彎曲

雙臂放鬆置於身體兩側

預備階段
先仰臥於地面，雙手掌心朝下置於身體兩側，雙膝彎曲，雙腳平貼於地面。臀部要抬起之前，腹部要收緊，下背部緊貼地面同時夾緊臀肌。

上半身
在做橋式的上抬、下降過程中，腹直肌、腹橫肌、腹內斜肌與腹外斜肌會協助穩定身體，全程收緊核心會有助於支撐脊椎。

腹橫肌
髂肋肌
胸最長肌
肱三頭肌內側頭
三角肌

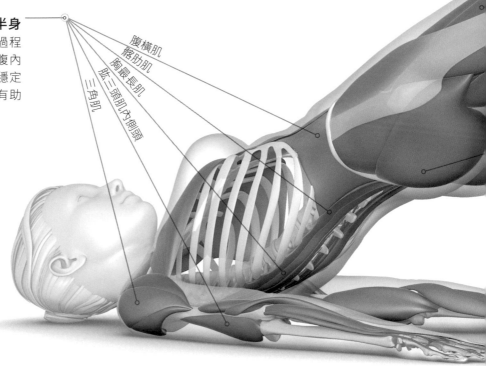

階段一
吐氣，藉由腳跟下壓地面產生推力，慢慢將臀部往上抬，直到從膝蓋到肩膀形成一條斜直線。臀部往上抬高的過程中，雙手要全程置於地板上，核心務必收緊（將肚臍往脊椎方向推）。

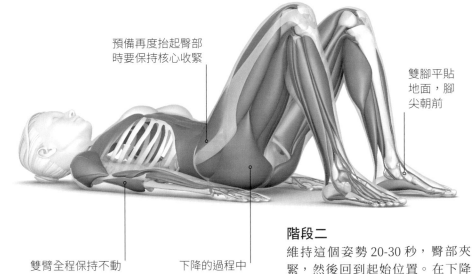

圖例說明

- •-- 關節
- ○- 肌肉
- ● 肌肉縮短產生張力
- ● 肌肉拉長產生張力
- ● 肌肉拉長但沒有產生張力
- ● 支撐肌肉群沒有產生動作

預備再度抬起臀部時要保持核心收緊

雙腳平貼地面，腳尖朝前

雙臂全程保持不動

下降的過程中要全程收緊臀肌

階段二

維持這個姿勢 20-30 秒，臀部夾緊，然後回到起始位置。在下降過程中要控制好速度，不要讓身體如自由落體般直接落地，這樣可能會導致傷害。回到地面之後，重複相同動作。

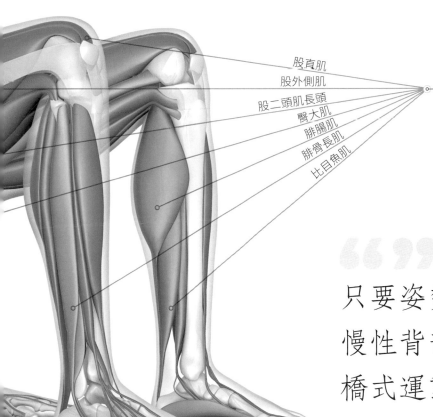

股直肌
股外側肌
股二頭肌長頭
臀大肌
腓腸肌
腓骨長肌
比目魚肌

下半身

橋式能針對身體後側肌群裡的的臀大肌、臀中肌和臀小肌提供孤立訓練，腿後肌和髖外展肌也會參與作用。股四頭肌能在做動作過程中協助穩定下半身，除此之外，小腿肌群也能獲得鍛鍊。

❝❞

只要姿勢和做法正確，慢性背部疾病患者進行橋式運動通常是安全的

四分之三側視圖

» 變化式

基本版橋式主要是針對臀肌群，尤其是當中最大塊的臀大肌，其次是針對腿後肌和腹橫肌。相較於基本版橋式，下面這些變化式雖然也是徵召相同的肌肉，但是更具挑戰性。

髖部勿抬太高，以免下背壓力過大而緊繃

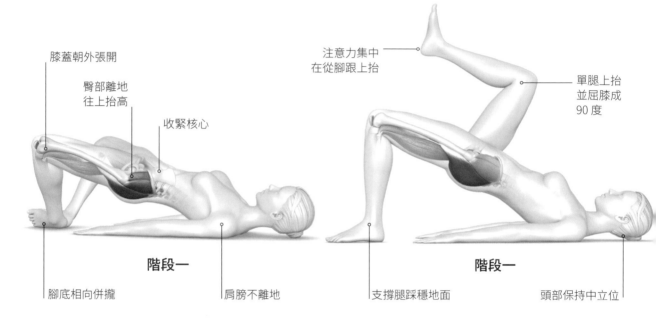

膝蓋朝外張開

臀部離地往上抬高

收緊核心

注意力集中在從腳跟上抬

單腿上抬並屈膝成90度

階段一

階段一

腳底相向併攏

肩膀不離地

支撐腿踩穩地面

頭部保持中立位

蝴蝶橋式

這個運動能同時刺激到臀部所有三塊肌肉，因此鍛鍊效果極佳。由於有髖部旋轉的動作，蝴蝶橋式比基本版橋式能提供更大的肌肉活化效果。

預備階段
仰臥於地面，雙手掌心朝下置於身體兩側，腳底相向併攏，膝蓋朝外張開。腹部收緊，下背部緊貼地面，臀部要抬起前，夾緊臀肌。

階段一
先吸氣，然後慢慢地將臀部往上抬高，過程中吐氣。到達動作頂端位置時，將髖部往前推，同時將雙膝往外側推，維持姿勢幾秒鐘。

階段二
臀部下降回到地面，過程中吸氣並夾緊臀肌，重複相同動作 8 次。

交替單腿橋式

這個變化式屬於單側運動，因此能夠訓練平衡感；它會使用到腿後肌、髖屈肌群、下背部肌肉、腹部肌肉和全部三塊臀肌。

預備階段
起始姿勢與基本版橋式（pp.120-121）相同。腹部收緊，下背部緊貼地面，同時臀肌夾緊。

階段一
臀部往上抬高形成橋式的姿勢，同時將左腿抬高；過程中，右腿（支撐腿）要始終踩穩地面。維持姿勢不動，然後慢慢放下左腿，腳跟先下降，然後臀部跟著下降，直到返回地面。

階段二
換右腿重複相同動作，進行訓練時不要將臀部抬得太高，腹部保持收緊，以避免過度拱起背部。

腿後肌走步

這個變化式針對的是身體後側肌群，這個走步的動作特別能訓練到腿後肌和臀肌群。

圖例說明
● 主要目標肌肉群 ● 次要目標肌肉群

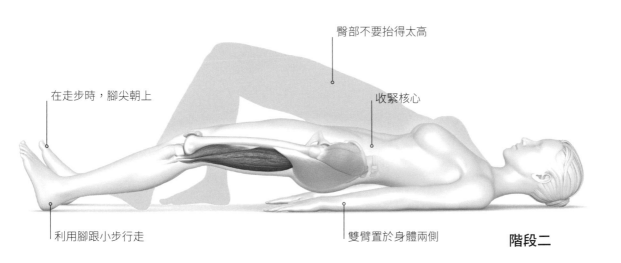

臀部不要抬得太高

收緊核心

在走步時，腳尖朝上

利用腳跟小步行走

雙臂置於身體兩側

階段二

預備階段

起始姿勢與基本版橋式 (pp.120-121) 相同，臀部要抬起之前，腹部要收緊，下背部緊貼地面，同時夾緊臀肌。

階段一

吐氣同時將臀部抬高形成橋式的姿勢，臀肌夾緊並且收緊核心。

階段二

腳尖離地朝上，以腳跟撐地，然後用腳跟前後來回地小步行走，行走時要維持橋式姿勢。往前走 2-4 步，再向後往回走 2-4 步。

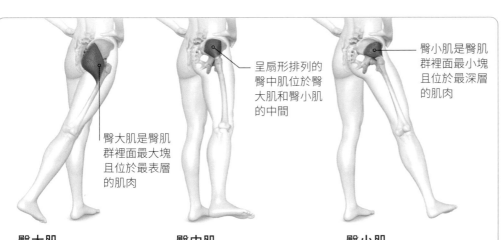

臀大肌是臀肌群裡面最大塊且位於最表層的肌肉

呈扇形排列的臀中肌位於臀大肌和臀小肌的中間

臀小肌是臀肌群裡面最小塊且位於最深層的肌肉

臀大肌

臀大肌的作用是讓髖關節向後伸展和腿部旋轉。

臀中肌

臀中肌能輔助臀大肌執行髖關節側向伸展和腿部旋轉的動作。

臀小肌

臀小肌能協助臀大肌讓髖關節增加側向伸展的程度

構成臀肌群的三塊肌肉

臀肌群由三塊肌肉組成，分別是臀大肌、臀中肌和臀小肌。強化這三塊肌肉，能增加身體穩定性，進而有助於防止受傷，強壯有力的臀肌也能提升髖部的活動度。臀肌較弱的人，比較容易有下背部疼痛的現象，以及膝蓋和髖部方面的問題。

6

增強式訓練

增強式訓練 (Plyometric exercises) 是具爆發性且快速有力的運動，以求在短時間內發揮最大力量。這類型訓練的目的在提高心跳率，以及提高穩定性、肌肉力量、敏捷性、心肺適能、柔軟度和運動表現。在進行增強式訓練之前一定要先做好熱身，如果沒有足夠的熱身，可能會導致受傷，建議將增強式運動安排在 HIIT 訓練課程的中間或結尾時進行。

滑冰者跳躍
SKATER

這個進階的心肺訓練運動能夠提升體能和肌力，它還可以鍛鍊腿部，主要是股四頭肌和臀肌群，以及腿後肌和小腿肌肉；全程保持核心收緊有助於提升穩定度和平衡性，臀部外側是這個訓練的主要重點。

概述

進行這項運動前，請先確認是否有足夠的活動空間並清除障礙物，讓你能夠盡可能地往左右兩側大幅度跳躍，小幅度跳躍是沒有效果的。手臂的擺動有助於帶動身體來回移動，兩條腿會像行屈膝禮般，始終一條腿在前，一條腿在後，而不是左右橫向跨步。一開始先從每次持續 30-60 秒做起，若想增加挑戰性，在左右跳躍的過程中，後腿的腳尖不觸地。

圖例說明
- ●-- 關節
- ○ 肌肉
- ● 肌肉縮短產生張力
- ● 肌肉拉長產生張力
- ● 肌肉拉長但沒有產生張力
- ● 支撐肌肉群沒有產生動作

前視圖

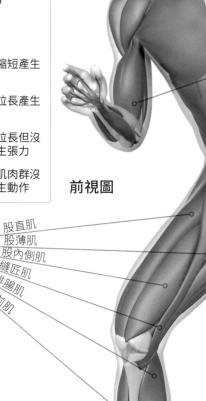

股直肌
股薄肌
股內側肌
縫匠肌
腓腸肌
脛前肌

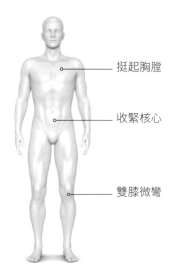

挺起胸膛

收緊核心

雙膝微彎

預備階段
挺直站立，雙腳打開與肩同寬，雙膝微彎，挺起胸膛，眼睛直視前方；頭部、頸部和脊椎對齊，雙臂放鬆置於身體兩側。如果一開始是站在瑜伽墊的左側，代表你會往右側跳躍。

下半身
滑冰者跳躍的鍛鍊目標包括臀肌群、股四頭肌、腿後肌和小腿肌肉。股四頭肌在這個動作中扮演重要角色，因為股四頭肌能讓腿部在膝蓋處伸展，在髖部處彎曲；臀肌群控制髖部的活動，讓大腿能執行伸展、旋轉、外展和內收等動作。

階段一
以右腿站立，右膝彎，盡最大能力往左邊跳；當你利用雙手擺動產生的動量去帶動站立腿往另一側躍時，要收緊核心保持平衡。

上半身和腹部

利用腹部肌肉穩定身體和支撐脊椎會有助你維持平穩順暢的步伐，雙臂擺動的動作需要旋轉肌袖參與作用。

斜方肌
三角肌
胸大肌
肱二頭肌
腹直肌
腹外斜肌

身體要放低 —
在做這類型的運動時，
必須保持重心穩定

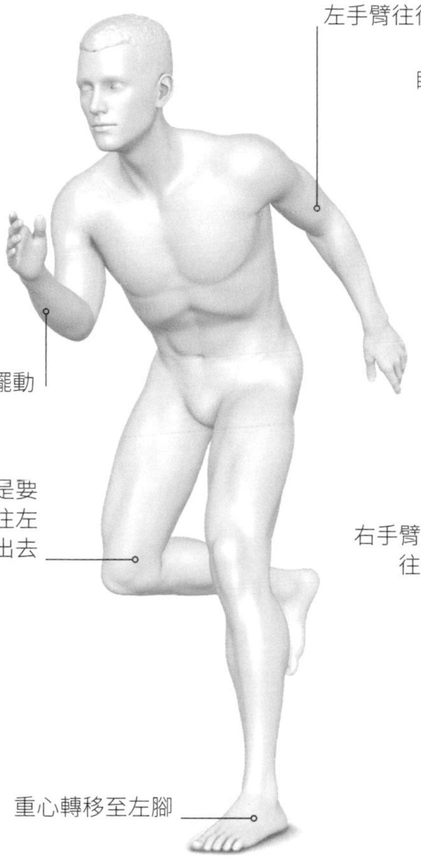

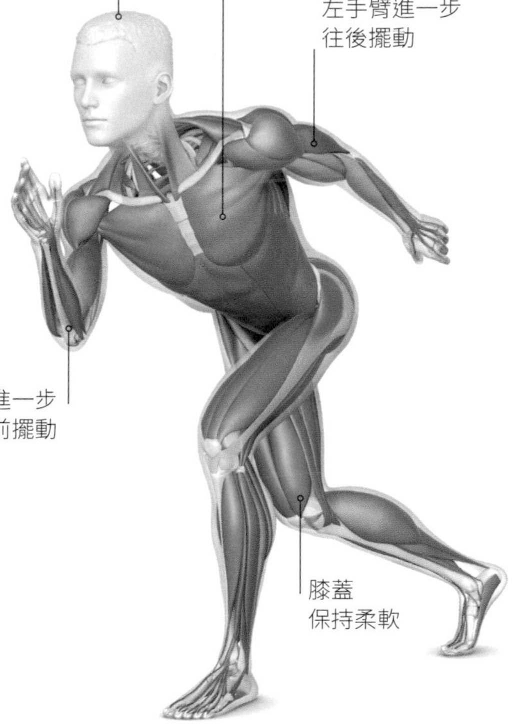

左手臂往後擺動

眼睛直視前方

稍微前傾

左手臂進一步往後擺動

右手臂往前擺動

右膝彎曲像是要行屈膝禮般往左斜後方伸出去

右手臂進一步往前擺動

膝蓋保持柔軟

重心轉移至左腳

階段二

將重心轉移到左腳（落地腳），確保在落地時左腳朝向正前方。右膝彎曲，準備將右腿往斜後方伸至左腿後側，過程中左腿要穩定支撐身體的重量。

階段三

右腿伸至左腿後方，身體下降呈「屈膝禮」的姿勢，右腳以腳尖短暫觸地；在動作底端位置，身體將進一步往前傾斜。右腳一觸地就立即往右側跳躍，右腳落地的同時將左腿往身體右後方伸出去。左右換邊跳躍時，雙臂也要跟著交替擺動，就像在競速滑冰一樣。

高膝抬腿
HIGH KNEE

高膝抬腿既能訓練肌力，亦能提升心肺適能，作為熱身或是 HIIT 訓練的一部分，都是很好的一項運動。除了能改善心肺耐力之外，這種類型的代謝訓練運動還有助於燃燒脂肪。

概述

一開始時要慢慢做（以熱身的速度進行），再藉由逐漸加快速度來提升心肺耐力。保持肩部挺直，同時頭部、脊椎和頸部要對齊呈一直線。膝蓋抬起時，背部依然要保持挺直，同時胸口敞開。利用雙臂擺動，協助膝蓋可能抬高，手臂彎曲呈 90° 上下擺動，就像在跑步一樣，對側側的手臂和膝蓋交替輪流往上抬。交替抬膝持續 30-60 秒，隨著身體能變好和技巧變熟練，可以加快速度。

下半身

在做高膝抬腿時會徵召髖屈肌群、小腿肌群、臀肌群、股四頭肌群和腿後肌。站立腿的小腿肌群、股四頭肌、腿後肌和臀肌群會維持等長收縮，而當上抬腿用腳推蹬離地往上抬高時，小腿後肌會收縮。

! 注意事項！

與所有增強式訓練一樣，請確認你的身體狀況是否適合進行這種類型的運動。

圖例說明

- ● 關節
- ○ 肌肉
- ● 肌肉縮短產生張力
- ● 肌肉拉長產生張力
- ● 肌肉拉長但沒有產生張力
- ● 支撐肌肉群沒有產生動作

上半身和腹部

因為雙臂會擺動，你可能會感覺到肩膀和手臂的肌肉張力。單腿站立時，必須藉助腹部肌肉收縮保持平衡，腹部肌肉還能協助穩定身體並讓脊椎維持中立位。

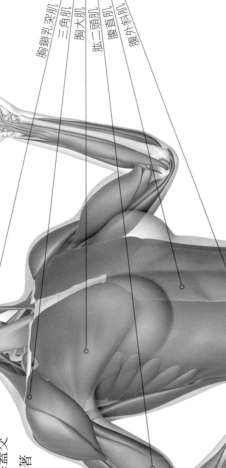

前側視圖

胸鎖乳突肌
三角肌
胸大肌
肱二頭肌
腹直肌
腹外斜肌

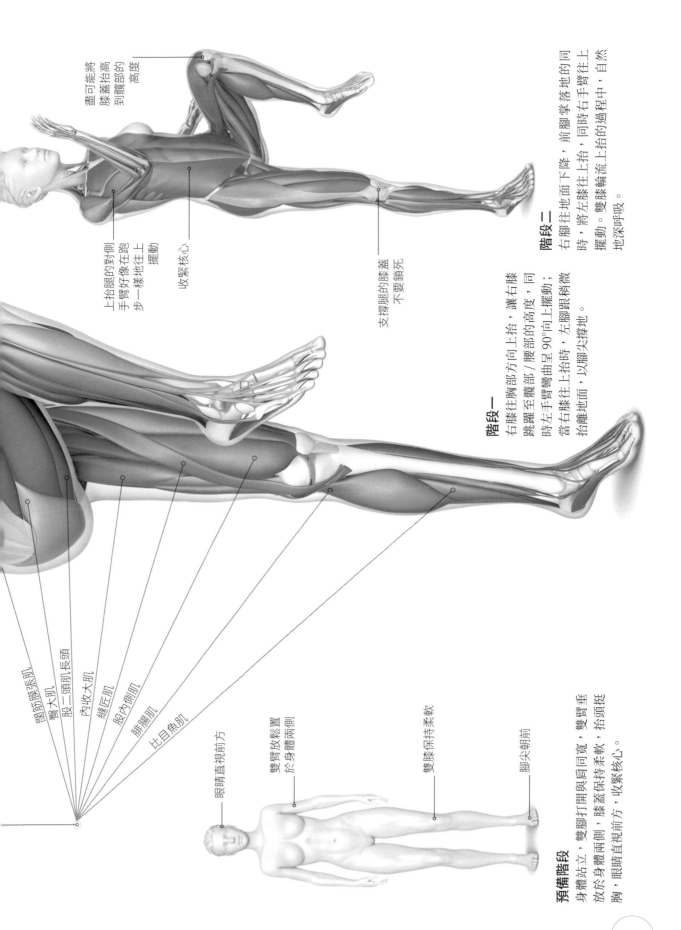

盡可能將膝蓋抬高到髖部的高度

上抬腿的對側手臂好像在跑步一樣地往上擺動

收緊核心

支撐腿的膝蓋不要鎖死

階段一
右膝往胸部方向上抬，讓右膝跳躍至髖部的高度；同時手臂彎曲呈 90°向上擺動；當左膝上抬時，左腳跟稍微抬離地面，以腳尖撐地。

階段二
右腳往地面下降，前腳掌落地的同時，將左膝往上抬，同時右臂往上擺動。雙膝輪流上抬的過程中，自然地深呼吸。

闊筋膜張肌
臀大肌
股二頭肌長頭
內收大肌
縫匠肌
股內側肌
腓腸肌
比目魚肌

眼睛直視前方

雙臂放鬆置於身體兩側

雙膝保持柔軟

腳尖朝前

預備階段
身體站立，雙腳打開與肩同寬，雙臂垂放於身體兩側，膝蓋保持柔軟，抬頭挺胸，眼睛直視前方，收緊核心。

» 變化式

這些高膝抬腿變化式是以提高心跳率為目標的有氧運動，它們會徵召多個肌肉群，主要包括核心肌群、髖屈肌群、小腿肌群、股四頭肌和腿後肌。所有這些變化式都非常適合用來做為健身訓練前的熱身運動，加入跳繩動作可以鍛鍊到肱二頭肌、前臂肌肉和三角肌。

高膝抬腿跳繩

這是一項進階的心血管耐力運動，著重在強化腿部，尤其是小腿。進行訓練時需要使用跳繩，一開始先慢慢做高膝抬腿動作，等到掌握節奏再加快速度。

> 「不要在堅硬的表面上進行跳繩訓練，這樣可能會對膝蓋和小腿造成傷害，並導致疼痛或受傷」

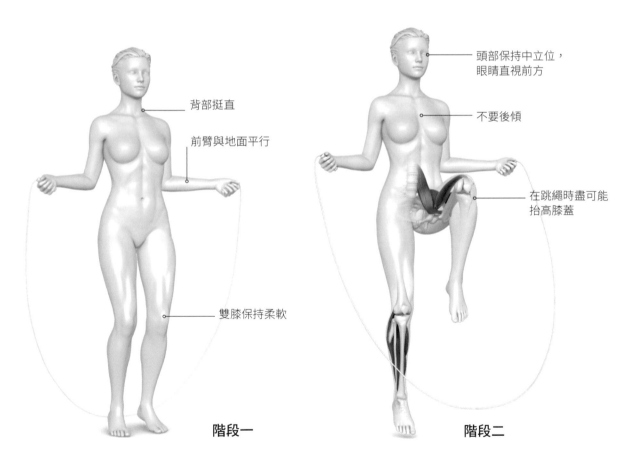

背部挺直
前臂與地面平行
雙膝保持柔軟

階段一

頭部保持中立位，眼睛直視前方
不要後傾
在跳繩時盡可能抬高膝蓋

階段二

預備階段
站在柔軟的表面上（例如健身墊），雙腳稍微打開，雙手握住跳繩握柄，雙腳站在跳繩前方。

階段一
手肘朝身體側邊方向內收並舉起雙手，將繩子往上轉動並越過頭頂，然後一次一隻腳離地往上跳。

階段二
跳躍時膝蓋盡可能抬高，持續跳繩 30-60 秒，每次轉動跳繩時雙腿交替抬高膝蓋。

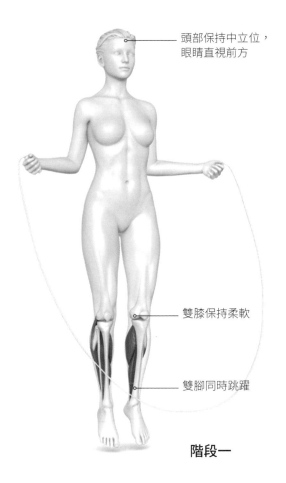

頭部保持中立位，
眼睛直視前方

雙膝保持柔軟

雙腳同時跳躍

階段一

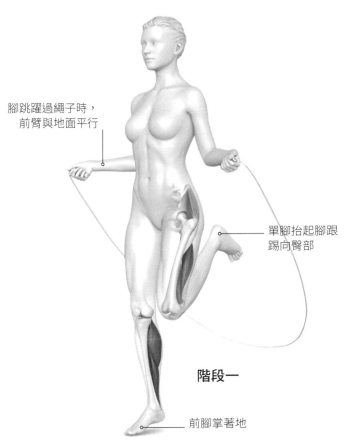

腳跳躍過繩子時，
前臂與地面平行

單腳抬起腳跟
踢向臀部

階段一

前腳掌著地

雙腳跳繩

這個運動類似於高膝抬腿跳繩，然而是同時用
雙腳跳過繩子。

預備階段

站在柔軟的表面上（例如健身墊），雙腳稍微打
開，雙手握住跳繩握柄，雙腳站在跳繩前方，讓
繩子位於腳跟後方的地板上。

階段一

手肘朝身體側邊方向內收並舉起雙手，讓前臂與
地板平行；將繩子往上轉動並越過頭頂，然後在
繩子快碰到腳之前，雙腳同時跳離地面。

階段二

持續跳繩 30-60 秒。

跳繩踢臀

踢臀動作能增加腿後肌收縮的速度，進而提升跑步
速度，加入跳繩可以增加小腿後肌的參與程度。

預備階段

站在柔軟的表面上，雙腳稍微打開，雙手握住跳
繩握柄，雙腳站在跳繩前方，讓繩子位於腳跟後
方的地板上。

階段一

手肘朝身體側邊方向內收並舉起雙手，讓前臂與
地板平行；將繩子往上轉動並越過頭頂，然後一
次一隻腳跳過繩子並抬起腳跟踢向臀部。

階段二

盡可能每次都踢到臀部，持續跳繩 30-60 秒。

深蹲跳躍 SQUAT JUMP

深蹲 (增強式) 跳躍能改善敏捷性、平衡感和爆發力，並有助於提升運動員的垂直跳躍能力，其具有強化臀肌群、腿後肌和下背部的效果。

概述

由於深蹲跳躍需要爆發力，事前做好熱身很重要，因此建議不要在健身課程一開始時就做這項運動。核心要收緊不讓身體重心受傷，並且在落地時要讓體重均勻分配於兩隻腳。從 1 組 5-10 次開始做起，隨著體能提升，可逐步增加到 3 組。

圖例說明

- ┈ 關節
- ○ 肌肉
- ● 肌肉縮短產生張力
- ● 肌肉拉長產生張力
- ● 肌肉拉長但沒有產生張力
- ● 支撐肌群沒有產生動作

上半身和腹部

豎脊肌協助脊椎與頸部執行旋轉和伸展動作，腹直肌、腹斜肌和腹橫肌在跳躍過程中能穩定軀幹，協助脊椎保持挺直。跳躍時若雙臂有擺動，手臂和肩膀會產生肌肉張力。

三角肌
肱二頭肌
背闊肌
胸大肌
腹直肌
腹外斜肌
屈指淺肌
肱橈肌

四分之三前視圖

下半身

股四頭肌、膝伸肌群和臏屈肌群負責穩定髖骨和膝關節，臀肌群協助髖關節執行伸展、外展和旋轉等動作，腿後肌參與膝關節伸展的減速控制，並協助膝關節彎曲和髖部伸展；小腿的腓腸肌會使膝關節和踝關節彎曲，協助爆發性的跳躍動作。

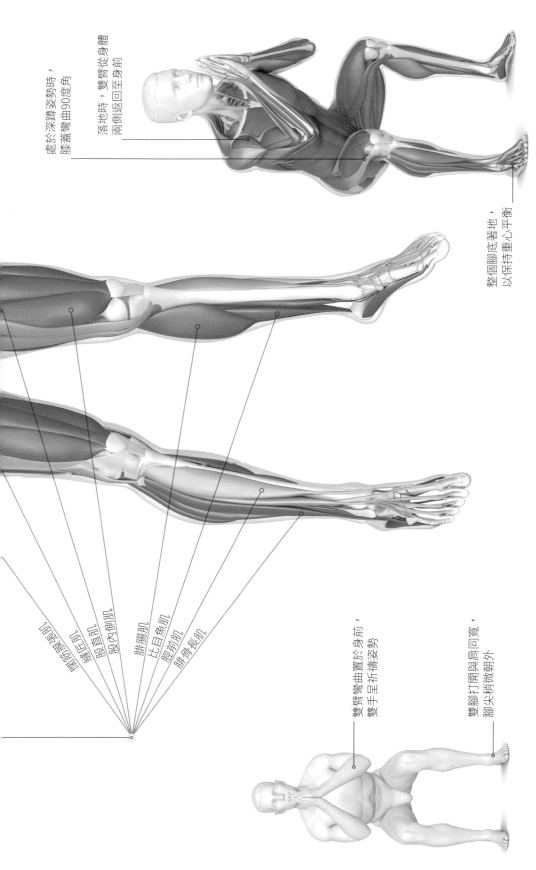

闊筋膜張肌

縫匠肌

股直肌

股內側肌

腓腸肌

比目魚肌

脛前肌

腓骨長肌

雙臂彎曲置於身前，雙手呈祈禱姿勢

雙腳打開與肩同寬，腳尖稍微朝外

處於深蹲姿勢時，膝蓋彎曲由90度角

落地時，雙臂從身體兩側返回至身前

整個腳底著地，以保持重心平衡

預備階段

身體站立，雙腳打開與肩同寬，膝蓋微彎。收緊核心，膝蓋彎曲同時身體往下呈深蹲姿勢，膝蓋彎曲且大腿與地板平行。

階段一

吐氣，股四頭肌、臀肌群和腿後肌發力讓雙腿伸展，讓身體離地往上進行爆發性跳躍；當雙腿完全伸展時，雙腳會騰空離地。在上跳躍時將雙臂往身體兩側張開，增加推動身體往上的驅動力。

階段二

下降階段要控制好身體，保持核心收緊。落地時要控制好力道，讓腳趾、前腳掌、足弓、腳跟依序著地，腳掌完全著地之後立即再次下蹲，進行下一次爆發性跳躍。反覆進行下蹲、跳躍的動作。

133

» 變化式

這些深蹲跳躍變化式都屬於增強式 (爆發力) 運動，能夠增強心肺耐力和肌耐力。腹肌、臀肌群、腿後肌和下背部肌肉都會參與發力。這些運動不要每天做，要給你的身體 48-72 小時去恢復。

> 圖例說明
> ● 主要目標肌肉群　● 次要目標肌肉群

66 99

在蛙式跳躍、相撲深蹲跳躍中，注意起跳時雙膝不要向內夾

蛙式跳躍

蛙式跳躍可以強化股四頭肌、臀肌、小腿肌群、腿後肌、大腿內側和髖屈肌群。它是一種增強式運動，具有提升肌肉量、速度和敏捷性的效果。

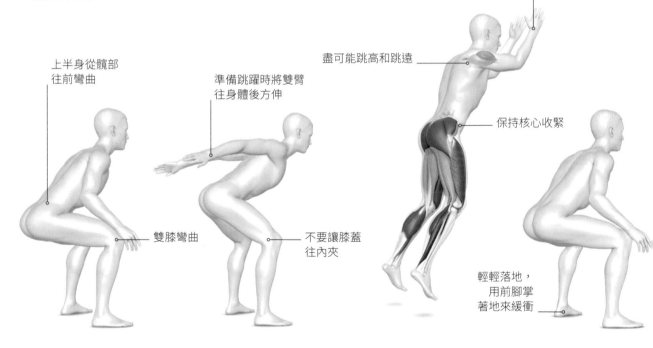

上半身從髖部往前彎曲

雙膝彎曲

準備跳躍時將雙臂往身體後方伸

不要讓膝蓋往內夾

跳躍時雙臂往前擺動

盡可能跳高和跳遠

保持核心收緊

輕輕落地，用前腳掌著地來緩衝

預備階段
站在健身墊或瑜伽墊的一側，雙腿打開，腳尖朝前，確認前方有足夠空間可供跳躍，身體下降形成寬距深蹲的姿勢。

階段一
收緊核心，準備往上、往前跳躍；要開始跳躍時，身體蹲低如同青蛙般的姿勢。

階段二
往上、往前跳躍，盡可能跳遠，往前擺動手臂會有助於產生推動力。

階段三
腳尖先落地，接著前腳掌落地，像青蛙一樣蹲低；向後轉身，以相同方式向往回跳。

深蹲開合跳

這個深蹲跳躍變化式著重在速度、敏捷性和爆發力；它能鍛鍊腹肌、臀肌群、腿後肌和下背部肌肉。此外，也會刺激到小腿肌群、內收肌群和外展肌群。

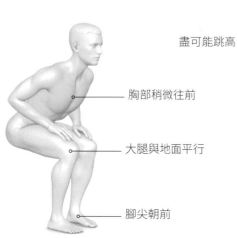

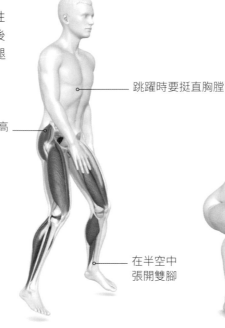

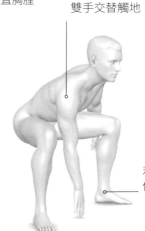

胸部稍微往前

大腿與地面平行

腳尖朝前

盡可能跳高

跳躍時要挺直胸膛

在半空中張開雙腳

雙手交替觸地

利用前腳掌做為著地緩衝

預備階段
雙腳併攏站立，雙膝微彎，雙手放在大腿前側。吸氣，身體往下蹲形成椅子深蹲的姿勢 (p.98)。

階段一
奮力往上跳，當身體到達高點往下降時，雙腳在半空中張開，並以雙腳張開的狀態落地，落地後身體往下蹲，一隻手觸碰地面。

階段二
輕輕落地，以腳趾、前腳掌、腳跟的順序著地。從下蹲姿勢往上跳高，再落地回到起始位置。

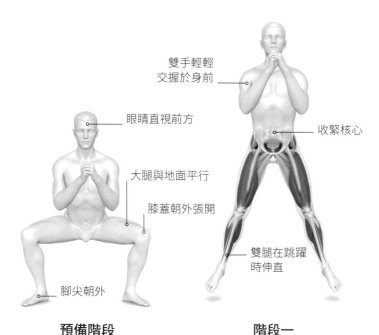

眼睛直視前方

大腿與地面平行

膝蓋朝外張開

腳尖朝外

雙手輕輕交握於身前

收緊核心

雙腿在跳躍時伸直

預備階段

階段一

相撲深蹲跳躍

這種增強式跳躍運動可以雕塑腿部和身體後側的肌肉線條，它能鍛鍊臀肌群、大腿內外側、腹部肌肉、股四頭肌、腿後肌和下背部。

預備階段
身體採寬距站姿，雙腳打開超過肩膀寬度，腳尖朝外，慢慢彎曲髖部和膝蓋，形成相撲深蹲的姿勢 (p.99)。

階段一
吐氣，利用臀肌、腿後肌、股四頭肌和核心肌群的力量推動身體往上跳躍。回到地板之前，在半空中伸直雙腿和髖部。

階段二
回到相撲深蹲的姿勢，落地時，膝蓋要保持柔軟以避免受傷，並用前腳掌做為緩衝，減輕落地的衝擊力，來回重複相同動作 30-60 秒。

屈膝跳 *TUCK JUMP*

屈膝跳是利用自身體重和爆發力同時讓多塊肌肉收縮以跳躍至半空中，這個動作需要肌力和心肺耐力，並且能強化股四頭肌、臀肌群、腿後肌、小腿肌群、髖屈肌群、腹直肌、腹橫肌和腹斜肌。

概述

不要在 HIIT 訓練課程一開始時進行這項運動，在做任何增強式訓練之前必須先做好熱身，否則可能會讓膝蓋和關節受傷。在進行這類增強式跳躍時，了解如何安全落地很重要，必須控制好雙腳、膝蓋和髖部，讓身體輕輕落地。跳躍時盡可能讓身體達到全幅度動作。若是初學者，建議先從 1 組 4-8 次開始做起。屈膝跳屬於進階的健身動作，因此每週最好不要做超過兩次，以避免關節承受過多衝擊。

藉助雙臂往上擺動產生的動量，增加跳躍的推動力

保持下腹部肌肉收緊，以驅動膝蓋向上抬高

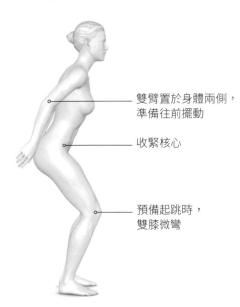

雙臂置於身體兩側，準備往前擺動

收緊核心

預備起跳時，雙膝微彎

雙腿離地騰空，準備屈膝

圖例說明

●-- 關節

○- 肌肉

● 肌肉縮短產生張力

● 肌肉拉長產生張力

● 肌肉拉長但沒有產生張力

● 支撐肌肉群沒有產生動作

預備階段
身體站立，雙腳打開與髖部同寬，雙臂垂放於身體兩側，膝蓋保持柔軟，核心收緊。雙膝微彎，做好準備讓雙腳離地往上跳躍。

階段一
吐氣，利用腿部肌肉讓身體垂直往上跳躍，雙臂彎曲並往前朝上方擺動。

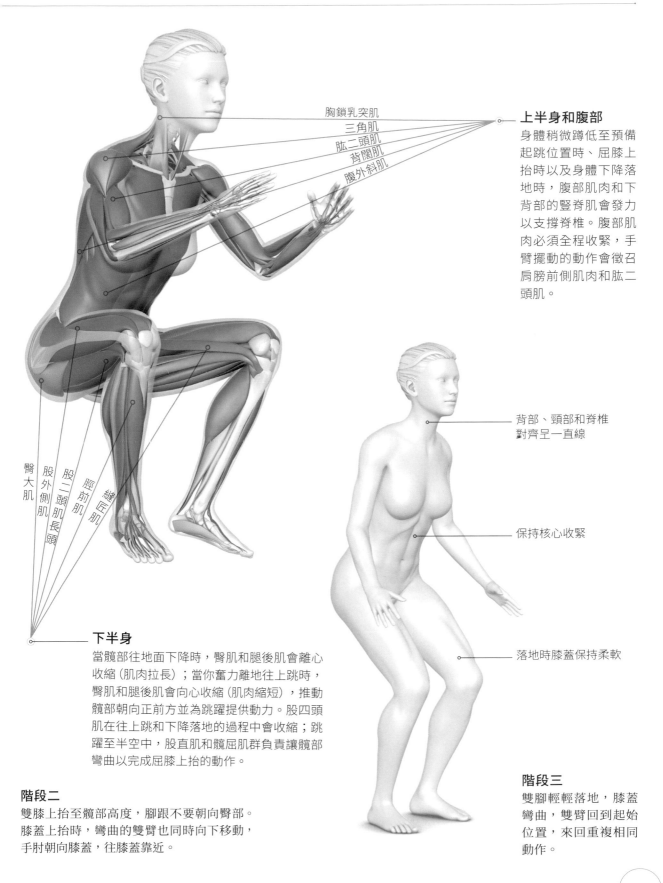

胸鎖乳突肌
三角肌
肱二頭肌
背闊肌
腹外斜肌

上半身和腹部

身體稍微蹲低至預備起跳位置時、屈膝上抬時以及身體下降落地時，腹部肌肉和下背部的豎脊肌會發力以支撐脊椎。腹部肌肉必須全程收緊，手臂擺動的動作會徵召肩膀前側肌肉和肱二頭肌。

背部、頸部和脊椎對齊呈一直線

保持核心收緊

落地時膝蓋保持柔軟

臀大肌
股外側肌
股二頭肌長頭
脛前肌
縫匠肌

下半身

當髖部往地面下降時，臀肌和腿後肌會離心收縮（肌肉拉長）；當你奮力離地往上跳時，臀肌和腿後肌會向心收縮（肌肉縮短），推動髖部朝向正前方並為跳躍提供動力。股四頭肌在往上跳和下降落地的過程中會收縮；跳躍至半空中，股直肌和髖屈肌群負責讓髖部彎曲以完成屈膝上抬的動作。

階段二

雙膝上抬至髖部高度，腳跟不要朝向臀部。膝蓋上抬時，彎曲的雙臂也同時向下移動，手肘朝向膝蓋，往膝蓋靠近。

階段三

雙腳輕輕落地，膝蓋彎曲，雙臂回到起始位置，來回重複相同動作。

跳箱 *BOX JUMP*

跳箱屬於增強式鍛鍊，能鍛鍊到下半身所有肌肉群，包括臀肌群、腿後肌、股四頭肌和小腿肌群。由於過程中需要收緊核心，而且雙臂也會擺動，因此可說是全身性的健身運動。

概述

掌握跳箱技巧的關鍵是初始必須選擇適合你目前體能水準的箱子，初學者建議先從 30 公分高的矮箱子開始訓練，讓自己熟悉這個動作，覺得有信心之後，可以進階到更高的箱子。初學者一開始先以一組 10-12 次，總共 3 組為目標。

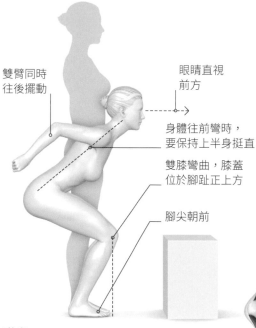

雙臂同時往後擺動

眼睛直視前方

身體往前彎時，要保持上半身挺直

雙膝彎曲，膝蓋位於腳趾正上方

腳尖朝前

階段一

身體面向箱子站立，雙腳打開大約與髖部同寬，膝蓋和髖部稍微彎曲，擺出運動預備姿勢（athletic stance）。當雙臂往身後擺動時，雙膝彎曲同時將臀部往後推。

階段二

利用前腳掌推蹬地面產生的爆發力離地往上跳躍，膝蓋和髖部完全伸展的同時，雙臂朝前往上方擺動，讓自己盡可能地跳高。在跳躍的最高點位置，彎曲膝蓋和髖部，將它們往上拉，準備在箱子頂部落地。

肱二頭肌
肱三頭肌
三角肌
胸大肌
背闊肌
前鋸肌
腹外斜肌
腹直肌

上半身和手臂
雙臂的擺動能產生推動身體往上離開地面所需的動量，往上跳躍時，腹直肌和腹斜肌會發揮作用讓身體伸展。

闊筋膜張肌
股直肌
髖部
內收大肌
股二頭肌長頭
股內側肌
膝關節
腓腸肌
脛前肌
腓骨長肌
踝關節
外展小趾肌
伸趾長肌

腿部
股四頭肌所有肌肉共同運作讓膝蓋伸展，小腿後肌的比目魚肌和腓腸肌負責產生跳離地面的動作，腿後肌所有肌肉共同運作以彎曲膝蓋並伸展髖部，臀肌群協助髖部伸展。

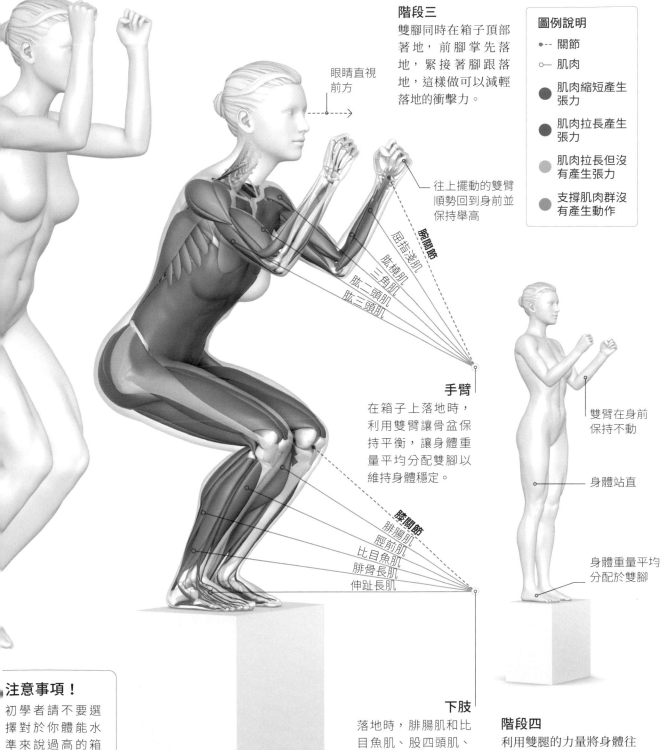

階段三

雙腳同時在箱子頂部著地，前腳掌先落地，緊接著腳跟落地，這樣做可以減輕落地的衝擊力。

眼睛直視前方

往上擺動的雙臂順勢回到身前並保持舉高

腕關節
屈指淺肌
肱橈肌
三角肌
肱二頭肌
肱三頭肌

手臂

在箱子上落地時，利用雙臂讓骨盆保持平衡，讓身體重量平均分配雙腳以維持身體穩定。

膝關節
腓腸肌
脛前肌
比目魚肌
腓骨長肌
伸趾長肌

下肢

落地時，腓腸肌和比目魚肌、股四頭肌、腿後肌和臀肌群會離心收縮以控制髖部、腳踝和膝蓋的彎曲，這樣可以避免落地時對關節造成壓力。

雙臂在身前保持不動

身體站直

身體重量平均分配於雙腳

階段四

利用雙腿的力量將身體往上推，讓身體在箱子上挺直站立。確認雙腳的位置，然後小心地從箱子上下來返回地面，準備重複下一次的跳箱。

注意事項！

初學者請不要選擇對於你體能水準來說過高的箱子。跳箱時以正確的方式落地是避免受傷的關鍵，尤其是膝蓋。

139

單腿跳躍前進
SINGLE-LEG FORWARD JUMP

這個爆發性的增強式運動可以強化小腿肌群、臀肌群、髖屈肌群、腿後肌和股四頭肌，它能夠提升敏捷性、速度、平衡和整體運動表現。

概述

在進行訓練前，請先清空環境以確保有足夠的活動空間。與所有跳躍運動一樣，正確的落地動作很重要，要避免膝蓋和腳踝的扭轉或側翻。一條腿執行 3-10 次，然後換另一條腿重複相同動作。類似這樣的增強式訓練每週只能進行兩次，以俾讓肌肉獲得充分的休息。

上半身和腹部

腹橫肌、腹直肌、腹內斜肌和腹外斜肌協助支撐脊椎，讓脊椎能夠維持中立位、軀幹保持穩定。肩膀前部肌肉、旋轉肌袖和肱二頭肌收縮發力讓手臂產生擺動。

斜方肌
三角肌
背闊肌
腹直肌
腹外斜肌

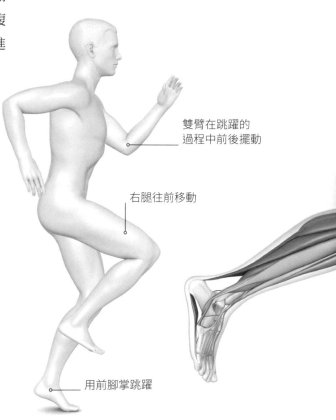

雙臂在跳躍的過程中前後擺動

右腿往前移動

用前腳掌跳躍

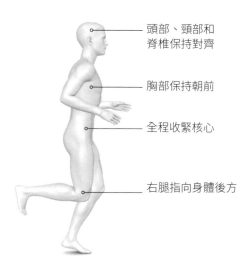

頭部、頸部和脊椎保持對齊

胸部保持朝前

全程收緊核心

右腿指向身體後方

預備階段

身體站直，雙腳打開與肩同寬，保持胸背挺直，右腿抬離地板，指向身體後方；左腿稍微屈膝，同時腳掌推蹬地面，單腳向前往上跳躍。

階段一

跳躍（左）腿的膝蓋稍微往前彎曲，為跳躍提供額外的動量。利用右腿協助你往前移動身體，身體往前推進時，右側手臂往後擺動。

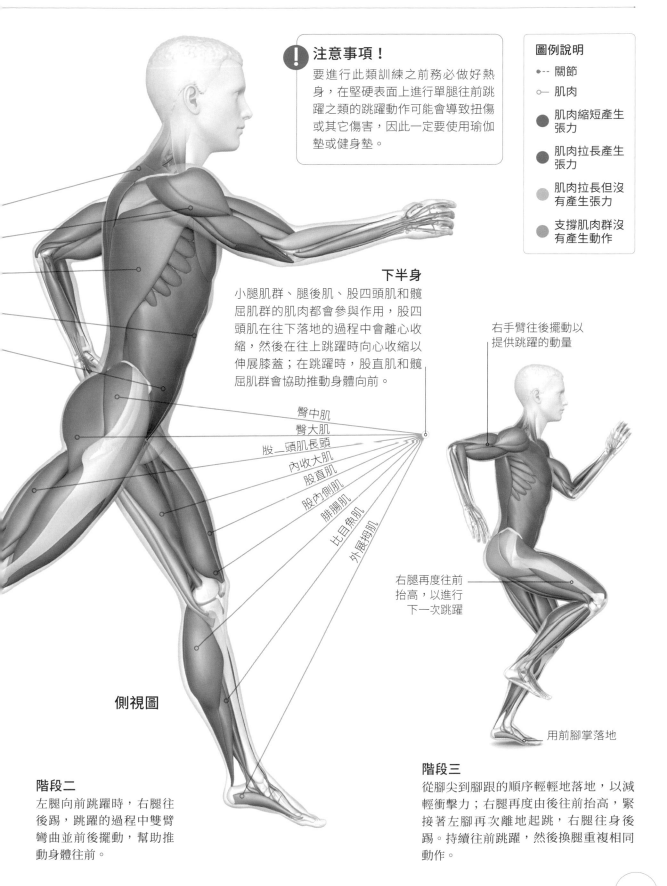

注意事項！
要進行此類訓練之前務必做好熱身，在堅硬表面上進行單腿往前跳躍之類的跳躍動作可能會導致扭傷或其它傷害，因此一定要使用瑜伽墊或健身墊。

圖例說明
- ●-- 關節
- ○— 肌肉
- ● 肌肉縮短產生張力
- ● 肌肉拉長產生張力
- ● 肌肉拉長但沒有產生張力
- ● 支撐肌肉群沒有產生動作

下半身
小腿肌群、腿後肌、股四頭肌和髖屈肌群的肌肉都會參與作用，股四頭肌在往下落地的過程中會離心收縮，然後在往上跳躍時向心收縮以伸展膝蓋；在跳躍時，股直肌和髖屈肌群會協助推動身體向前。

臀中肌
臀大肌
股二頭肌長頭
內收大肌
股直肌
股內側肌
腓腸肌
比目魚肌
外展拇肌

右手臂往後擺動以提供跳躍的動量

右腿再度往前抬高，以進行下一次跳躍

用前腳掌落地

側視圖

階段二
左腿向前跳躍時，右腿往後踢，跳躍的過程中雙臂彎曲並前後擺動，幫助推動身體往前。

階段三
從腳尖到腳跟的順序輕輕地落地，以減輕衝擊力；右腿再度由後往前抬高，緊接著左腳再次離地起跳，右腿往身後踢。持續往前跳躍，然後換腿重複相同動作。

足球員原地跑 + 波比跳
FOOTBALL UP AND DOWN

這個兼具有氧和肌力強化的運動結合了原地跑和波比跳，它能夠強化腹肌、肱三頭肌、上背部、胸部、肩膀、小腿肌和股四頭肌；除此之外，還能夠提升協調性和敏捷性。

概述

進行此項訓練需在平坦的表面上，當準備跳向地面做伏地挺身時，起始姿勢是屈膝下蹲，膝蓋不超過腳趾。初學者一開始訓練時，建議先執行原地跑 8 次，然後再做伏地挺身，反覆循環進行 30 秒。

圖例說明
- ●-● 關節
- ○ 肌肉
- ● 肌肉縮短產生張力
- ● 肌肉拉長產生張力
- ● 肌肉拉長但沒有產生張力
- ● 支撐肌肉群沒有產生動作

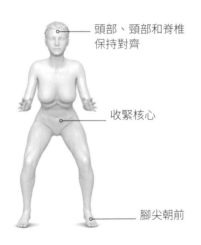

頭部、頸部和脊椎保持對齊

收緊核心

腳尖朝前

預備階段
先採站姿，雙腳打開與肩同寬，然後身體稍微下蹲，呈半蹲姿勢。手肘彎曲 90°，並在階段一維持這個角度。

階段一
開始原地跑，前腳掌著地，迅速地左右交替跑。在進行這個快速的爆發性運動時，雙臂要保持不動，以快速連貫的動作完成 8 次原地跑。

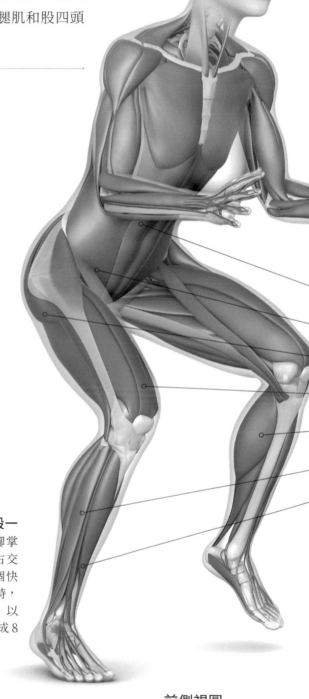

前側視圖

下頁接續 》

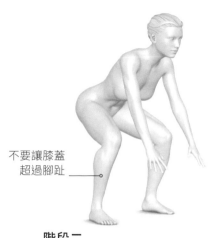

不要讓膝蓋
超過腳趾

階段二
原地跑 8 次之後，下蹲準備雙手撐
在地上，手腕對齊肩膀正下方。

雙腳往後跳，
以腳尖著地

身體重心
轉移至雙手

階段三
身體重心轉移至雙手和肩膀，然後雙腳
往後跳，伸直雙腿，過程中要保持核心
收緊。

下半身和腹部
股四頭肌、小腿肌群、腿後肌和
臀肌群在訓練過程中都會參與發
力，股四頭肌負責伸展膝蓋並穩
定髕骨和膝關節，髂腰肌、闊筋
膜張肌與股直肌協助髖部伸展，
小腿肌群的腓腸肌和比目魚肌在
身體呈直立姿勢時會收縮。

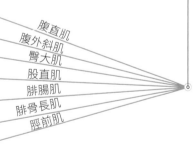

腹直肌
腹外斜肌
臀大肌
股直肌
腓腸肌
腓骨長肌
脛前肌

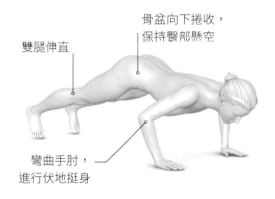

骨盆向下捲收，
保持臀部懸空

雙腿伸直

彎曲手肘，
進行伏地挺身

階段四
身體呈高棒式姿勢，雙手和雙腳腳尖支
撐身體重量，準備做伏地挺身。

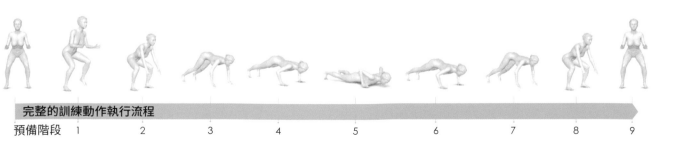

完整的訓練動作執行流程

預備階段　1　　2　　3　　4　　5　　6　　7　　8　　9

≫ 足球員原地跑 + 波比跳（接續前頁）

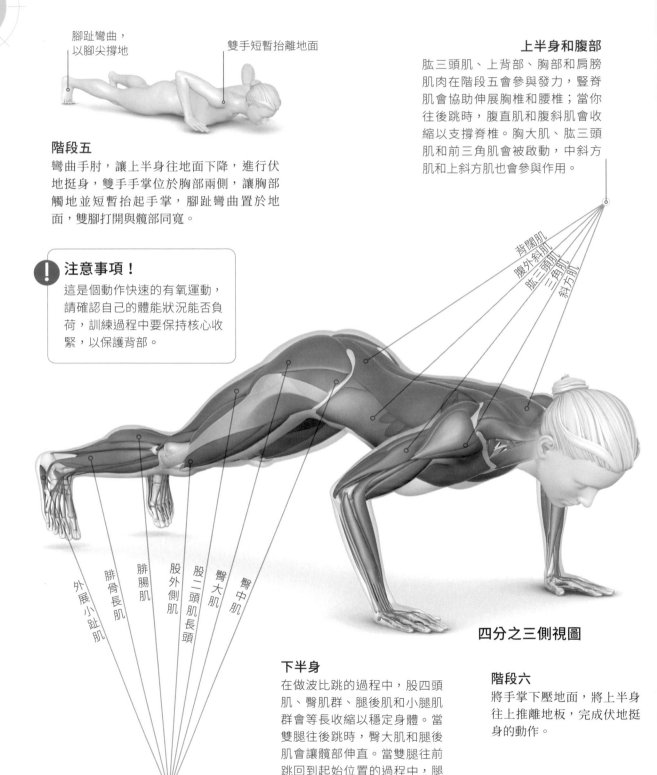

腳趾彎曲，以腳尖撐地

雙手短暫抬離地面

階段五

彎曲手肘，讓上半身往地面下降，進行伏地挺身，雙手手掌位於胸部兩側，讓胸部觸地並短暫抬起手掌，腳趾彎曲置於地面，雙腳打開與髖部同寬。

！ 注意事項！

這是個動作快速的有氧運動，請確認自己的體能狀況能否負荷，訓練過程中要保持核心收緊，以保護背部。

上半身和腹部

肱三頭肌、上背部、胸部和肩膀肌肉在階段五會參與發力，豎脊肌會協助伸展胸椎和腰椎；當你往後跳時，腹直肌和腹斜肌會收縮以支撐脊椎。胸大肌、肱三頭肌和前三角肌會被啟動，中斜方肌和上斜方肌也會參與作用。

背闊肌
腹外斜肌
肱三頭肌
三角肌
斜方肌

外展小趾肌
腓骨長肌
腓腸肌
股外側肌
股二頭肌長頭
臀大肌
臀中肌

四分之三側視圖

下半身

在做波比跳的過程中，股四頭肌、臀肌群、腿後肌和小腿肌群會等長收縮以穩定身體。當雙腿往後跳時，臀大肌和腿後肌會讓髖部伸直。當雙腿往前跳回到起始位置的過程中，腿後肌也會協助彎曲膝蓋。

階段六

將手掌下壓地面，將上半身往上推離地板，完成伏地挺身的動作。

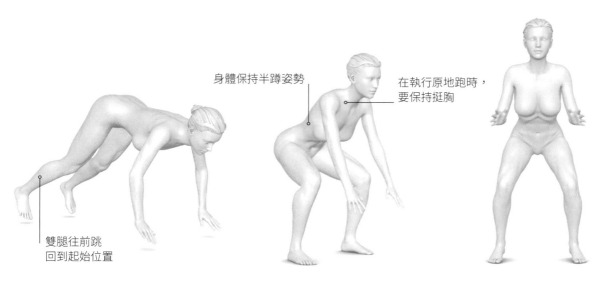

" "
讓身體重心放低會有助於
快速移動，並藉由平均分配
身體重量來保持平衡

身體保持半蹲姿勢

在執行原地跑時，要保持挺胸

雙腿往前跳回到起始位置

階段七
雙腿往前跳，準備回到半蹲姿勢，雙膝保持微彎。

階段八
雙腳落地時打開與肩同寬，將身體重心轉移回到雙腿，同時雙肘彎曲，回到預備階段的姿勢。

階段九
快速地執行 8 次原地跑之後，再次跳下俯身並重複相同流程。

完整的訓練動作執行流程

預備階段　1　2　3　4　5　6　7　8　9

波比跳 *BURPEE*

這個全身性的健身運動可以強化下半身和上半身,它能提升敏捷性、爆發力和肌耐力,並能鍛鍊到腿部、髖部、臀部、腹部、胸部、肩膀和手臂。這是一種高強度運動,目的在提高心跳率,進而加速新陳代謝。

概述

波比跳是非常耗費體力的運動,結合了爆發性跳躍和能夠訓練肌力的伏地挺身。若想增加挑戰性,可以將直腿跳躍改成屈膝跳 (p.136),在階段一時雙腿發力往上跳躍,脊椎保持挺直,頸部和頭部對齊同時核心收緊,驅動雙膝彎曲往胸部方向抬高。初始先從 5 次開始做起,等熟練之後,可逐步增加到 10 次。

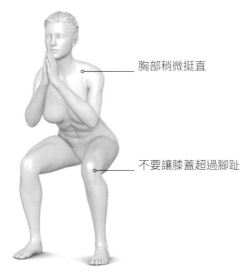

胸部稍微挺直

不要讓膝蓋超過腳趾

預備階段
起始姿勢為深蹲,雙腳打開與肩同寬,脊椎和頸部對齊呈一直線,雙膝彎曲,膝蓋不要超過腳趾,胸部不要低於 45 度。

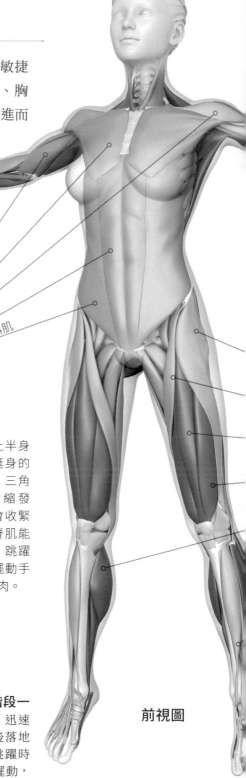

屈指淺肌
肱二頭肌
胸大肌
三角肌
腹直肌
腹外斜肌

上半身
波比跳會使用到上半身很多肌肉,伏地挺身的動作需要胸大肌、三角肌和肱三頭肌收縮發力。腹部肌肉也會收緊以支撐脊椎,豎脊肌能令身體保持穩定。跳躍的過程中,向外擺動手臂會使用到肩膀肌肉。

階段一
利用雙腿的力量,迅速地往上跳躍,然後落地回到起始位置;跳躍時雙臂往身體外側擺動,雙腿保持伸直。

前視圖

下頁接續 》

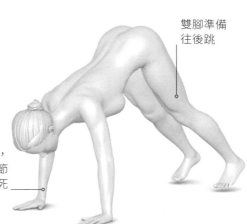

頭部、頸部和脊椎
對齊呈一直線

落地時膝蓋
要保持柔軟

雙腳準備
往後跳

雙臂伸直，
但是肘關節
不要鎖死

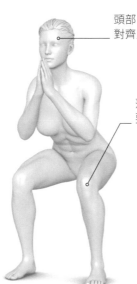

注意事項！

在做伏地挺身時，過度拱背（脊椎前凸）或圓背（脊椎後凸）會導致手腕和下背部受傷。

階段二

落地時雙膝彎曲，同時立即下蹲回到深蹲姿勢，並準備進行伏地挺身。

階段三

身體往前彎，雙手往下置於胸部前方的地板上，身體此時會呈現倒 V 字型。

闊筋膜張肌
縫匠肌
股直肌
股外側肌
腓腸肌
比目魚肌
脛前肌

下半身

波比的深蹲姿勢會使用到股四頭肌、腿後肌和臀肌群。雙腿往後蹬時，臀肌群和腿後肌會持續收縮發力。執行動作的過程中，大部分時間髖屈肌群和股四頭肌都會發力參與作用。當你往上跳躍時，股四頭肌、臀肌群和腿後肌都會收縮。

圖例說明

- •-- 關節
- ○- 肌肉
- ● 肌肉縮短產生張力
- ● 肌肉拉長產生張力
- ● 肌肉拉長但沒有產生張力
- ● 支撐肌肉群沒有產生動作

完整的訓練動作執行流程

預備階段　1　2　3　4　5　6　7　8　9

» 波比跳（接續前頁）

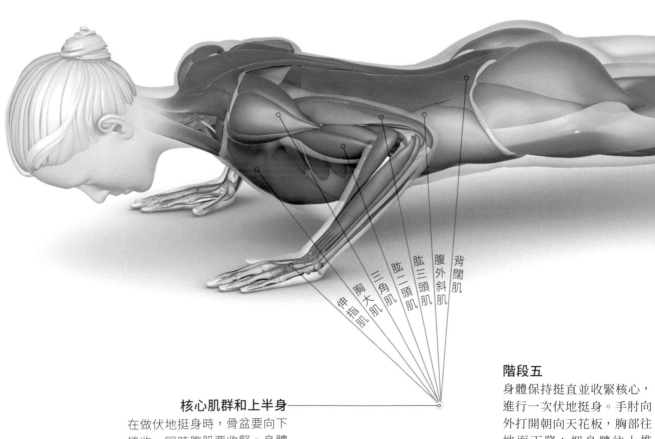

圖例說明
- •-- 關節
- ○— 肌肉
- ● 肌肉縮短產生張力
- ● 肌肉拉長產生張力
- ● 肌肉拉長但沒有產生張力
- ● 支撐肌肉群沒有產生動作

頭部、頸部和脊椎對齊呈一直線

以腳尖撐地

收緊核心

階段四
先將身體重心轉移至雙手，然後雙腳向後跳，變成雙手和雙腳腳尖支撐地面的高棒式姿勢 (pp.34-35)。你也可以調整做法，一次只往後伸出一隻腳。

伸指肌
胸大肌
三角肌
肱二頭肌
肱三頭肌
腹外斜肌
背闊肌

核心肌群和上半身
在做伏地挺身時，骨盆要向下捲收，同時腹肌要收緊。身體下降時手肘稍微往後，以保護三角肌。

階段五
身體保持挺直並收緊核心，進行一次伏地挺身。手肘向外打開朝向天花板，胸部往地面下降；把身體往上推時，收緊大腿肌肉，背部不要下沉或是臀部往上翹。

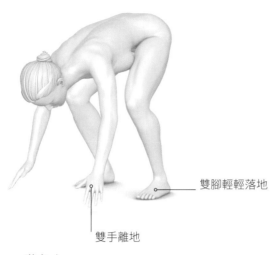

雙腳輕輕落地

雙手離地

階段六
雙腳跳回起始位置，雙腳站穩
地面。

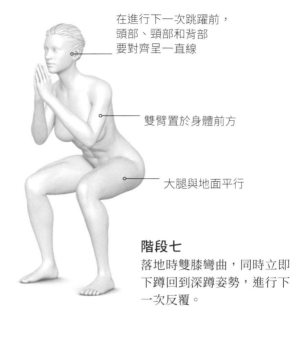

在進行下一次跳躍前，
頭部、頸部和背部
要對齊呈一直線

雙臂置於身體前方

大腿與地面平行

階段七
落地時雙膝彎曲，同時立即
下蹲回到深蹲姿勢，進行下
一次反覆。

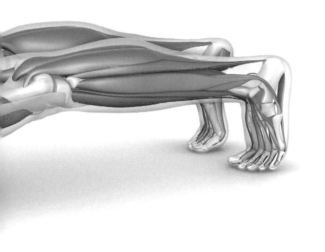

"
波比跳能
加速新陳代謝，
讓你一整天
繼續燃燒熱量

完整的訓練動作執行流程

預備階段　1　　2　　3　　4　　5　　6　　7　　8　　9

熊爬 *BEAR CRAWL*

熊爬是一項以活動度為訓練重點的核心運動，熊爬是全身性的訓練動作，能改善協調性、心血管強度和耐力，並能提升整體運動表現。這項運動可以強化肩部、胸部、背部、臀部、股四頭肌、腿後肌和核心肌群。

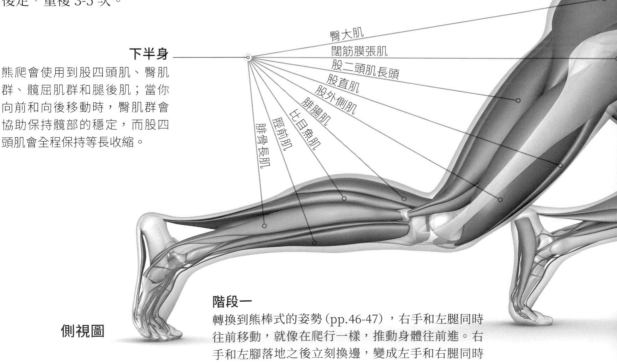

背部發力保持穩定

雙腳打開與髖部同寬

收緊核心

預備階段
擺出高棒式的姿勢（pp.36-37），就好像準備做伏地挺身一樣。 雙手位於肩膀正下方，背部發力保持穩定並收緊核心，雙腳打開與髖部同寬，腳跟離地，以腳尖撐地。

概述

推動身體往前進時，背部要保持平坦。在開始移動之前，核心要收緊，使髖部和肩膀對齊呈一直線。移動時，要全程保持核心收緊的穩定狀態。練習在雙膝離地的狀態下維持桌面式姿勢，頭部不要下垂，這樣會使得頭部與頸部不對齊。移動時，四肢的活動範圍不要超出軀幹之外。如果發現到腿部會往旁邊偏移或是髖部會搖晃，表示爬行的步距可能太大。初學者建議從每次持續 30 秒開始做起，逐步增加到持續 1-2 分鐘，在這段時間內反覆交替往前和往後走，重複 3-5 次。

下半身
熊爬會使用到股四頭肌、臀肌群、髖屈肌群和腿後肌；當你向前和向後移動時，臀肌群會協助保持髖部的穩定，而股四頭肌會全程保持等長收縮。

臀大肌
闊筋膜張肌
股二頭肌長頭
股直肌
股外側肌
腓腸肌
比目魚肌
脛前肌
腓骨長肌

側視圖

階段一
轉換到熊棒式的姿勢（pp.46-47），右手和左腿同時往前移動，就像在爬行一樣，推動身體往前進。右手和左腳落地之後立刻換邊，變成左手和右腿同時向前移動。小步爬行時，身體要保持放低。

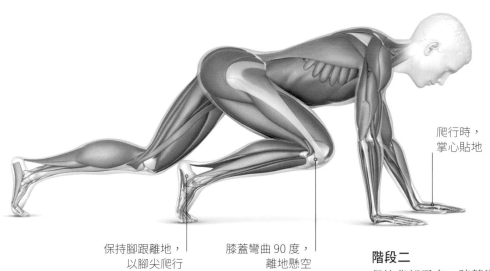

爬行時，
掌心貼地

保持腳跟離地，
以腳尖爬行

膝蓋彎曲 90 度，
離地懸空

階段二

保持背部平直，膝蓋彎曲，離地懸空約
5公分，朝反方向往後爬行與前進相同
的步數。在進行下一次反覆之前，重新
調整姿勢，讓身體呈高棒式姿勢。

上半身和腹部

這個動作可以強化肩膀的三角
肌，以及胸部、背部和腹部的肌
肉。腹部肌肉會保持等長收縮，
豎脊肌會被啟動以平衡脊椎。

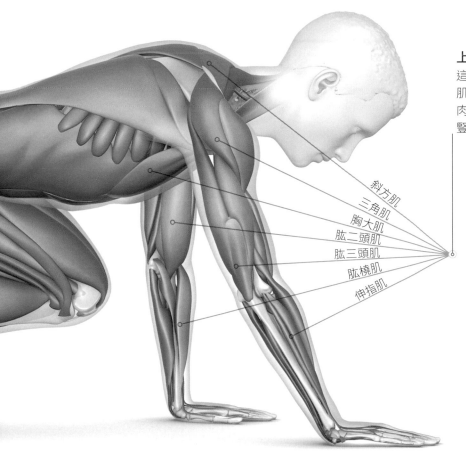

斜方肌
三角肌
胸大肌
肱二頭肌
肱三頭肌
肱橈肌
伸指肌

圖例說明

●‐‐ 關節
○‐ 肌肉
● 肌肉縮短產生
　張力
● 肌肉拉長產生
　張力
● 肌肉拉長但沒
　有產生張力
● 支撐肌肉群沒
　有產生動作

7

全身性訓練

本章將介紹能夠同時鍛鍊到上半身和下半身的全身性運動，每一項都是結合有氧、阻力和徒手訓練的複合式運動，旨在縮短運動時間並燃燒更多熱量。大多數運動都是整合兩個主要訓練動作，串連成一個能鍛鍊到全身的連貫動作流程，每項運動都會提供如何達到正確姿勢和降低受傷風險的詳細說明。

開合跳肩上推舉
JACK PRESS

開合跳肩上推舉是一項能夠提升心肺耐力和肌力的運動，負重進行開合跳旨在訓練肌耐力和爆發力。這項運動可以強化臀肌群、股四頭肌、髖屈肌群和三角肌（肩膀肌肉）。

概述

在進行開合跳動作時，膝蓋必須保持柔軟、腳跟離地，利用前腳掌起跳和落地。在整個鍛鍊過程中，保持核心收緊很重要。初始先從每次持續 30 秒開始做起，再慢慢增加到 1-2 分鐘，重複 3-5 次。等熟練之後可以增加重量。

圖例說明

- --- 關節
- ○ 肌肉
- ● 肌肉縮短產生張力
- ● 肌肉拉長產生張力
- ● 肌肉拉長但沒有產生張力
- ● 支撐肌肉群沒有產生動作

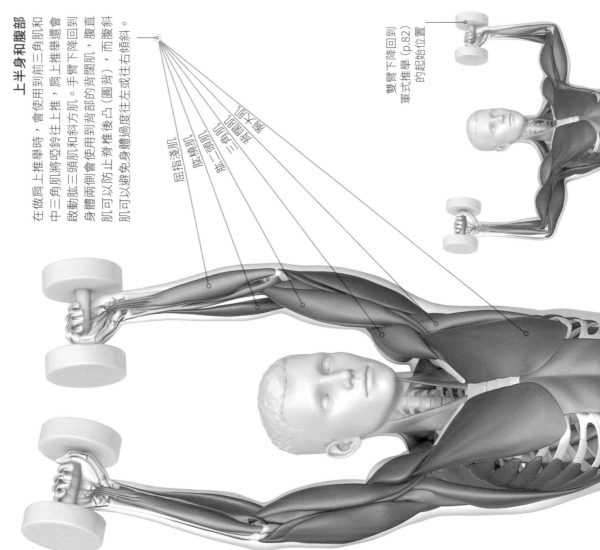

上半身和腹部

在做肩上推舉時，會使用到前三角肌和中三角肌將啞鈴往上推，肩上推舉還會啟動肱三頭肌和斜方肌。手臂下降回到身體兩側時會使用到背部的背闊肌（圓背），而腹直肌可以防止脊椎過度往右傾斜。腹斜肌可以避免身體過度往左或往右傾斜。

- 屈指淺肌
- 肱橈肌
- 肱二頭肌
- 三角肌
- 背闊肌

雙臂下降回到軍式推舉 (p.82) 的起始位置

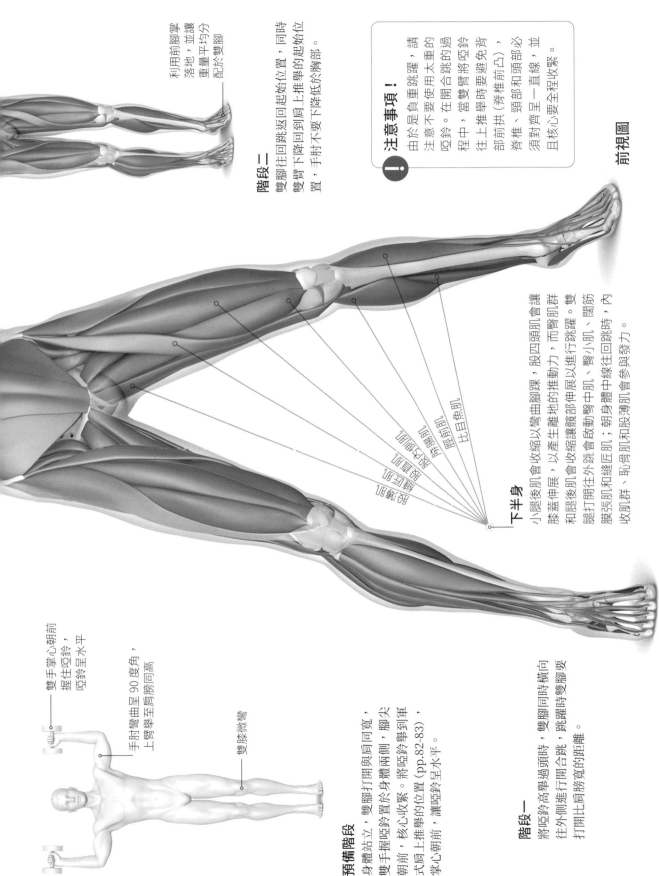

利用前腳掌
落地，並讓
重量平均分
配於雙腳。

階段二
雙腳往回跳返回起始位置，同時
雙臂下降回到同上推舉的起始位
置，手肘不要下降低於胸部。

注意事項！
由於是負重高跳躍，請
注意不要使用大重的過
啞鈴。在開合跳的過
程中，當開合雙臂將啞鈴
往上推舉時要避免背
部前拱（將脊椎前凸），
脊椎、頸部和頭部必
須對齊呈一直線，並
且核心要全程收緊。

前視圖

下半身
小腿後肌會收縮以彎曲腳踝，股四頭肌會讓
膝蓋伸展，以產生離地的推動力，而臀肌群
和腿後肌會收縮讓髖部伸展以進行跳躍。雙
腿打開往外跳讓會啟動臀小肌、臀大肌、闊筋
膜張肌和縫匠肌；朝身體中線往回跳躍時，內
收肌群、恥骨肌和股薄肌會參與發力。

股四頭肌
臀肌群
腿後肌群
脛前肌
腓腸肌
比目魚肌

預備階段
身體站立，雙腳打開與肩同寬，
雙手握住啞鈴置於身體兩側，腳尖
朝前，核心收緊。將啞鈴舉到單
式上推舉的位置（pp.82-83），
掌心朝前，讓啞鈴呈水平。

雙手掌心朝前
握住啞鈴

手肘彎曲呈 90 度角，
上臂舉至肩膀同高

雙膝微彎

階段一
將啞鈴高舉過頭時，雙腳同時橫向
往外側進行開合跳，跳躍時雙腳要
打開比肩覺的距離。

伏地挺身 + 深蹲
PUSH UP AND SQUAT

這個結合兩種運動的全身性訓練可以強化胸部、肩膀、手臂後側和腹部的肌肉，以及位於腋窩正下方的前鋸肌。它還可以強化腿部和臀部的最大肌肉，包括股四頭肌、臀肌群和腿後肌。

概述

在進行伏地挺身時要全程收緊腹肌，想像將肚臍往脊椎方向推進去。從伏地挺身轉換到深蹲姿勢，雙腳在落地時，不是只有腳趾，而是要整個腳掌著地，讓身體重心平均分配以保持平衡。處於深蹲姿勢時，膝蓋不要超過腳尖。

下半身和腿部
股四頭肌、臀大肌和臀中肌、腿後肌、小腿後肌和小腿前側肌肉會維持等長收縮，以協助身體保持穩定。

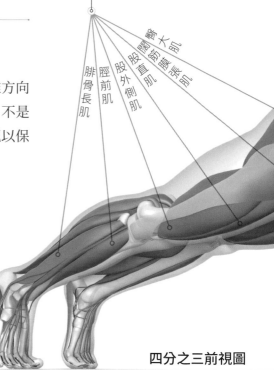

腓骨長肌　脛前肌　股外側肌　股直肌　闊筋膜張肌　臀大肌

四分之三前視圖

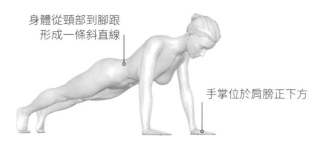

身體從頸部到腳跟形成一條斜直線

手掌位於肩膀正下方

預備階段
擺出高棒式的姿勢（pp.36-37），骨盆向下捲收，頸部保持中立位，手掌位於肩膀正下方。 肩膀往後轉並下壓，同時核心要收緊。

> **⓵ 注意事項！**
> 進行伏地挺身的過程中若核心沒有收緊會導致脊椎往下凹陷，進而對下背部和關節產生壓力。深蹲姿勢不正確會導致膝蓋和下背部受傷，避免膝蓋往內夾、駝背或是腳跟離地。

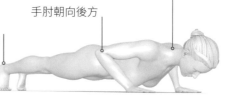

脊椎保持挺直

手肘朝向後方

腳尖撐地、腳跟往後推

階段一
吸氣，腹部往內縮並收緊核心。保持背部平坦，吐氣同時彎曲手肘慢慢讓身體下降，直到胸部輕觸地面。

下頁接續 »

圖例說明
- •-- 關節
- ○ 肌肉
- ● 肌肉縮短產生張力
- ● 肌肉拉長產生張力
- ● 肌肉拉長但沒有產生張力
- ● 支撐肌肉群沒有產生動作

上半身和手臂

上半身肌肉在上升和下降的過程中會收縮，胸大肌、胸小肌、三角肌、背闊肌、菱形肌、斜方肌、肱二頭肌、肱三頭肌和前鋸肌會共同運作讓身體慢慢下降和上升。

斜方肌
三角肌
肱三頭肌
胸大肌
肱二頭肌
肱橈肌

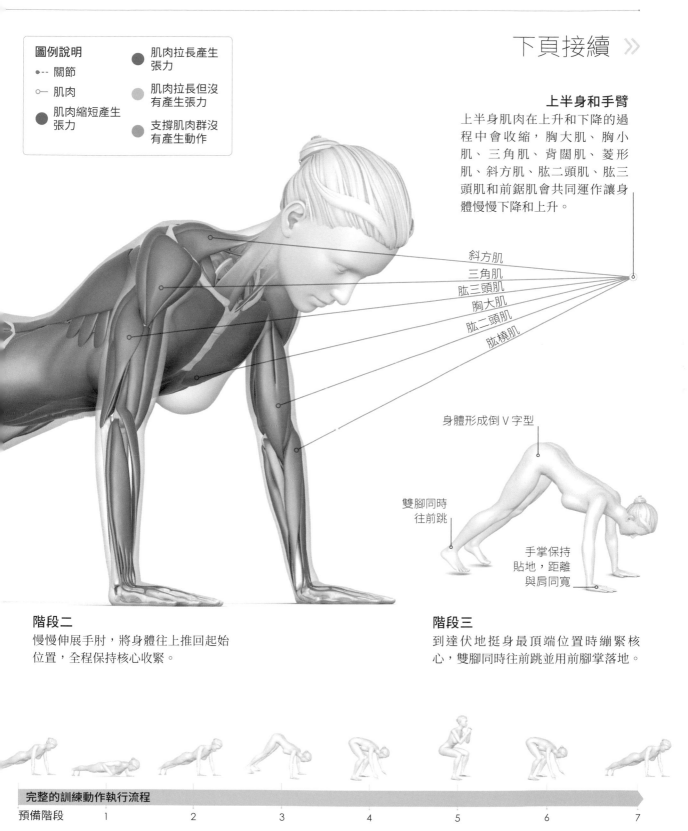

身體形成倒 V 字型

雙腳同時往前跳

手掌保持貼地，距離與肩同寬

階段二

慢慢伸展手肘，將身體往上推回起始位置，全程保持核心收緊。

階段三

到達伏地挺身最頂端位置時繃緊核心，雙腳同時往前跳並用前腳掌落地。

完整的訓練動作執行流程

預備階段　　1　　2　　3　　4　　5　　6　　7

》伏地挺身＋深蹲（接續前頁）

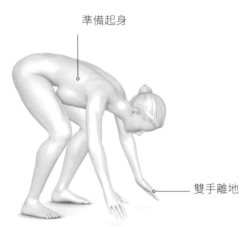

準備起身

雙手離地

階段四
當你落地時，慢慢抬起胸部和頭部，同時雙手抬離地面，雙腿保持穩定。

四分之三前視圖

66 99

深蹲是涉及複雜動作的運動，
因為它會啟動大量的肌肉。
可以改善下半身的活動性，
並且能維持骨骼和關節健康

階段五
讓身體下降至深蹲最底端位置，雙臂往前伸，雙手輕輕交握於胸前，大腿與地板平行，保持這個姿勢 2-3 秒。

上半身和腹部

下蹲時，上半身會保持肌肉張力。在做動作的過程中，核心肌群會全程參與作用，尤其是豎脊肌，以避免身體往前倒並協助支撐脊椎。

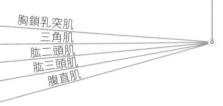

胸鎖乳突肌
三角肌
肱二頭肌
肱三頭肌
腹直肌

下半身和腿部

在進行深蹲動作時，下半身的參與程度是最多的。身體下降時，股四頭肌在膝蓋彎曲時會離心收縮，臀肌群和內收大肌會作用讓髖部伸展。

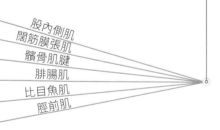

股內側肌
闊筋膜張肌
髕骨肌腱
腓腸肌
比目魚肌
脛前肌

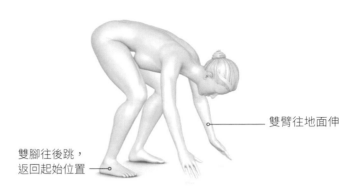

雙臂往地面伸

雙腳往後跳，返回起始位置

階段六

雙手手掌置於地面，然後雙腳往後跳，返回起始位置的高棒式姿勢。

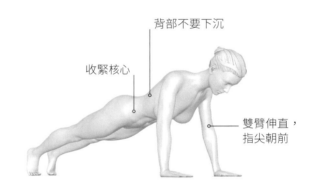

背部不要下沉

收緊核心

雙臂伸直，指尖朝前

階段七

回到高棒式，確認姿勢是否正確，然後再次下降到伏地挺身的姿勢，重複整個動作流程。

完整的訓練動作執行流程

預備階段　　1　　2　　3　　4　　5　　6　　7

伏地挺身 + 屈膝跳
PUSH UP AND TUCK JUMP

這是一種增強式全身性訓練，伏地挺身可以強化胸部、肩膀、手臂後側的肌肉，以及位於腋窩正下方的前鋸肌；屈膝跳是以自身體重為負荷，利用爆發力跳起來。

概述

做伏地挺身時，記得要全程保持核心收緊。在進行這類增強式跳躍運動時，正確的落地很重要。要以全幅度動作進行訓練，這樣會有助你跳躍得更高。藉由控制雙腳、膝蓋和髖部讓自己輕輕落地以保護身體，避免落地的衝擊造成傷害。

下半身
股四頭肌、臀大群和臀中肌、腿後肌、小腿後肌和小腿前側肌肉維持等長收縮，以協助身體保持穩定。

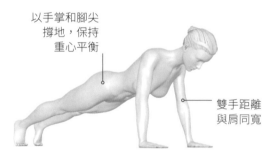

以手掌和腳尖撐地，保持重心平衡

雙手距離與肩同寬

預備階段
擺出高棒式的姿勢（pp.36-37），骨盆向下捲收，頸部保持中立，手掌位於肩膀正下方。肩膀往後旋轉並下壓，同時核心收緊。

臀大肌
闊筋膜張肌
股直肌
股外側肌
脛前肌
腓骨長肌

四分之三側視圖

階段一
吸氣、收緊核心，保持背部平坦，吐氣同時彎曲手肘慢慢讓身體下降，直到胸部輕觸地面，保持脊椎挺直。

> **! 注意事項！**
> 在做任何增強式訓練之前必須做好熱身，如果沒有充分熱身，可能會拉傷膝蓋和關節，並導致身體受傷。

完整的訓練動作執行流程

預備階段	1	2	3

下頁接續 »

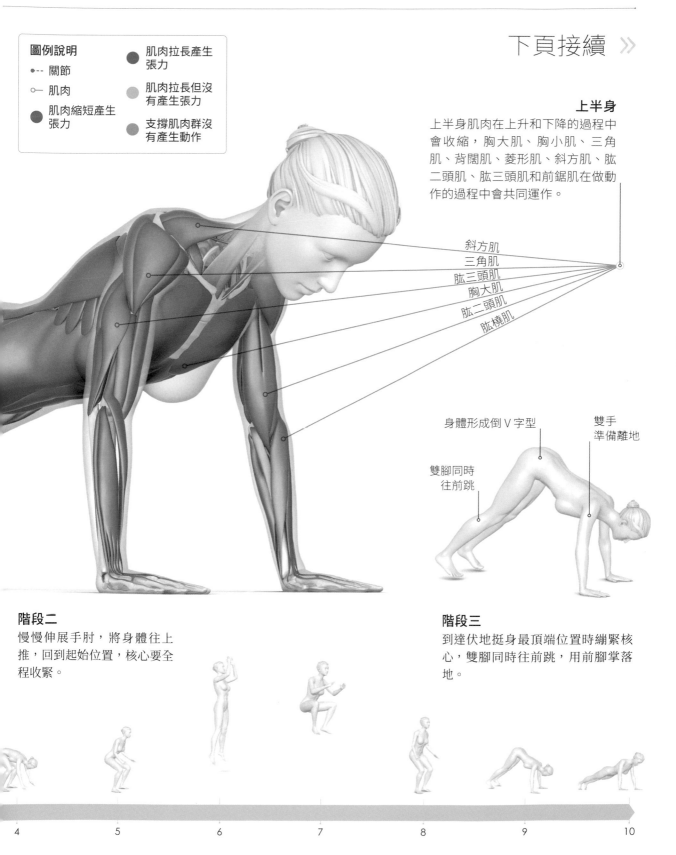

圖例說明

•-- 關節

⟋○ 肌肉

● 肌肉縮短產生張力

● 肌肉拉長產生張力

● 肌肉拉長但沒有產生張力

● 支撐肌肉群沒有產生動作

上半身

上半身肌肉在上升和下降的過程中會收縮，胸大肌、胸小肌、三角肌、背闊肌、菱形肌、斜方肌、肱二頭肌、肱三頭肌和前鋸肌在做動作的過程中會共同運作。

斜方肌
三角肌
肱三頭肌
胸大肌
肱二頭肌
肱橈肌

身體形成倒 V 字型

雙手準備離地

雙腳同時往前跳

階段二

慢慢伸展手肘，將身體往上推，回到起始位置，核心要全程收緊。

階段三

到達伏地挺身最頂端位置時繃緊核心，雙腳同時往前跳，用前腳掌落地。

4　　5　　6　　7　　8　　9　　10

» 伏地挺身 + 屈膝跳（接續前頁）

上半身和腹部
腹部和下背部肌肉（豎脊肌）在身體下降、屈膝上抬和落地時會支撐脊椎；雙臂擺動時，肩膀前側肌肉和肱二頭肌會參與作用。

66 99

下腹部肌肉收緊，
驅動膝蓋向上抬高，
進行屈膝跳動作

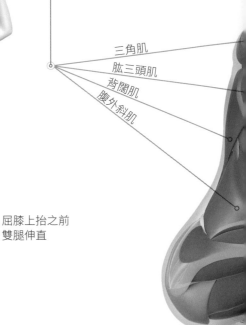

三角肌
肱三頭肌
背闊肌
腹外斜肌

保持挺胸

屈膝上抬之前
雙腿伸直

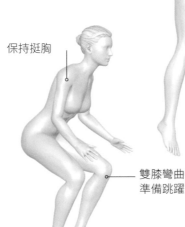

雙膝彎曲
準備跳躍

四分之三側視圈圖

階段四
落地時，慢慢抬起胸部和頭部，雙手抬離地面，雙腿發力保持穩定。

階段五和六
身體呈深蹲姿勢，雙膝彎曲，然後使用腿部肌肉離地垂直往上跳躍，同時雙臂彎曲往前朝上方擺動。

階段七
跳到半空中時，雙膝上抬至髖部高度，形成屈膝跳的姿勢，請注意不要讓腳跟朝向臀部。膝蓋上抬時，雙臂也同時向下移動，手肘朝向膝蓋，往膝蓋靠近。

圖例說明
●-- 關節
○─ 肌肉
● 肌肉縮短產生張力
● 肌肉拉長產生張力
● 肌肉拉長但沒有產生張力
● 支撐肌肉群沒有產生動作

完整的訓練動作執行流程
預備階段　　　　1　　　　　2　　　　　3

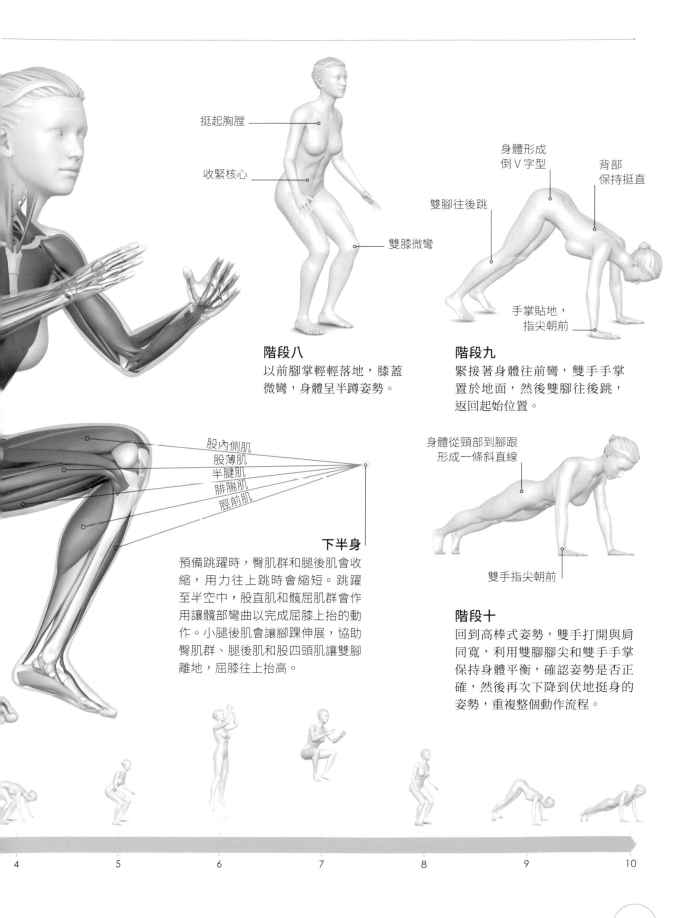

挺起胸膛

收緊核心

雙膝微彎

身體形成
倒 V 字型

背部
保持挺直

雙腳往後跳

手掌貼地，
指尖朝前

階段八
以前腳掌輕輕落地，膝蓋微彎，身體呈半蹲姿勢。

階段九
緊接著身體往前彎，雙手手掌置於地面，然後雙腳往後跳，返回起始位置。

股內側肌
股薄肌
半腱肌
腓腸肌
脛前肌

身體從頸部到腳跟
形成一條斜直線

雙手指尖朝前

下半身
預備跳躍時，臀肌群和腿後肌會收縮，用力往上跳時會縮短。跳躍至半空中，股直肌和髖屈肌群會作用讓髖部彎曲以完成屈膝上抬的動作。小腿後肌會讓腳踝伸展，協助臀肌群、腿後肌和股四頭肌讓雙腳離地，屈膝往上抬高。

階段十
回到高棒式姿勢，雙手打開與肩同寬，利用雙腳腳尖和雙手手掌保持身體平衡，確認姿勢是否正確，然後再次下降到伏地挺身的姿勢，重複整個動作流程。

4   5   6   7   8   9   10

熊棒式 + 伏地挺身
BEAR PLANK AND PUSH UP

這種全身性訓練著重在核心和上半身，熊棒式的鍛鍊目標是臀肌群、腰大肌、股四頭肌、肩膀和手臂的肌肉。伏地挺身可以強化胸部、肩膀、手臂後部、腹部以及腋窩下方的肌肉。

下半身
股四頭肌、臀大肌和臀中肌、腿後肌、小腿後肌和小腿前側肌肉維持等長收縮，以協助身體保持穩定。

概述

做熊棒式時，盡量讓眼睛朝下直視地板，這樣能讓頸部保持中立位。這是一個等長收縮運動，所以維持姿勢不動很重要，因此盡量不要移動或晃動臀部。在做伏地挺身時，要全程保持核心收緊。

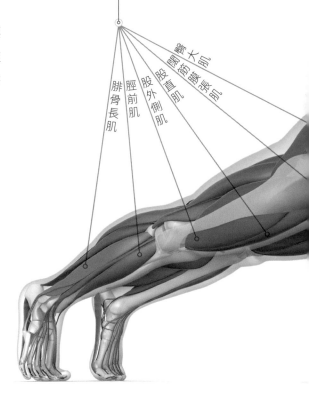

腓骨長肌
脛前肌
股外側肌
股直肌
闊筋膜張肌
臀大肌

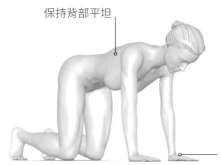

保持背部平坦

雙手掌心貼地，指尖朝前

預備階段
起始姿勢為四足跪姿（雙手撐地、雙膝跪地），背部務必保持平坦，雙手打開與肩同寬，手腕位於肩膀正下方，雙膝距離與髖部同寬。腳趾彎曲，腳跟離地，以腳尖撐地。

> **！ 注意事項！**
> 為避免下背部和關節受傷和承受壓力，核心肌群務必收緊，背部保持平坦，而且脊椎要處於中立位。

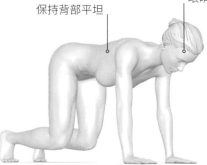

保持背部平坦

眼睛直視地面

階段一
收緊核心（將肚臍往脊椎方向推），手掌壓實地面，然後將膝蓋抬離地面 8-15 公分，臀部須與肩膀等高。維持姿勢 30-60 秒，維持時間長短取決於你的體能水準。

下頁接續 »

圖例說明

- ●-- 關節
- ○- 肌肉
- ● 肌肉縮短產生張力
- ● 肌肉拉長產生張力
- ● 肌肉拉長但沒有產生張力
- ● 支撐肌肉群沒有產生動作

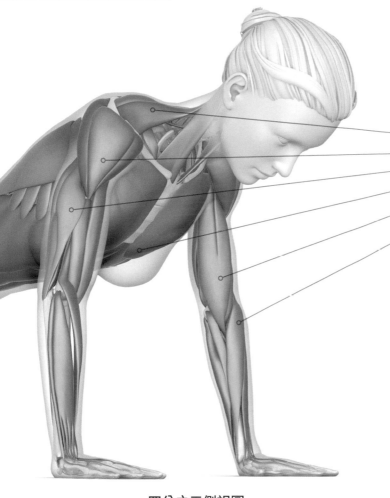

上半身

上半身肌肉在上升和下降的過程中會收縮，胸大肌、胸小肌、三角肌、背闊肌、菱形肌、斜方肌、肱二頭肌、肱三頭肌和前鋸肌會共同運作讓身體能夠上升和下降。

斜方肌
三角肌
肱三頭肌
胸大肌
肱二頭肌
肱橈肌

四分之三側視圖

階段二

雙手依舊放在地板上，雙腳向後跳，讓身體形成高棒式的姿勢（pp.36-37）。這是具爆發性的動作，因此務必收緊核心肌群。擺好高棒式之後，準備做伏地挺身。

完整的訓練動作執行流程

預備階段	1	2	3	4	5	6

≫ 熊棒式 + 伏地挺身（接續前頁）

圖例說明
●-- 關節
○─ 肌肉
● 肌肉縮短產生張力
● 肌肉拉長產生張力
● 肌肉拉長但沒有產生張力
● 支撐肌肉群沒有產生動作

下半身

髖部肌肉、臀肌群、股四頭肌和腿後肌在維持熊棒式的過程中會發力參與作用，當你從高棒式轉換到伏地挺身時，髖部肌肉和腿後肌以及臀肌群會進一步收緊。

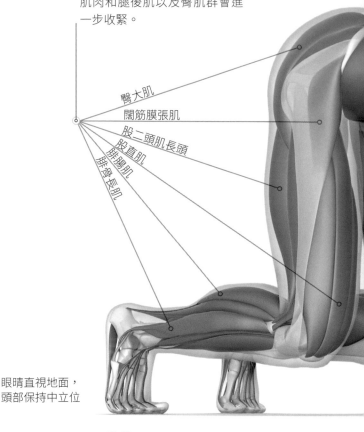

臀大肌
闊筋膜張肌
股二頭肌長頭
股直肌
縫匠肌
腓骨長肌

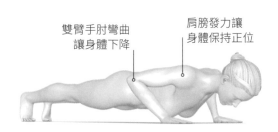

雙臂手肘彎曲讓身體下降

肩膀發力讓身體保持正位

階段三

吸氣，同時收緊核心。吐氣，雙臂手肘朝向後方彎曲，讓身體下降，當胸部輕觸地面時停止下降。

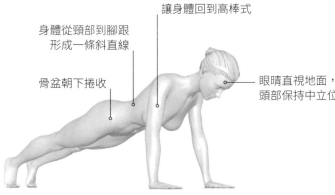

雙臂手肘伸展，讓身體回到高棒式

身體從頸部到腳跟形成一條斜直線

骨盆朝下捲收

眼睛直視地面，頭部保持中立位

階段五

雙腳輕柔緩慢地往前跳，返回熊棒式，四肢著地，背部保持平坦，膝蓋稍微抬離地面，維持熊棒式姿勢 30-60 秒。

階段四

慢慢伸直手臂，同時吐氣，將身體往上推，返回高棒式，並維持姿勢 2-3 秒。

"" 保持核心收緊能增加身體的穩定性，避免手腕受傷

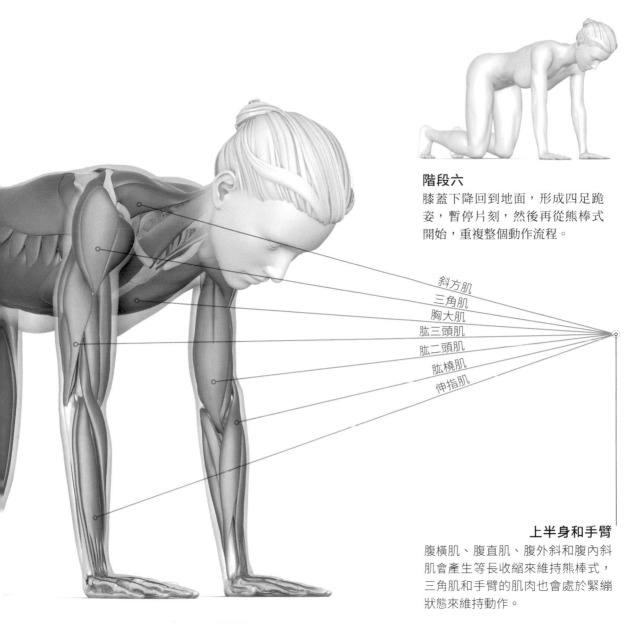

階段六
膝蓋下降回到地面，形成四足跪
姿，暫停片刻，然後再從熊棒式
開始，重複整個動作流程。

斜方肌
三角肌
胸大肌
肱三頭肌
肱二頭肌
肱橈肌
伸指肌

上半身和手臂
腹橫肌、腹直肌、腹外斜和腹內斜
肌會產生等長收縮來維持熊棒式，
三角肌和手臂的肌肉也會處於緊繃
狀態來維持動作。

四分之三側視圖

完整的訓練動作執行流程

| 預備階段 | 1 | 2 | 3 | 4 | 5 | 6 |

高棒式 + 交替碰腳踝 + 伏地挺身
HIGH PLANK, ANKLE TAP, AND PUSH UP

這個多動作組合式訓練可以改善平衡感、協調性和姿勢，並增強核心。每個階段之間的動作轉換能夠提升身體的柔軟度，並增加腹部的緊實度，左右交替碰腳踝能進一步鍛鍊腹外斜肌。

概述

因為這個運動結合了數個動作，因此需要平衡感和協調性才能正確完成。在進行高棒式、交替碰腳踝和伏地挺身這三項訓練動作時，要全程收緊核心，同時雙腿要發力保持穩定，以避免脊椎下沉或拱起。

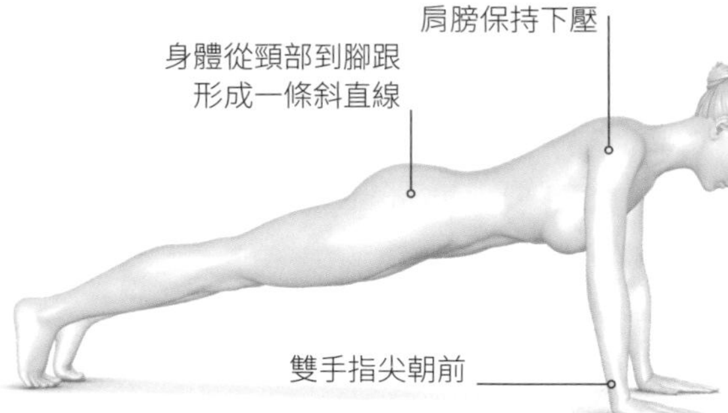

身體從頸部到腳跟形成一條斜直線

肩膀保持下壓

雙手指尖朝前

預備階段
擺出高棒式的姿勢（pp.36-37），雙手打開與肩同寬，背部挺直，雙腳腳尖撐地，雙手置於地面，身體重心放在雙手和雙腳腳尖之間，核心收緊。

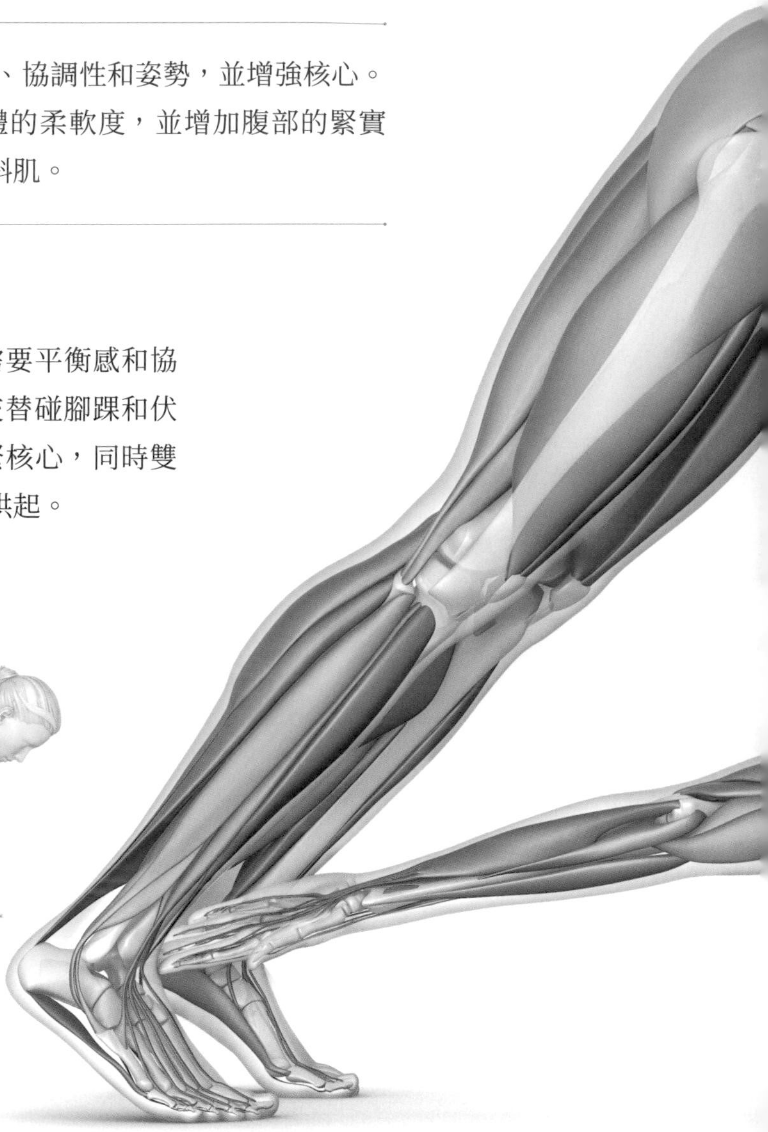

注意事項！
脊椎要保持中立位，並且肩膀要下壓，而不是往上朝耳朵方向聳肩。在做伏地挺身時，要全程保持腹肌收緊，以避免脊椎下沉，這樣會對下背部和關節造成壓力。

階段一
將臀部往上抬高，讓身體形成倒 V 字形，同時左手離地往斜後方輕碰右腳踝，保持該姿勢 2-3 秒。在這樣做時，頭部會自然地向右旋轉。

下頁接續 »

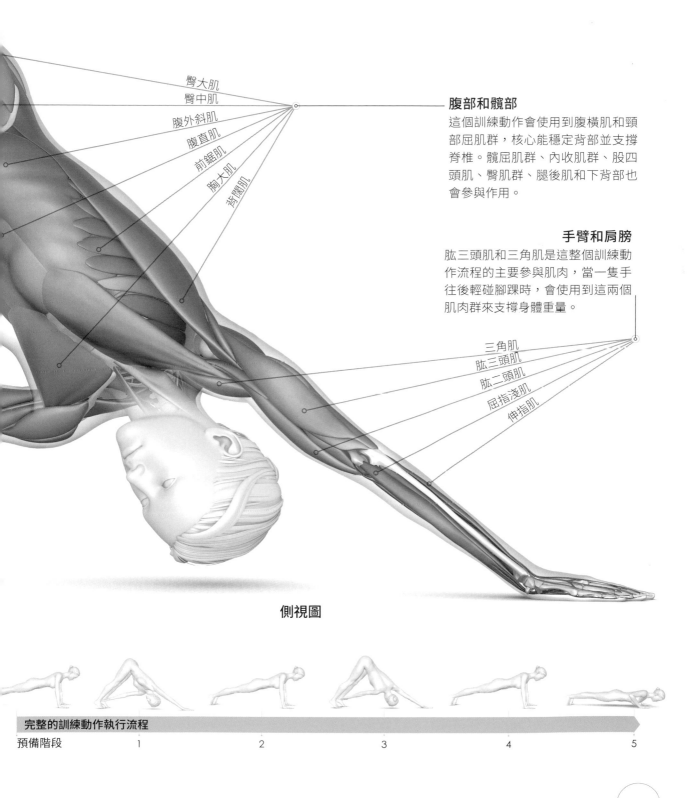

臀大肌
臀中肌
腹外斜肌
腹直肌
前鋸肌
胸大肌
背闊肌

腹部和髖部
這個訓練動作會使用到腹橫肌和頸部屈肌群，核心能穩定背部並支撐脊椎。髖屈肌群、內收肌群、股四頭肌、臀肌群、腿後肌和下背部也會參與作用。

手臂和肩膀
肱三頭肌和三角肌是這整個訓練動作流程的主要參與肌肉，當一隻手往後輕碰腳踝時，會使用到這兩個肌肉群來支撐身體重量。

三角肌
肱三頭肌
肱二頭肌
屈指淺肌
伸指肌

側視圖

完整的訓練動作執行流程

預備階段　　　　1　　　　2　　　　3　　　　4　　　　5

≫ 高棒式＋交替碰腳踝＋伏地挺身
（接續前頁）

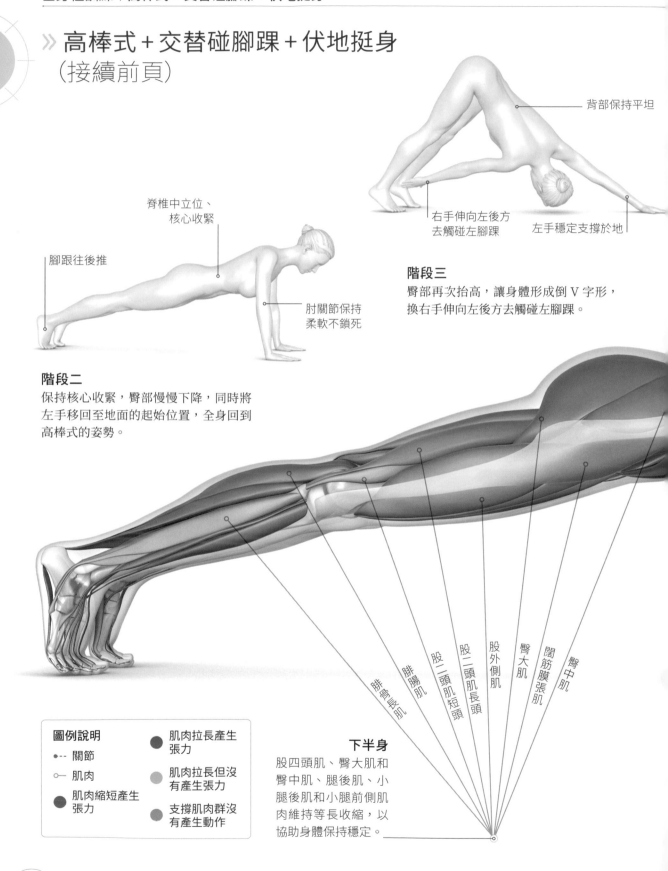

背部保持平坦

脊椎中立位、
核心收緊

腳跟往後推

肘關節保持
柔軟不鎖死

右手伸向左後方
去觸碰左腳踝

左手穩定支撐於地

階段三
臀部再次抬高，讓身體形成倒 V 字形，
換右手伸向左後方去觸碰左腳踝。

階段二
保持核心收緊，臀部慢慢下降，同時將
左手移回至地面的起始位置，全身回到
高棒式的姿勢。

腓骨長肌

腓腸肌

股二頭肌短頭

股二頭肌長頭

股外側肌

臀大肌

闊筋膜張肌

臀中肌

圖例說明

•--‐ 關節

•— 肌肉

● 肌肉縮短產生
張力

● 肌肉拉長產生
張力

● 肌肉拉長但沒
有產生張力

● 支撐肌肉群沒
有產生動作

下半身
股四頭肌、臀大肌和
臀中肌、腿後肌、小
腿後肌和小腿前側肌
肉維持等長收縮，以
協助身體保持穩定。

上半身
上半身肌肉在上升和下降的過程中會收縮，胸大肌、胸小肌、三角肌、背闊肌、菱形肌、斜方肌、肱二頭肌、肱三頭肌和前鋸肌會共同運作讓身體能夠慢慢地上升和下降。

腹外斜肌
腹直肌
背闊肌
肱三頭肌
三角肌
斜方肌
豎脊肌群

階段四
觸碰完兩腳腳踝之後，深吸氣，讓腹部進一步往內縮，並收緊核心，同時返回高棒式姿勢，背部保持平坦，雙手、雙腳打開與肩同寬。

頭部保持中立位，眼睛直視地面

手肘彎曲

全程以腳尖撐地

階段五
吐氣同時彎曲手肘，讓身體慢慢往下降，直到胸部輕觸地面，過程中手肘要稍微朝向後方，脊椎要全程保持挺直。吐氣，把身體往上推，返回高棒式，然後再重複整個動作流程。

側視圖

完整的訓練動作執行流程

預備階段　　　1　　　　2　　　　3　　　　4　　　　5

B BOY 街舞踢腿
B BOY POWER KICKS

這個以核心為鍛鍊重點的運動能夠強化腹斜肌、腹部和下背部肌肉，除此之外，還可以強化肩膀、手臂和腿部，並且能改善心血管強度和耐力。

概述

這是個具挑戰性的心肺有氧運動，初學者一開始時，做動作的速度要放慢，先求姿勢正確。初始先從持續 30 秒開始做起，以 3-5 組為目標，隨著體能和熟練度提升，可以加快速度和增加運動持續時間。

預備階段
一開始雙手和雙膝著地（四足跪姿），然後將雙膝抬離地面 8-15 公分，身體呈熊棒式（pp. 44-45）。手腕位於肩膀正下方，膝蓋與髖部對齊，背部保持平坦。

下半身
在執行踢腿動作時，支撐腿的股四頭肌、腿後肌和臀肌群的肌肉都會等長收縮，動作腿踢腿時需要靠股四頭肌發力，臀肌群則負責穩定髖部。

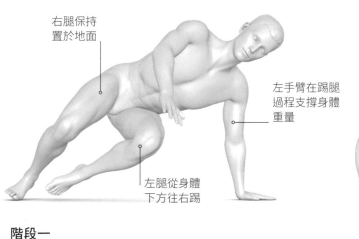

右腿保持置於地面

左手臂在踢腿過程支撐身體重量

左腿從身體下方往右踢

階段一
吐氣，並將右手和左腳抬離地板，髖部向右旋轉，右腳跟放在地板上，同時左腿在身體下方往右踢。伸展左腿，並且腳跟短暫觸地，身體往右旋轉至近乎正面朝向天花板，右手臂高舉過頭頂。

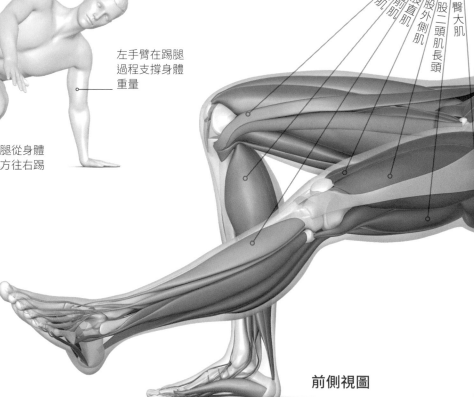

臀大肌
股二頭肌長頭
股外側肌
股直肌
闊筋膜張肌
縫匠肌

前側視圖

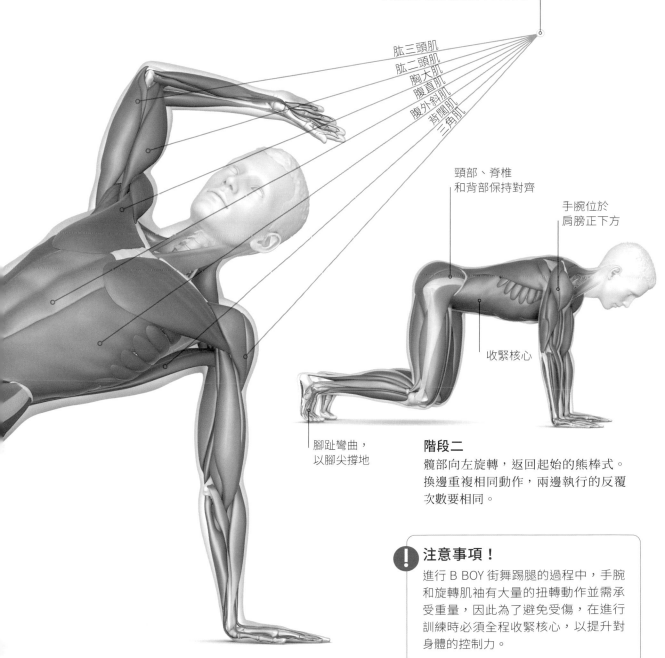

圖例說明

●-- 關節

○— 肌肉

● 肌肉縮短產生
張力

● 肌肉拉長產生
張力

● 肌肉拉長但沒
有產生張力

● 支撐肌肉群沒
有產生動作

上半身和腹部

當四肢著地時，肱三頭肌、
三角肌、胸肌、背闊肌和腹
部肌肉都會參與發力，三角
肌、肱三頭肌以及腹內、外
斜肌在踢腿的過程中會收縮。

肱三頭肌
肱二頭肌
胸大肌
腹直肌
腹外斜肌
背闊肌
三角肌

頸部、脊椎
和背部保持對齊

手腕位於
肩膀正下方

收緊核心

腳趾彎曲，
以腳尖撐地

階段二

髖部向左旋轉，返回起始的熊棒式。
換邊重複相同動作，兩邊執行的反覆
次數要相同。

❶ 注意事項！

進行 B BOY 街舞踢腿的過程中，手腕
和旋轉肌袖有大量的扭轉動作並需承
受重量，因此為了避免受傷，在進行
訓練時必須全程收緊核心，以提升對
身體的控制力。

軍式推舉 ＋ 過頭肱三頭肌伸展

MILITARY PRESS AND OVERHEAD TRICEPS EXTENSION

軍式推舉的動作可以強化胸部、肩膀、手臂和上背部肌肉以及核心肌肉，肱三頭肌伸展的動作則能針對肱三頭肌提供孤立訓鍊。

概述

雙手正握啞鈴，四指朝外，要選用適當重量的啞鈴，以確保全程能夠維持正確姿勢，要注意手肘的位置，手肘須位於手腕正下方或是稍微向內。初學者可以每組 8-10 次，總共 3 組開始做起，待動作熟練之後可逐漸增加重量。

圖例說明
- ●-- 關節
- ○ 肌肉
- ● 肌肉縮短產生張力
- ● 肌肉拉長產生張力
- ● 肌肉拉長但沒有產生張力
- ● 支撐肌肉群沒有產生動作

! 注意事項！

在進行過頭肱三頭肌伸展時，頭部必須保持穩定不動，不要讓頭部移動或晃動。上背部活動度不佳的人，就可能會發生這種情況。

上半身和腹部

除了三角肌，軍式推舉還會啟動其它肌肉，包括肱三頭肌和斜方肌。核心肌群裡的腹直肌能避免脊椎後凸（圓背），而腹斜肌則使力防止身體過度向左或向右傾斜。

- 肱二頭肌
- 肱三頭肌
- 三角肌
- 背闊肌
- 胸大肌
- 腹直肌

下頁接續 »

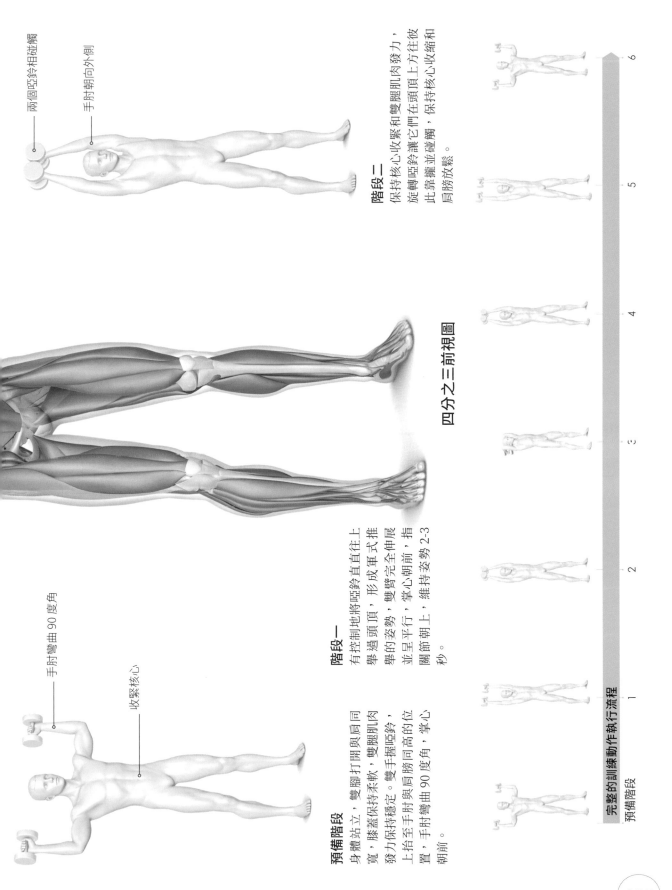

兩個啞鈴令相碰觸

手肘朝向外側

收緊核心

手肘彎曲 90 度角

預備階段

身體站立，雙腳打開與肩同寬，膝蓋保持柔軟，雙腿肌肉發力保持穩定。雙手握啞鈴，上拾至手肘與肩膀同高的位置，手肘彎曲 90 度角，掌心朝前。

階段一

有控制地將啞鈴直直往上舉過頭頂，形成軍式推舉的姿勢，雙臂完全伸展並呈平行，掌心朝前，關節朝上，維持姿勢 2-3 秒。

階段二

保持核心收緊和雙腿肌肉發力，旋轉啞鈴讓它們在頭頂上方任憑此靠攏並碰觸，保持核心收縮和肩膀放鬆。

四分之三前視圖

完整的訓練動作執行流程

預備階段

1　2　3　4　5　6

» 軍式推舉＋過頭肱三頭肌伸展 (接續前頁)

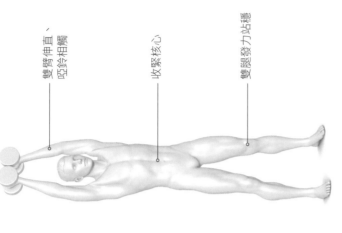

雙臂伸直、
啞鈴相觸

收緊核心

雙腿發力站穩

階段四

當手肘彎曲至 90 度角或稍微再往下一點的位置時，吸氣並反方向將啞鈴往上抬，返回中央頂正上方，過程中啞鈴要始終保持相對。

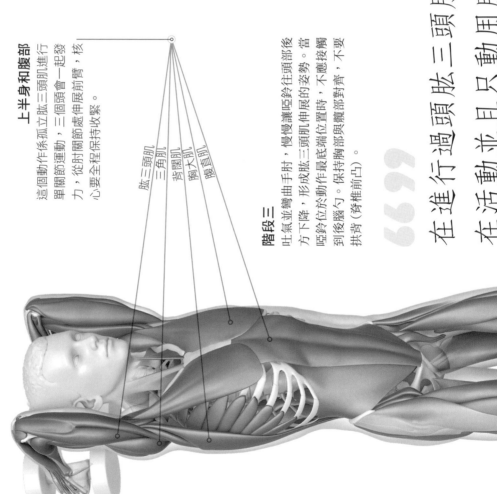

上半身和腹部

這個動作係孤立肱三頭肌進行單關節運動，三個頭會一起發力，從肘關節處伸展前臂，核心要全程保持收緊。

肱三頭肌
三角肌
背闊肌
胸大肌
腹直肌

階段三

吐氣並彎曲手肘，慢慢讓啞鈴啞任頭部後方下降，形成肱三頭肌伸展的姿勢。當啞鈴位於動作最底端位置時，不應接觸到後腦勺。保持胸部與腹部對齊，不要拱背 (脊椎前凸)。

> 在進行過頭肱三頭肌伸展時，只有肘關節在活動並且只動用肱三頭肌，其他關節和肌肉都只有維持張力而不產生動作

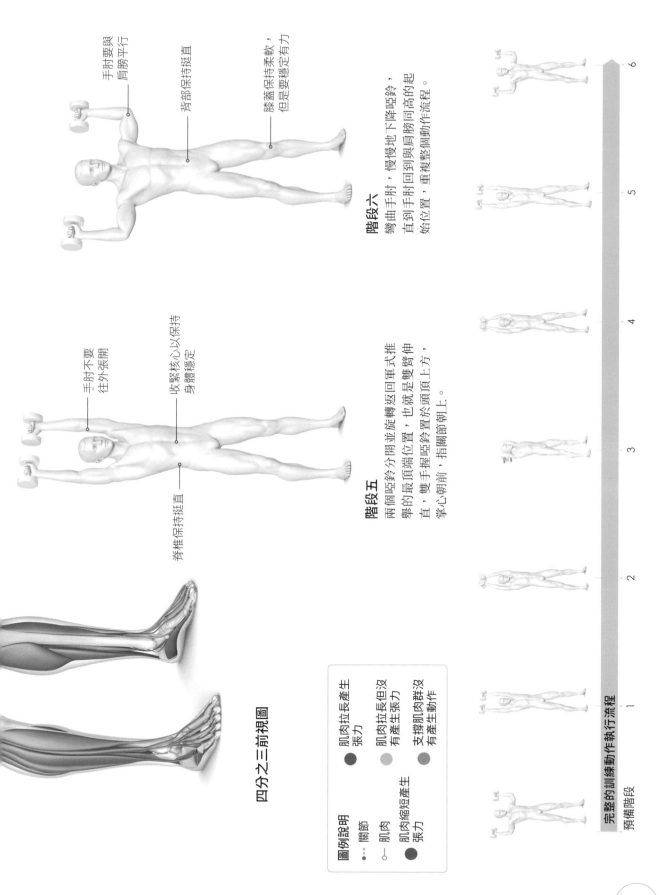

手肘要與
肩膀平行

背部保持挺直

膝蓋保持柔軟，
但是要穩定有力

階段六

彎曲手肘，慢慢地下降啞鈴，
直到手肘回到與肩膀同高的起
始位置，重複整個動作流程。

手肘不要
往外張開

收緊核心以保持
身體穩定

脊椎保持挺直

階段五

兩個啞鈴分開並旋轉返回軍式推
舉的最高頂端位置，也就是雙臂伸
直，雙手握啞鈴置於頭頂上方，
掌心朝前，指關節朝上。

四分之三前視圖

圖例說明

- **-·-** 關節
- **-○-** 肌肉
- ● 肌肉縮短產生
  張力
- ● 肌肉拉長產生
  張力
- ● 肌肉拉長但沒
  有產生張力
- ● 支撐肌肉群沒
  有產生動作

完整的訓練動作執行流程

預備階段　1　2　3　4　5　6

俯身划船 + 錘式彎舉
BENT-OVER ROW AND HAMMER CURL

這是一項複合式功能訓練，俯身划船能強化背部、胸部、上臂和旋轉肌袖的肌肉，錘式彎舉則是針對肱二頭肌。

後側視圖

概述

當身體往前彎執行雙臂划船動作時，彎曲角度不要超過 45 度，要保持背部挺直，不要圓背或拱背，肩膀也要全程保持水平。在進行錘式彎舉時，要緩慢並有控制地舉起啞鈴，不要擺盪啞鈴，手肘保持穩定並維持在固定的位置。上舉和下降的過程中可以在心中默數 1、2、3。整個訓練要執行 3 組，每組 8 次。

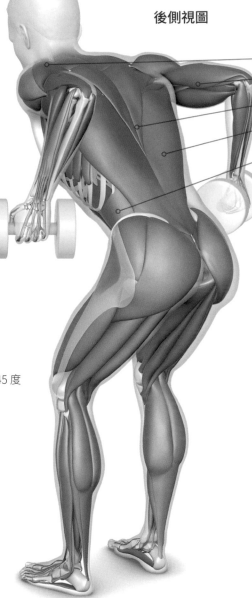

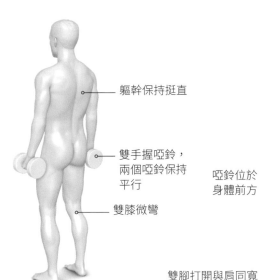

軀幹保持挺直

雙手握啞鈴，兩個啞鈴保持平行

雙膝微彎

雙腳打開與肩同寬

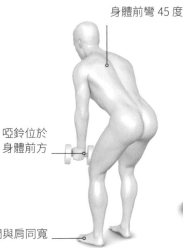

身體前彎 45 度

啞鈴位於身體前方

預備階段
身體站立，雙腳打開與肩同寬，雙膝微彎，雙手各持一個啞鈴，雙臂垂放於身體兩側。

階段一
吸氣同時彎曲髖部，讓身體前彎 45 度，雙膝彎曲並保持背部挺直，此時啞鈴會在身體前方。

階段二
吐氣同時手肘彎曲 90 度，將上臂往後拉高，帶動啞鈴往上抬，直到手肘超過後背，略低於肩膀高度的位置，保持微幅挺胸。

上半身和腹部

背闊肌、菱形肌、豎脊肌和斜方肌都會參與作用，其次是肱二頭肌、前臂肌肉和後三角肌，核心全程收緊以穩定身體並避免圓背。

三角肌
肱三頭肌
斜方肌
背闊肌
腹橫肌

前側視圖

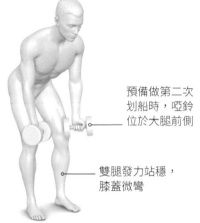

預備做第二次划船時，啞鈴位於大腿前側

雙腿發力站穩，膝蓋微彎

階段三

保持俯身姿勢，吸氣，同時緩慢有控制地下降啞鈴，吐氣，並再執行一次划船動作。

手臂

錘式彎舉能針對肱二頭肌提供孤立訓練，肱二頭肌在彎舉過程中會發力穩定肩關節、腕關節和肘關節。腹直肌、腹外斜肌和腹內斜肌會發揮作用以支撐脊椎，核心在整個訓練程中會收緊。

斜方肌
三角肌
胸大肌
肱二頭肌

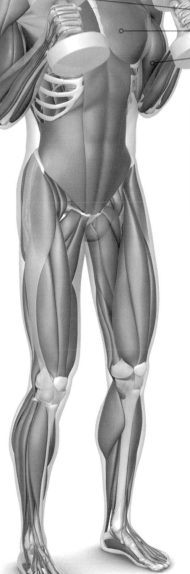

圖例說明
- ●-- 關節
- ○— 肌肉
- ● 肌肉縮短產生張力
- ● 肌肉拉長產生張力
- ● 肌肉拉長但沒有產生張力
- ● 支撐肌肉群沒有產生動作

雙手握穩啞鈴

雙腳全程維持在固定位置

階段四

身體慢慢站直，返回起始位置，然後彎曲手肘，以錘式彎舉的方式將啞鈴往肩膀方向抬高，過程中手肘要維持在固定位置，兩手掌心相對，兩個啞鈴始終呈平行。

階段五

將啞鈴下降返回起始位置，雙手握穩啞鈴置於身體兩側，吸氣並準備彎曲髖部，然後吐氣並重複雙臂划船動作，接著再執行一次錘式彎舉。

後三角肌飛鳥 (反向飛鳥) + 俯身肱三頭肌伸展
REAR DELTOID FLY AND TRICEPS KICKBACK

這個複合式運動能同時鍛鍊到多個肌肉群。主要鍛鍊目標是肩膀後側的後三角肌和上背部的主要肌肉，包括斜方肌，另外也會鍛鍊到肱三頭肌和腹部肌肉。

概述

先從後三角肌飛鳥開始，做這個動作時，肩胛骨會後縮往彼此靠攏；維持身體前彎的俯身姿勢，接著執行肱三頭肌伸展。依據你的體能水準選擇適合的啞鈴重量，建議先從徒手訓練 (無負重) 開始做起，待動作熟練之後再負重訓練。

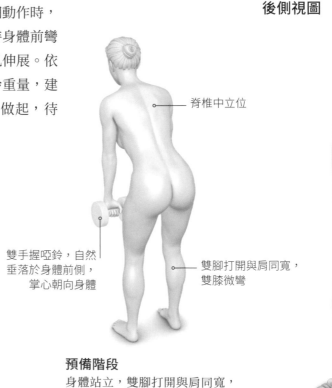

後側視圖

── 脊椎中立位

雙手握啞鈴，自然垂落於身體前側，掌心朝向身體

雙腳打開與肩同寬，雙膝微彎

圖例說明

●-- 關節
○- 肌肉
● 肌肉縮短產生張力
● 肌肉拉長產生張力
● 肌肉拉長但沒有產生張力
● 支撐肌肉群沒有產生動作

預備階段
身體站立，雙腳打開與肩同寬，雙手握啞鈴，自然垂放於身體前側，以髖關節為軸心將臀部往後推 (髖關節鉸鏈動作)，讓胸部順勢往前。

下頁接續 »

階段一

吐氣,將雙臂往身體兩側抬高,肩胛骨往中間靠攏,肩胛骨往脊椎靠攏時,手肘要柔軟微彎,試著維持此姿勢 2 秒鐘。

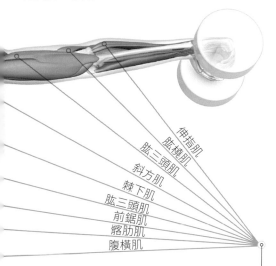

伸指肌
肱橈肌
肱三頭肌
斜方肌
棘下肌
肱三頭肌
前鋸肌
髂肋肌
腹橫肌

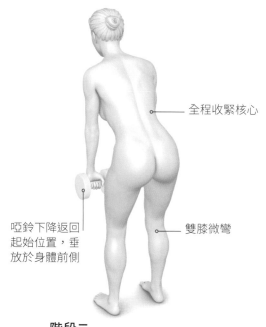

全程收緊核心

啞鈴下降返回起始位置,垂放於身體前側

雙膝微彎

階段二

吸氣同時將啞鈴下降返回起始位置,避免圓背和肩膀往前內縮;收下巴以保持脊椎中立位,並正常呼吸。

上半身

後三角肌飛鳥主要針對的是上背部幾塊肌肉和三角肌,後三角肌是主要徵召的肌肉,此外也會徵召中斜方肌、下斜方肌、菱形肌、棘下肌和小圓肌。

❗ 注意事項!

避免圓背,因為這樣會對脊椎造成壓力。啞鈴過重可能會導致圓背,並且會讓你借助擺盪啞鈴產生的動量舉起啞鈴,而不是使用目標肌肉。

完整的訓練動作執行流程

預備階段　　1　　　　2　　　　3　　　　4　　　　5　　　　6

》後三角肌飛鳥 + 俯身肱三頭肌伸展
(接續前頁)

圖例說明

- ●-- 關節
- ○- 肌肉
- ● 肌肉縮短產生
  張力
- ● 肌肉拉長產生
  張力
- ● 肌肉拉長但沒
  有產生張力
- ● 支撐肌肉群沒
  有產生動作

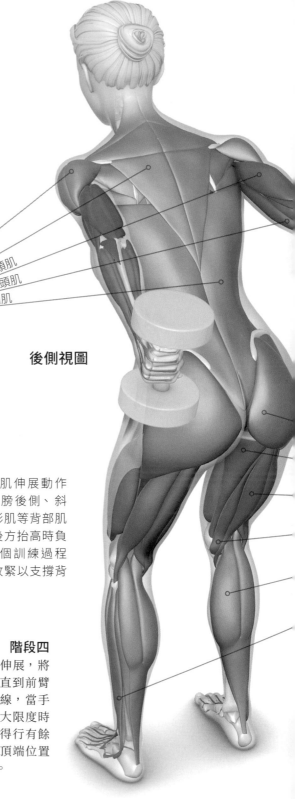

三角肌
斜方肌
肱三頭肌
肱二頭肌
背闊肌

後側視圖

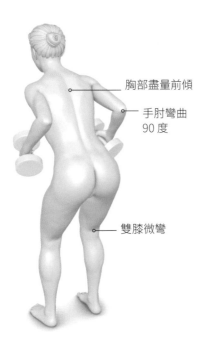

胸部盡量前傾

手肘彎曲
90 度

雙膝微彎

階段三

手肘朝身體後方彎曲,準備上抬啞
鈴;上半身從髖關節處往前彎,胸
部與地板幾乎平行。

上半身和腹部

肱三頭肌是肱三頭肌伸展動作
的主動肌, 包括肩膀後側、斜
方肌、背闊肌和菱形肌等背部肌
肉,在手臂往身體後方抬高時負
責穩定軀幹。在整個訓練過程
中,腹部也會保持收緊以支撐背
部。

階段四

雙臂往身體後方伸展,將
啞鈴往上抬高,直到前臂
與上臂呈一條直線,當手
臂達到伸展的最大限度時
吐氣。如果你覺得行有餘
力,可在動作的頂端位置
維持姿勢 2 秒鐘。

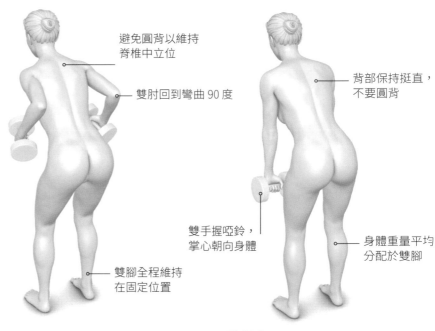

避免圓背以維持脊椎中立位

雙肘回到彎曲 90 度

雙腳全程維持在固定位置

背部保持挺直，不要圓背

雙手握啞鈴，掌心朝向身體

身體重量平均分配於雙腳

階段五

吸氣同時慢慢地讓啞鈴回到身體前面，不要擺盪啞鈴：可以讓啞鈴瞬間暫停一下以減少動量。

階段六

伸直雙臂並將啞鈴放回預備階段的起始位置，重新調整姿勢和呼吸，然後再次執行後三角肌飛鳥，重複執行整個動作流程。

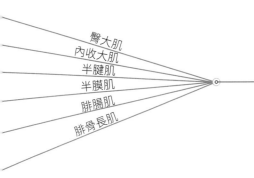

臀大肌
內收大肌
半腱肌
半膜肌
腓腸肌
腓骨長肌

下半身

下半身在這個運動裡是扮演維持身體穩定的角色，臀肌群會全程保持等長收縮。夾緊臀肌能讓髖部固定在適當的位置，並保持脊椎中立位。

完整的訓練動作執行流程

預備階段　　　1　　　　2　　　　3　　　　4　　　　5　　　　6

相撲深蹲 + 錘式集中彎舉
SUMO SQUAT AND HAMMER CONCENTRATION CURL

這套訓練能強化臀肌群、股四頭肌、腿後肌、髖屈肌群、小腿肌群和核心肌群，主要的鍛鍊重點在髖部和大腿內側。錘式集中彎舉可以強化上臂前部的肱二頭肌，以及下臂的肱肌和肱橈肌。

概述

在進行相撲深蹲時，不要讓膝蓋往內夾，要全程挺直胸膛、不要駝背，並讓核心參與發力，這將有助於保持正確姿勢。進行集中彎舉的過程中，手肘需始終緊貼在大腿上。

圖例說明
- ●-- 關節
- ○— 肌肉
- ● 肌肉縮短產生張力
- ● 肌肉拉長產生張力
- ● 肌肉拉長但沒有產生張力
- ● 支撐肌肉群沒有產生動作

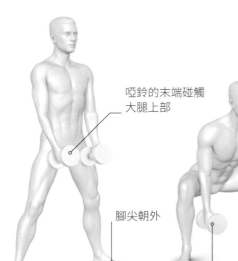

啞鈴的末端碰觸大腿上部

全程挺直胸膛

腳尖朝外

兩個啞鈴位於雙腿之間並且呈平行

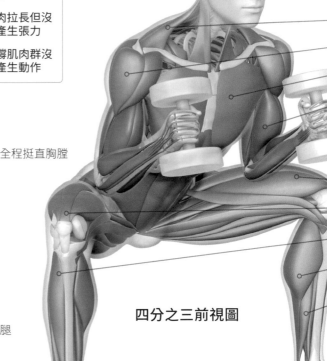

四分之三前視圖

預備階段
身體站立，雙腿打開超過肩寬，腳尖往外轉45度，雙手各握一隻啞鈴靠在大腿前側，手臂放鬆，準備下蹲。

階段一
開始彎曲髖部和膝蓋，慢慢將臀部向後推。身體往下蹲時，胸膛要保持挺直，膝蓋朝向外側，兩個啞鈴位於雙腿之間。

階段二
維持相撲深蹲的姿勢，雙肘靠在大腿上面，掌心朝向身體中線。以肘關節為軸心彎曲手臂（肘關節鉸鏈動作），將兩個啞鈴往上抬，直到碰觸到肩膀。

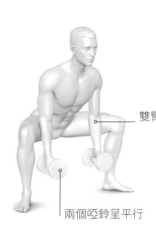

雙臂碰觸大腿內側

兩個啞鈴呈平行

階段三
維持相撲深蹲,將啞鈴下降到
在位於雙腿之間的起始位置,
胸部朝前。

斜方肌
三角肌
胸大肌
肱二頭肌

上半身
肱二頭肌、肱肌、肱三頭
肌、屈指肌、胸肌和前鋸肌
都是鍛鍊的目標,腹直肌負
責支撐脊椎。

股內側肌
股直肌
脛前肌
腓腸肌
比目魚肌

下半身
腿後肌、股四頭肌、內收
肌群、外展肌群、臀肌群
在相撲深蹲的底端位置會
等長收縮。

上半身和腹部
雙臂以伸直的狀態握住
啞鈴時會持續出力,維
持肌肉張力,腹部肌肉
負責穩定脊椎。

斜方肌
三角肌
胸大肌
肱三頭肌
腹直肌
肱二頭肌
肱橈肌
屈指淺肌

下半身
相撲深蹲會強化股
四頭肌、臀部肌
肉、髖部肌肉、腿
後肌和小腿肌群,
特別針對大腿內側
和髖外展肌群。

股外側肌
股內側肌
股直肌
脛前肌
腓腸肌
比目魚肌

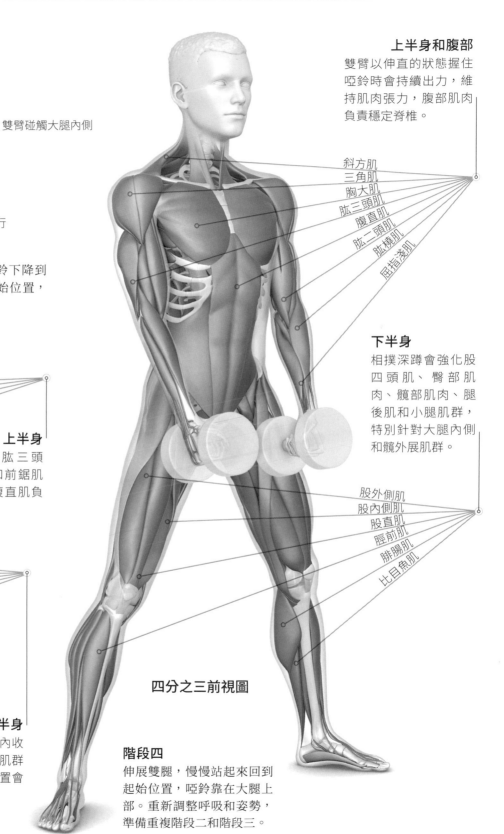

四分之三前視圖

階段四
伸展雙腿,慢慢站起來回到
起始位置,啞鈴靠在大腿上
部。重新調整呼吸和姿勢,
準備重複階段二和階段三。

8

HIIT 訓練課程

本章針對初級、中級和高級運動者設計了 42 個 HIIT 例行訓練課程，並區分成全身、上半身或下半身訓練。每項運動的執行時間和組數，請依據自己的體能和健康狀況決定。也可以將訓練課程合併，以延長健身時間。在本章還可以找到有關熱身運動、緩和運動、如何規劃訓練計劃以及如何為自己量身訂作健身課程的相關建議。

開始訓練前的注意事項

在執行任何訓練之前,要先找到適合自己的健身運動,本書中有專為初學者、中階和高階運動者設計的訓練計劃。為了達到最大訓練效益,必須從當前體能狀況能夠負荷的強度開始做起,並隨著肌力和心肺能力的提升逐步增加訓練強度,你可以利用下面的體能測試來決定自己訓練的起點。

在你開始執行 HIIT 訓練之前,必須先評估自己目前的體能水準。這個簡單的評估能協助你了解該從哪裡開始,並為訓練進度提供衡量的基準。

評估自己的體能水準

在開始執行訓練計劃之前,請利用以下的自體體重阻力測驗來確認你目前的體能水準,測驗的結果將顯示出你在健身旅程當中的目前所在位置。

進行測驗

這項評估需要執行以下五項常見的 HIIT 運動:俯地挺身、深蹲、深蹲跳躍、仰臥起坐和波比跳。在開始之前,請先閱讀下列說明。

1. 每個運動執行 30 秒。

2. 每個運動結束後休息 30 秒。

3. 記錄自己執行每個運動時,在 30 秒內所能完成的反覆次數。

4. 完成所有運動之後,將全部的反覆次數加總就是你的得分。

依照得分決定自己的起始訓練級別	
反覆次數加總在 80 次以下	從 Level 1 的初級開始
反覆次數加總在 81-104 次之間	從 Level 2 的中級開始
反覆次數加總超過 105 次	從 Level 3 的高級開始

俯地挺身
(pp.64-65)

深蹲
(pp.96-97)

深蹲跳躍
(pp.132-133)

仰臥起坐
(pp.50-51)

波比跳
(pp.146-149)

你適合什麼級別的訓練？

完成體能評估之後，確認自己是初學者、中階還是高階運動者，並選擇開始訓練的適當級別。

⭐ Level 1
初級：適合 HIIT 新手
如果體能測驗的反覆次數加總在 80 次以下，請從初級開始。從這裡開始打下良好的穩固基礎，讓你最終能夠進步至更高級別的 HIIT 訓練。利用這段時間追求正確的姿勢和呼吸技巧，從徒手訓練(無負重)或是極輕負重開始做起。

每項運動的持續時間：30 秒
每項運動之間的休息時間：15 秒
組數：2-3 組
組間休息時間：30-60 秒

⭐ Level 2
中級
若評估的結果是從中級開始，代表你已經有相當不錯的基礎。但即便是中級訓練，最好還是先從較輕阻力開始做起，再逐步增加阻力強度會比較好，可以先利用延長運動持續時間和縮短休息時間來增加挑戰性，之後隨著體能狀況提升，再視情況增加負荷重量。

每項運動的持續時間：45 秒
每項運動之間的休息時間：15 秒
組數：3-4 組
組間休息時間：30-45 秒

⭐ Level 3
高級
若得分超過 105 次意味著你的體能狀況已經很好，但仍可嘗試自我挑戰和突破，讓自己更上一層樓。可藉由增加重量、縮短休息時間和延長運動持續時間來增加挑戰性，讓你的心肺能力、肌力和肌耐力獲得進一步的提升。

每項運動的持續時間：60 秒
每項運動之間的休息時間：無
組數：4-5 組
組間休息時間：30-45 秒

體脂肪成分

眾所皆知，HIIT 訓練在運動結束之後也能繼續燃燒脂肪 (pp.16-17)，在你展開這場訓練旅程之前，先了解自己身體的狀況可能會有幫助。體脂肪成分意指構成身體總重量的不同成分－肌肉、骨骼和脂肪。有幾種方法可以計算體脂肪：透過身體質量指數 (BMI)、使用皮脂夾或捲尺測量皮下脂肪厚度，還可以利用幾個線上體脂計算器來幫助你計算體脂肪。

計算體脂肪
使用一個廣泛評估體脂肪的公式：BMI 公式來計算體脂肪。

公式
公制：體重 (公斤) ÷ 身高^2 (公尺)
英制：體重 (磅) ÷ 身高^2 (英吋) × 703

範例
65 kg ÷ 1.8 m^2 = BMI 20.06 (正常)
160 lb ÷ 65 in^2 × 703 = BMI 26.62 (過重)

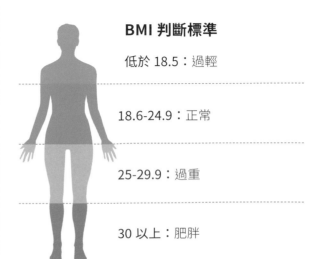

BMI 判斷標準

低於 18.5：過輕

18.6-24.9：正常

25-29.9：過重

30 以上：肥胖

規劃訓練計劃

當我在為健美比賽做準備時制訂了一個為期 13 週的計劃，其中包括了健身訓練、膳食規劃和飲食控制。一個明確的計劃能為我們開創一條通往目標的道路，訓練很重要，但要避免過度訓練，同時要配合適當的恢復技巧，以及能為身體提供充足能量的營養計劃。

我應該多久訓練一次？

HIIT 訓練不需要每天進行，這些極快速的例行訓練，目的是要讓你竭盡最大努力去執行運動。每個人都想快速塑身和減肥，HIIT 訓練無疑是很好的選擇。它是一種耗時較短的運動，目的在盡可能地提高心跳率、促進代謝和燃燒脂肪，HIIT 訓練讓你無需耗費大量時間在跑步機上面。

HIIT 訓練結束後發生的脂肪燃燒現象被稱為「運動後過度耗氧量」（簡稱 EPOC，pp.16-17），這意味著能夠燃燒更多的熱量，並且能促進代謝和燃燒脂肪。

由於 HIIT 訓練大多屬於高強度運動，因此要小心運動過度，體能評估測驗（p.188）會告訴你該從哪個級別開始。建議一開始時每週訓練三到四次，若是 HIIT 訓練新手，或許可從每週一次開始，直到身體適應。等你的身體習慣這樣的訓練之後，可以增加每週的訓練天數，但是兩次訓練之間要給予至少 24 小時的恢復時間。

適當的恢復時間是怕肌肉過度訓練。若是過多的體力活動，再加上休息時間過少而且沒有恢復期，會對關節造成壓力。當肌肉痠痛和過度勞累時將會影響體能表現，進而導致受傷。

每週計劃
在規劃每週的健身訓練時，必須涵蓋不同的肌肉群，例如，不要連續兩天進行下半身訓練，以免腿部肌肉過度勞累。兩次訓練課程的間隔時間也很重要，以便讓身體有適當的恢復時間。

規劃範例
如果你選擇每週訓練四次，第一天可安排以上半身為主的訓練，第二天則安排下半身訓練，第三天是著重在腹肌的訓練，第四天則是全身性訓練。

依照體能水準進行訓練
完成體能評估測驗會讓你更加清楚了解自己的健身之旅應該從哪裡啟程。

Level 1：初級
如果你是從這個級別開始訓練，每週只需進行 1-2 天的 HIIT 訓練即可。此外，請務必遵守體能評估測驗所建議的執行組數、運動持續時間和休息時間。

Level 2：中級
如果經過體能評估測驗，你是屬於中級，請從每週進行 2-3 天的 HIIT 訓練開始做起。此外，請務必遵守體能評估測驗所建議的執行組數、運動持續時間和休息時間。

Level 3：高級
如果你的體能水準被評比為高級，請以每週進行 3-4 天的 HIIT 訓練為目標。此外，請務必遵守體能評估測驗所建議的執行組數、運動持續時間和休息時間。

如何讓訓練持續進步？

我最喜歡的一句話是「只要你願意，一定可以更上一層樓」，如果你覺得自己處於平原期，下面有幾種方法可以增加訓練強度。

增加組數
讓訓練晉升到新級別的一種方法是增加組數，這意味著你進行整套訓練動作的運動時間也會跟著增加，增加組數必定會讓身體承受更大的挑戰。

漸進式 RIR
「保留次數」（RIR）意指完成一組動作之後，保留還能多做幾下的力氣，換句話說，就是要達到力竭還可以再多做的次數。訓練時可將目標設定為 4-5 RIR，以達到最大訓練刺激。

增加反覆次數和負荷量
除了增加阻力之外，增加運動反覆次數也是增加肌肉量（肌肥大）的可行方法，這樣做能讓訓練更具挑戰性。

恢復
恢復的重要性不亞於訓練，訓練過度會讓身體沒有足夠時間獲得良好的恢復，並且會讓訓練的效益打折扣，下面會詳細地介紹幾種恢復的方法。

恢復的方法

我最喜歡的另一句話是「訓練有多努力，恢復就要同等努力」。超過 30 歲，訓練與恢復最好的比例是 1：1，因此，每訓練一個小時，就需要一個小時來恢復，絕大多數來健身的客人可能會認為這代表要做伸展一個小時，但恢復有很多形式，以下是一些其他恢復方法。

補充水分和營養
水能協助將氧氣輸送到身體細胞，讓身體系統能正常運作，水還有助於清除體內的毒素。若有出汗，就需要補充水分的流失。我教給客人的經驗法則是：當你覺得口渴時就代表你已經脫水了（p.27）。

至於飲食，則請參考本書的營養指南（pp.26-27），以了解如何為你的訓練提供適當能量，這會帶來截然不同的結果。很多人不知道人體 80% 的免疫系統是在腸道內，因此若腸道能保持健康，人體往往能夠更快、更有效地抵抗感染。

伸展
伸展有助於舒緩緊繃感並提高柔軟度，進行 HIIT 訓練時，肌肉會收縮，因此藉由伸展來拉長肌肉很重要，否則可能會導致肌肉失衡，肌肉失衡會為關節帶來壓力並造成受傷。此外，讓肌肉放鬆，能增加身體的活動幅度，有助你以正確的姿勢進行訓練。

伸展招式包括站姿股四頭肌伸展、弓步脊椎扭轉、肱三頭肌伸展、四字形伸展、貓式伸展、90/90 伸展、快樂嬰兒式、弓步髖屈肌伸展、蛙式伸展和蝴蝶式伸展。

使用滾筒
滾筒按摩是一種**自我肌筋膜放鬆**（SMR）技術，有助於舒緩肌肉緊繃、酸痛和發炎現象；此外，它還可以改善活動幅度。因此，在熱身或放鬆時加入滾筒運動會有很大的幫助。

在做滾筒運動時，先從較輕的力道開始做起。你可能會發現肌肉很緊繃，並且可能會感到疼痛，藉由減少下壓在滾筒上的體重來調整施加在按摩部位的壓力。先從持續滾動約 10 秒開始做起，然後逐步增加 30-60 秒。如果你是滾筒運動的新手，可以向專業人士尋求協助或是上網搜尋相關資訊。

建立並持續執行自己的例行訓練

開始新的訓練計劃時，最好能制訂一個有助於養成習慣的例行訓練。養成一個習慣需要 18 天，從習慣變成自發性的行為需要 66 天，而打破習慣只需要 2 天。制訂行動計劃不僅有助於養成更健康的新習慣，還能為你的健身目標提供明確的指引。

訓練動作的學習

在開始之前詳細閱讀內容很重要，我總是說要把東西讀過三遍，如果有任何問題，把它們寫下來，你的問題很可能會在本書找到答案。

每天的訓練都必須做好相關事前準備，並且清楚了解執行每個訓練動作的正確姿勢。如果你對某個訓練動作覺得不熟練，請翻到該動作的那一頁，詳讀執行步驟和正確姿勢的相關指引。

由於健身訓練需全神貫注，因此在訓練期間若能在不花時間翻書的情況下正確執行每一個動作，這會有助你持續保持最佳運動狀態。

藉由健身訓練提升心血管強度和耐力

有些訓練動作會比較偏向有氧運動，其目的在提高心跳率。增加心肺耐力可改善肺部和血液的攝氧量，讓身體能夠從事更長時間的體能活動。

耐力是指一個人維持長時間運動的能力，有氧耐力通常可與心血管適能劃上等號，其需要藉助循環和呼吸系統為肌肉提供能量，讓身體活動能夠更持久。有氧運動還有助於燃燒熱量和脂肪並促進代謝。有氧代謝的主要副產品是二氧化碳，身體會藉由血液和肺部將之排出。

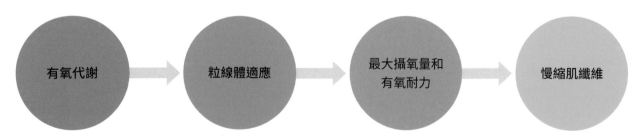

有氧代謝 → 粒線體適應 → 最大攝氧量和有氧耐力 → 慢縮肌纖維

有氧代謝是指身體在有氧的情況下將儲存的營養物質（主要是葡萄糖）轉化為能量攜帶分子（ATP）。

有氧代謝發生在肌肉細胞的粒線體中，有氧訓練可以增加粒線體數量並改善其功能。

最大攝氧量 (VO$_2$ max) 是指一個人在進行力竭運動時可以使用氧氣的最大值，HIIT 運動已被證實能讓最大攝氧量提升 20%。

慢縮肌纖維利用氧氣的效率較高，它們的收縮速度比快縮肌纖維慢，但是在肌肉疲勞之前能持續收縮很長的時間。

重量的選擇

依據自己的現況設定訓練的起始點很重要，務必要找到平衡點，尤其當你是 HIIT 訓練新手時，因此，請選擇一個具有挑戰性又不會過重的訓練重量。你必須知道如何選擇適當的重量，因為這會影響到訓練的安全性和有效性。每項新接觸的訓練動作都要從自己可以輕鬆舉起的重量開始做起，然後根據訓練評估結果和想要達成的反覆次數去逐步增加重量。

自由重量

自由重量包括啞鈴、槓鈴和壺鈴。無論是六角形、圓形還是可調整式的啞鈴，其重量都會標示在側邊，啞鈴通常是成對使用，請從你能夠負荷和駕馭的重量開始做起，等你適應和熟練之後，可以逐步增加重量以提升挑戰性。

六角形固定式啞鈴

可調整式啞鈴

圓形固定式啞鈴

啞鈴

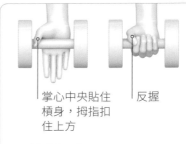

掌心中央貼住槓身，拇指扣住上方　　反握

啞鈴的握法

抓握啞鈴的姿勢對於穩定支撐重量以及減輕手部疼痛來說很重要，常見的握法有正握、對握（或稱中立握）和反握；半反握則介於反握和對握之間。啞鈴不要握得太緊，這會對前臂造成過多的壓力。

安全地舉重

進行 HIIT 訓練需全神貫注並留意身體的一舉一動，專注於每個動作不僅能確保安全，還能確保維持訓練計劃的進度。

增加肌肉張力和強化肌力的健身運動

具有增加肌肉張力和強化肌力效果的健身運動，需要利用啞鈴、壺鈴或阻力帶的阻力，這些健身運動同時也能增加肌肉量。無氧運動包括舉重或需要短暫能量爆發的活動，如果你希望突破運動平台期並達成新日標，這類型的運動可能會有所幫助，並且還能讓你隨著年齡增長依然能保持肌肉量。

大多數的 HIIT 屬於無氧運動，無氧代謝會產生乳酸堆積（當你會感到痠痛的時候），主要使用的是快縮肌纖維，它們可以幫助你更快速地動作，但持續時間很短。身體在進行高強度或爆發性運動時，會比較依賴本身儲存的能量來供給運動。

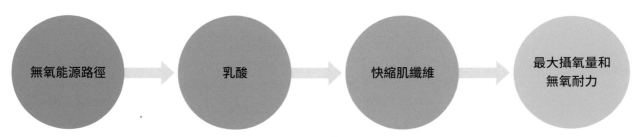

無氧能源路徑	乳酸	快縮肌纖維	最大攝氧量和無氧耐力

無氧代謝在沒有氧氣的狀態下發生，而且速度比較快，但效率遠低於有氧代謝，它是用於短時間的能量爆發。

乳酸是無氧糖解過程的副產物，乳酸的累積會造成運動表現迅速下降。當身體在休息時，它會轉化回葡萄糖。

快縮肌纖維能協助人體更快速地動作，但是持續時間較短。這種類型的運動需要消耗的 ATP 比慢縮肌纖維少，快縮肌纖維對短跑運動員來說很重要。

高達 115% 最大攝氧量的高強度間歇訓練，能夠提升人體維持無氧運動的能力，也就是所謂的乳酸閾值。

規劃每週訓練計劃

制訂計劃時必須是能夠執行成功的計劃，在此我制訂了一個循序漸近的六週計劃，目的在協助你的健身之旅能夠啟程或是改進，你可以使用下表的建議計畫或是使用 pp.199-209 一些例行訓練做為制訂計劃的參考。計畫表中的顏色與符號的意義請參考 p.195 的圖例說明。

	星期一	星期二	星期三	星期四
第一週	**上半身訓練** 啞鈴俯身寬距划船、啞鈴肱二頭肌彎舉、錘式彎舉、熊棒式啞鈴交替划船	**核心肌群訓練** 單車式捲腹、雙向捲腹支撐轉體、剪刀式踢腿、棒式開合跳	**下半身訓練** 相撲深蹲、椅子深蹲、螃蟹走路、相撲飛行	‖‖‖‖‖‖‖‖‖‖‖‖‖‖‖‖
第二週	Ⓡ	**下半身訓練** 啞鈴交替抓舉、啞鈴登階、交替側向弓步、交替腳尖點地	**全身性訓練** 俯身划船＋錘式彎舉、肱二頭肌部分彎舉、屈膝跳、伏地挺地＋深蹲	**上半身訓練** 左右交替伏地挺身、啞鈴仰臥推舉、仰臥啞鈴飛鳥、肱三頭肌撐體
第三週	**全身性訓練** 俯身划船＋錘式彎舉、相撲深蹲＋錘式集中彎舉、B BOY 街舞踢腿、熊棒式＋伏地挺身	Ⓡ	**上半身訓練** 啞鈴仰臥推舉、仰臥啞鈴飛鳥、俯身肱三頭肌伸展、過頭肱三頭肌伸展	**核心肌群訓練** 游泳棒式、登山式、拉繩捲腹、仰臥起坐
第四週	**上半身訓練** 啞鈴俯身划船、啞鈴前平舉、肱二頭肌部分彎舉、錘式彎舉	**核心肌群訓練** 棒式側向跳躍、單車式捲腹、雙向捲腹、環繞 V 字捲腹	Ⓡ	**下半身訓練** 單腿硬舉、腿後肌走步、站姿小腿提踵、啞鈴登階
第五週	**核心肌群訓練** 剪刀式踢腿、腹橫肌健身球捲腹、雙腳交替前跨步、雙向捲腹支撐轉體	**下半身訓練** 交替後弓步蹲、椅子深蹲、深蹲、滑冰者跳躍	**全身性訓練** 自體體重反向肩上推舉、寬距肱二頭肌彎舉、肱三頭肌撐體觸腳趾、屈膝禮前弓步蹲	Ⓡ
第六週	**全身性訓練** 啞鈴登階、單腿硬舉、螃蟹走路、屈膝禮前弓步蹲	**上半身訓練** 啞鈴俯身划船、啞鈴肱二頭肌彎舉、錘式彎舉、熊棒式啞鈴交替划船	**核心肌群訓練** 單車式捲腹、雙向捲腹支撐轉體、剪刀式踢腿、棒式開合跳	**下半身訓練** 相撲深蹲、椅子深蹲、螃蟹走路、相撲飛行

追蹤訓練進度

每完成一天訓練都會帶來益處，養成習慣大約需要兩到三週，而破壞習慣僅需要兩天。成功的方法是設定一個你自知可以達成的時間表，制訂計劃必須實際可行。如果你還沒開始健身，那麼制訂一個天天訓練的計劃就不太實際。

也許可以從每週一天開始，實際執行時如果做得比一天更多，代表你已經超越所設定的目標。觀察自己在早、午、晚哪個時段比較容易堅持下去，就持續固定在那個時間進行訓練。

為了追蹤進度，還可以在開始之前拍攝自己的正面、背面和側面照片，我總是說照片不會說謊，每兩週拍攝一次新照片，然後把照片排在一起比較，以便觀察和監控變化。

星期五	星期六	星期日
全身性訓練 足球員原地跑 + 波比跳、跳箱、相撲深蹲 + 錘式集中彎舉、啞鈴交替抓舉	**上半身訓練** 軍式推舉 + 過頭肱三頭肌伸展、啞鈴側平舉、俯身肱三頭肌伸展、高低棒式	**核心肌群訓練** 海豚棒式、低棒式支撐、單腿伸展交替腳趾點地運動、登山式
IIIIIIIIIIIIIIIIIII	**核心肌群訓練** V 字捲腹、仰臥起坐、熊棒式	**下半身訓練** 橋式、蝴蝶橋式、腿後肌走步、高膝抬腿跳繩
下半身訓練 深蹲、單腿硬舉、交替屈膝禮深蹲、深蹲跳躍	IIIIIIIIIIIIIIIIIII	**全身性訓練** 腹橫肌健身球捲腹、開合跳、波比跳、高棒式 + 交替碰腳踝 + 伏地挺身
全身性訓練 交替後踢深蹲、阿諾肩推、啞鈴前平舉、深蹲開合跳	**上半身訓練** 阿諾肩推、彈力帶直立划船、錘式彎舉、肱三頭肌伏地挺身	IIIIIIIIIIIIIIIIIII
上半身訓練 對握啞鈴肩上推舉、啞鈴反向飛鳥、熊爬、伏地挺身	IIIIIIIIIIIIIIIIIII	**下半身訓練** 高膝抬腿跳繩、橋式、蛙式跳躍、單腿硬舉
Ⓡ	**全身性訓練** 足球員原地跑 + 波比跳、跳箱、相撲深蹲 + 錘式集中彎舉、啞鈴交替抓舉	IIIIIIIIIIIIIIIIIII

休息的重要性

休息日是任何例行訓練的重要組成部分，休息日讓肌肉組織再生以及補充肝醣儲存，進而減少肌肉疲勞，並為下一次訓練做好準備。

休息日也有助降低傷害的發生：過度運動會對肌肉造成重複性壓力和肌肉勞損，增加受傷的風險。

休息日也有助於提高運動表現，當肌肉獲得休息，會讓第二天的表現更好。身體需要時間來修復和補充能量，尤其是在兩次 HIIT 訓練之間。

圖例說明

- ● 上半身訓練
- ● 核心肌群訓練
- ● 下半身訓練
- ● 全身性訓練
- IIIII 伸展/滾筒運動
- Ⓡ 休息

熱身與緩和運動

為了防止受傷，健身訓練必須包含適當的熱身與緩和運動。當肌肉溫度低的時候，進行任何類型的阻力或有氧訓練很容易導致壓力和受傷，因此務必養成在訓練開始之前熱身主要肌肉的習慣。

當肌肉溫度低的時候，任何類型的阻力訓練都會對關節造成壓力，並可能導致受傷

熱身運動

HIIT 訓練前的熱身活動可以活化肌肉，讓它們準備好執行動作並降低受傷機會。

熱身的重點是藉由提高體溫和增加流向肌肉的血流量，讓心血管系統做好準備，持續 5-10 分鐘的良好熱身能讓心跳率加快。

根據接下來的訓練內容，有時可能需要延長熱身時間，以使肌肉做好充分準備。

增強式運動，例如跳箱、深蹲跳躍和波比跳，需要更多額外的熱身，因為這類型的運動會給身體帶來很大的壓力。因此，必須確保所有肌肉群都已經做好準備承受衝擊，以避免運動傷害。

緩和運動

健身訓練之後的緩和運動會有助身體恢復，讓心跳率和血壓能夠下降。

緩和運動通常在訓練之後進行，持續 5-7 分鐘，但是人們經常會忽略緩和運動，或是匆忙做完或隨意應付了事。我一直發現有這種情況，尤其是在團體健身訓練課程，大多數人一結束訓練就急著離開，但事實是，如果不去伸展肌肉，肌肉將會保持收縮狀態，這樣會讓它們持續處於緊張狀態。

想像一根橡皮筋，如果不停地拉扯而不讓它休息一下，它最終會疲乏。每次訓練後釋放緊張，並讓肌肉恢復到放鬆狀態非常重要，緩和運動也有助於調節血液流量。

活動度

「活動度」是指「在所有動作平面上自由移動身體的能力」，活動度包括肌力、動作範圍和肌耐力。

活動度運動很適合作為熱身的一部分，在訓練的一開頭進行，也可以在休息日時拿來作為簡短的健身訓練。

活動度變好代表動作範圍增加，同時柔軟度和肌力也會提升，這能夠讓你更徹底地執行動作，並發揮更大的力量和跳得更高。

伸展的重要性

柔軟度是體適能的五個重要組成之一，這就是為什麼伸展應該納入訓練計劃當中。我總是說，30歲以上的人，訓練與恢復最好的比例是 1：1，也就是，每訓練一個小時，就要有一個小時的恢復，而伸展是其中很重要的一部分。

伸展的目的：

- **減少肌肉僵硬並增加動作範圍。** 藉由改善動作範圍，還可以減緩關節退化。

- **降低受傷風險。** 當肌肉夠柔軟，在遇到迅速猛烈的動作時，會比較不容易受傷。藉由伸展去增加特定關節的動作範圍，可以減少各種活動期間肌肉的阻力。

- **有助於緩解運動後的痠痛與緊繃。** 進行健身訓練時肌肉會收縮（縮短），運動後做伸展會有助拉長肌肉，緩解緊繃感。

- **改善姿勢。** 伸展肌肉，尤其是肩膀、下背部和胸部，會有助脊椎保持正位，並改善姿勢。

- **有助於減輕和調節壓力。** 經過適當伸展的肌肉會降低張力，進而讓你感到壓力減輕。

- **減少肌肉緊張，讓肌肉獲得放鬆。** 當肌肉長時間處於收縮狀態時，會導致循環變差，進而讓氧氣和其他必需營養素的流動受限。伸展可以增加血流量，讓肌肉能夠放鬆。

- **提升整體功能表現和力學效率。** 靈活柔軟的關節在活動時所需的能量會比較少，因此靈活柔軟的身體能藉由產生更節能的動作來改善整體性能。

- **為訓練做好準備。** 在運動前適當放鬆肌肉，能提升肌肉承受運動衝擊的能力。

- **促進血液循環。** 伸展肌肉能夠緩解緊張，促進全身血液流動，進而讓供應肌肉和關節的血液增加，循環變好會讓更多的營養素輸送到全身。

- **降低下背痛的風險。** 如果你有下背部問題，其根本原因可能是張力未獲得釋放的緊繃腿後肌、髖屈肌和其他幾塊骨盆肌肉拉扯下背部，藉由伸展能減輕這些肌肉的張力，進而消除下背部的壓力。

訓練流程

訓練流程必須包含熱身與緩和運動，熱身應該從較大的肌肉群開始，接著再針對特定的身體部位。熱身必須做到心跳加快、體溫升高、有流汗的程度。

熱身運動
熱身運動的選擇包括：
- 慢跑或快走
- 高膝抬腿、踢臀跳、波比跳、俯臥爬行
- 俯地挺身
- 游泳
- 開合跳

試著利用這些選項排列組合來進行持續 5-10 分鐘的熱身。

伸展運動

可以在身體熱身完之後加入一些伸展運動，以減輕緊繃感和提高柔軟度。做 HIIT 運動時，肌肉會收縮（縮短）；藉由伸展來拉長肌肉很重要，否則會造成肌肉失衡，肌肉失衡會導致關節壓力和受傷。讓肌肉放鬆，能增加動作範圍，進而提升執行動作的正確性。

伸展運動的類型包括：
- 站姿股四頭肌伸展
- 弓步脊椎扭轉
- 肱三頭肌伸展
- 貓式伸展
- 四字形伸展
- 90/90 伸展
- 快樂嬰兒式
- 蛙式伸展
- 蝴蝶式伸展
- 弓步髖屈肌伸展
- 臥姿胸肌伸展

緩和運動

緩和運動除了可進行強度較低的步行，也是加進伸展運動的最佳時機，上面介紹的數種伸展運動便是不錯的選擇。

例行性訓練計畫

以下的 HIIT 例行性訓練計畫是依據特定身體部位所設計，其包括了下半身、上半身、核心肌群和全身性訓練。這些例行性訓練同時也依據不同體能和健身經驗分成初級、中級和高級三個級別。視自身狀況選擇適合的例行性訓練計畫，並完成計畫要求的運動持續時間、休息時間和組數。

如何使用訓練計畫

我的座右銘是「從你所在的地方開始」，但這絕對不會是你的終點。第一步先完成體能評估（pp.188-189）以確定你的健身旅程的起點，例行性訓練計畫是依照難度設計的，但是可以按照以下方框列示的指引，配合你目前的體能水準去調整。

例如，初級訓練可以藉由增加運動持續時間或組數，或者是減少組間休息時間或是運動間的間歇休息時間來提高難度。這就是本書如此珍貴的原因，因為隨著你變得更強壯、更快速，還是能找到挑戰自己的方法，並重新設計訓練內容，變化出近乎無限多種的訓練計畫。

初級訓練

每個運動的持續時間是 30 秒，運動之間有 15 秒的間歇休息時間，每組之間有 30-60 秒的組間休息時間。

範例

 運動持續時間 30 秒

 間歇休息時間 15 秒

 組間休息時間 30-60 秒

初級訓練的目標是執行 2-3 組，你可以視自己的狀況，增減組數以提升或降低挑戰性。

中級訓練

每個運動的持續時間是 45 秒，運動之間有 15 秒的間歇休息時間，每組之間有 30-45 秒的組間休息時間。

範例

 運動持續時間 45 秒

 間歇休息時間 15 秒

 組間休息時間 30-45 秒

中級訓練的目標是執行 3-4 組，同樣可以視自己的狀況，增減組數以提升或降低挑戰性。

高級訓練

每個運動的持續時間是 60 秒，運動之間不休息，每組之間有 30-45 秒的組間休息時間。

範例

 運動持續時間 60 秒

 間歇休息時間 0 秒

 組間休息時間 30-45 秒

高級訓練的目標是完成 4-5 組，若覺得太有挑戰性就減少組數，也可以增加組數以提升難度。

初級 例行性訓練 1

這個訓練計畫可以提高心跳率、鍛鍊腿部並增強腹部肌肉,是非常適合初學者的健身訓練,能夠改善心血管耐力,以及肌力和肌耐力。

初級

每個運動執行 30 秒、運動之間
休息 15 秒、執行 2-3 組

1. 深蹲 (p.96)

2. 單腿硬舉 (p.118)

3. 捲腹 (p.52)

4. 雙腳跳繩 (p.131)

運動時間:
每個運動
各 30 秒

組間休息:
30-60 秒

例行性訓練 2

這是針對腿部和手臂的全身性初級例行性訓練,其中包含了有氧運動的成分,具有提高心跳率的效果,是非常適合初學者的健身訓練,能夠改善心血管耐力以及肌力和肌耐力。

初級

每個運動執行 30 秒、運動之間
休息 15 秒、執行 2-3 組

1. 相撲深蹲 (p.99)

2. 啞鈴側平舉 (p.80)

3. 啞鈴肱二頭肌彎舉 (p.72)

4. 過頭肱三頭肌伸展 (p.68)

5. 高膝抬腿跳繩 (p.130)

運動時間:
每個運動
各 30 秒

組間休息:
30-60 秒

例行性訓練 3

這個例行性訓練是針對腿部和臀部,除了能鍛鍊臀部肌肉外,還具有緊實和強化腿部肌肉的效果,非常適合初學者用來提升肌力和肌耐力。

初級

每個運動執行 30 秒、運動之間
休息 15 秒、執行 2-3 組

1. 橋式 (p.120)

2. 蝴蝶橋式 (p.122)

3. 相撲深蹲 (p.99)

4. 交替側向弓步 (p.108)

5. 深蹲跳躍 (p.132)

運動時間:
每個運動
各 30 秒

組間休息:
30-60 秒

例行性訓練 4

這個例行性訓練側重在上半身,特別能緊實和強化肩膀肌肉和肱三頭肌,非常適合初學者用來改善上半身肌肉的力量和耐力。

初級

每個運動執行 30 秒、運動之間
休息 15 秒、執行 2-3 組

1. 軍式肩上推舉 (p.82)

2. 俯身肱三頭肌伸展 (p.70)

3. 肱三頭肌撐體 (p.71)

4. 反向肩上推舉 (p.85)

5. 肱三頭肌伏地挺身 (p.66)

運動時間:
每個運動
各 30 秒

組間休息:
30-60 秒

例行性訓練 5

這個例行性訓練是針對腹部肌肉，具有緊實和強化腹橫肌、腹直肌、腹內斜肌和腹外斜肌，非常適合初學者用來改善肌力和肌耐力。

初級

每個運動執行 30 秒、運動之間休息 15 秒、執行 2-3 組

1. 仰臥起坐 (p.50)

2. 捲腹 (p.52)

3. 低棒式支撐 (p.38)

4. 雙向捲腹 (p.55)

5. 單車式捲腹 (p.54)

運動時間：
每個運動
各 30 秒

組間休息：
30-60 秒

例行性訓練 6

這個例行性訓練是針對上半身，特別能緊實和強化胸部肌肉和肱三頭肌，非常適合初學者用來改善肌力和肌耐力。

初級

每個運動執行 30 秒、運動之間休息 15 秒、執行 2-3 組

1. 過頭肱三頭肌伸展 (p.68)

2. 俯身肱三頭肌伸展 (p.70)

3. 啞鈴仰臥推舉 (p.90)

4. 仰臥啞鈴飛鳥 (p.92)

5. 左右交替伏地挺身 (p.67)

運動時間：
每個運動
各 30 秒

組間休息：
30-60 秒

例行性訓練 7

這個例行性訓練是針對腿部和肩膀的三角肌，除了能增加肩膀的肌肉量，還具有緊實和強化腿部肌肉的效果，非常適合初學者用來改善肌力和肌耐力。

初級

每個運動執行 30 秒、運動之間休息 15 秒、執行 2-3 組

1. 啞鈴高腳杯深蹲 (p.99)

2. 交替後弓步蹲 (p.110)

3. 軍式肩上推舉 (p.82)

4. 啞鈴側平舉 (p.80)

5. 跳繩 (p.130-131 任何一種
跳繩動作皆可)

運動時間：
每個運動
各 30 秒

組間休息：
30-60 秒

例行性訓練 8

這個例行性訓練是著重在上半身，主要鍛鍊目標是肱二頭肌和腹部肌肉，結合有氧運動的元素，能夠增加心跳率，非常適合初學者用來改善心肺耐力、肌力和肌耐力。

初級

每個運動執行 30 秒、運動之間休息 15 秒、執行 2-3 組

1. 單車式捲腹 (p.54)

2. 錘式彎舉 (p.75)

3. 寬距肱二頭肌彎舉 (p.74)

4. 肱二頭肌部分彎舉 (p.75)

5. 交替腳尖點地 (p.116)

運動時間：
每個運動
各 30 秒

組間休息：
30-60 秒

例行性訓練 9

這個例行性訓練能鍛鍊肩部肌肉和腹部肌肉，並融入有氧運動的元素，能提高心跳率，非常適合初學者用來改善心肺耐力、肌力和肌耐力。

初級
每個運動執行 30 秒、運動之間
休息 15 秒、執行 2-3 組

1. 開合跳肩上推舉 (p.154)

2. 啞鈴前平舉 (p.76)

3. 棒式側向跳躍 (p.45)

4. 棒式開合跳 (p.45)

5. 雙向捲腹 (p.55)

運動時間：
每個運動
各 30 秒

組間休息：
30-60 秒

例行性訓練 10

這是一個著重在鍛鍊胸部肌肉和肱三頭肌的上半身例行性訓練，能緊實和強化胸部肌肉和肱三頭肌，非常適合初學者用來改善肌力和肌耐力。

初級
每個運動執行 30 秒、運動之間
休息 15 秒、執行 2-3 組

1. 啞鈴仰臥推舉 (p.90)

2. 過頭肱三頭肌伸展 (p.68)

3. 俯身肱三頭肌伸展 (p.70)

4. 肱三頭肌撐體 (p.71)

5. 伏地挺身 (p.64)

運動時間：
每個運動
各 30 秒

組間休息：
30-60 秒

例行性訓練 11

這是個下半身例行性訓練，著重在鍛鍊腿部肌肉和臀肌群，並結合有氧運動的元素，能夠提高心跳率，非常適合初學者用來改善心肺耐力以及肌力和肌耐力。

初級
每個運動執行 30 秒、運動之間
休息 15 秒、執行 2-3 組

1. 相撲深蹲 (p.99)

2. 橋式 (p.120)

3. 站姿小腿提踵 (p.112)

4. 深蹲 (p.96)

5. 深蹲跳躍 (p.132)

運動時間：
每個運動
各 30 秒

組間休息：
30-60 秒

例行性訓練 12

這是個著重在鍛鍊腿部肌肉的例行性訓練，並結合了可以提高心跳率的有氧運動，非常適合初學者用來改善心肺耐力以及腿部的肌力和肌耐力。

初級
每個運動執行 30 秒、運動之間
休息 15 秒、執行 2-3 組

1. 啞鈴高腳杯深蹲 (p.99)

2. 交替屈膝禮深蹲 (p.102)

3. 深蹲 (p.96)

4. 單腿硬舉 (p118)

5. 深蹲開合跳 (p.135)

運動時間：
每個運動
各 30 秒

組間休息：
30-60 秒

例行性訓練 13

這個例行性訓練能鍛鍊上半身和下半身,主要是針對腿部肌肉和肱二頭肌,非常適合初學者用來改善肌力和肌耐力。

初級

每個運動執行 30 秒、運動之間休息 15 秒、執行 2-3 組

1. 交替後弓步蹲 (p.110)

2. 啞鈴肱二頭肌彎舉 (p.72)

3. 錘式彎舉 (p.75)

4. 相撲深蹲 + 錘式集中彎舉 (p.184)

5. 捲腹 (p.52)

運動時間:
每個運動
各 30 秒

組間休息:
30-60 秒

例行性訓練 14

這是個能夠鍛鍊上半身和下半身的例行訓練,主要是針對腿部肌肉和肱二頭肌,非常適合初學者用來改善肌力和肌耐力。

初級

每個運動執行 30 秒、運動之間休息 15 秒、執行 2-3 組

1. 交替側向弓步 (p.108)

2. 深蹲 (p.96)

3. 錘式彎舉 (p.75)

4. 軍式肩上推舉 (p.82)

5. 深蹲跳躍 (p.132)

運動時間:
每個運動
各 30 秒

組間休息:
30-60 秒

中級 例行性訓練 1

這個例行性訓練是針對腹部肌肉,具有緊實和強化腹橫肌、腹直肌、腹內斜肌和腹外斜肌,是能夠提升肌力和肌耐力很好的中級健身訓練。

中級

每個運動執行 45 秒、運動之間休息 15 秒、執行 3-4 組

1. 腹橫肌健身球捲腹 (p.56)

2. 環繞 V 字捲腹 (p.61)

3. 雙向捲腹支撐轉體 (p.55)

4. 拉繩捲腹 (p.54)

5. 剪刀式踢腿 (p.60)

運動時間:
每個運動
各 45 秒

組間休息:
30-45 秒

例行性訓練 2

這是個「推 - 拉」動作的上半身例行性訓練,具有緊實和強化背部肌肉和肱二頭肌的效果,是能夠提升肌力和肌耐力很好的中級健身訓練。

中級

每個運動執行 45 秒、運動之間休息 15 秒、執行 3-4 組

1. 俯身划船 + 錘式彎舉 (p.178)

2. 後三角肌飛鳥 + 俯身肱三頭肌伸展 (p.180)

3. 肱二頭肌部分彎舉 (p.75)

4. 單手撐地交替划船 (p.49)

5. 伏地挺身 (p.64)

運動時間:
每個運動
各 45 秒

組間休息:
30-45 秒

例行性訓練 3

這是另一個「推-拉」動作的上半身例行性訓練,以緊實和強化胸部肌肉和肱三頭肌的三塊肌肉為目標,是很適合用來提升肌力的中級健身訓練。

中級

每個運動執行 45 秒、運動之間休息 15 秒、執行 3-4 組

1. 啞鈴仰臥推舉 (p.90)
2. 仰臥啞鈴飛鳥 (p.92)
3. 過頭肱三頭肌伸展 (p.68)
4. 俯身肱三頭肌伸展 (p.70)
5. 肱三頭肌伏地挺身 (p.66)

運動時間:
每個運動各 45 秒

組間休息:
30-45 秒

例行性訓練 4

這個上半身例行性訓練主要是針對肱三頭肌和肩膀肌肉,裡面的動作能夠鍛鍊並增強肩膀三角肌和肱三頭肌全部三塊肌肉的肌力和肌耐力。

中級

每個運動執行 45 秒、運動之間休息 15 秒、執行 3-4 組

1. 軍式推舉 + 過頭肱三頭肌伸展 (p.174)
2. 啞鈴側平舉 (p.80)
3. 阿諾肩推 (p.85)
4. 肱三頭肌撐體 (p.71)
5. 反向肩上推舉 (p.85)

運動時間:
每個運動各 45 秒

組間休息:
30-45 秒

例行性訓練 5

這個上半身和核心肌群的例行性訓練能鍛鍊到三角肌和腹部肌肉,是能夠提升肌力和肌耐力很好的中級健身訓練。

中級

每個運動執行 45 秒、運動之間休息 15 秒、執行 3-4 組

1. 啞鈴反向飛鳥 (p.86)
2. 彈力帶直立划船 (p.79)
3. 阿諾肩推 (p.85)
4. 環繞 V 字捲腹 (p.61)
5. 熊爬 (p.150)

運動時間:
每個運動各 45 秒

組間休息:
30-45 秒

例行性訓練 6

這個例行性訓練著重在下半身,能夠緊實和增強腿部所有主要肌肉:股四頭肌、腿後肌和臀肌群。另外還加入有氧運動的元素,具有提高心跳率的效果。

中級

每個運動執行 45 秒、運動之間休息 15 秒、執行 3-4 組

1. 深蹲 (p.96)
2. 單腿硬舉 (p.118)
3. 橋式 (p.120)
4. 腿後肌走步 (p.123)
5. 屈膝跳 (p.136)

運動時間:
每個運動各 45 秒

組間休息:
30-45 秒

例行性訓練 7

這個例行性訓練著重在下半身，能增強腿部所有主要肌肉：股四頭肌、腿後肌和臀肌群，並結合有氧運動的元素，具有提高心跳率的效果，是鍛鍊心肺耐力和肌耐力很好的健身訓練。

中級

每個運動執行 45 秒、運動之間
休息 15 秒、執行 3-4 組

1. 交替後弓步蹲 (p.110)

2. 交替屈膝禮深蹲 (p.102)

3. 啞鈴弓步行走 (p.111)

4. 交替側向弓步 (p.108)

5. 深蹲開合跳 (p.135)

運動時間：
每個運動
各 45 秒

組間休息：
30-45 秒

例行性訓練 8

這個例行性訓練著重在上半身和手臂，能夠緊實和增強肱二頭肌、肩膀肌肉和肱三頭肌，是能夠提升肌力和肌耐力很好的中級健身訓練。

中級

每個運動執行 45 秒、運動之間
休息 15 秒、執行 3-4 組

1. 錘式彎舉 (p.75)

2. 軍式肩上推舉 (p.82)

3. 過頭肱三頭肌伸展 (p.68)

4. 啞鈴肱二頭肌彎舉 (p.72)

5. 肱三頭肌撐體 (p.71)

運動時間：
每個運動
各 45 秒

組間休息：
30-45 秒

例行性訓練 9

這個例行性訓練能夠緊實和增強腿部肌肉 (股四頭肌、腿後肌和臀肌群) 以及肩膀肌肉 (前三角肌、中三角肌和後三角肌)，是能夠提升肌力和肌耐力很好的中級健身訓練。

中級

每個運動執行 45 秒、運動之間
休息 15 秒、執行 3-4 組

1. 椅子深蹲 (p.98)

2. 深蹲 (p.96)

3. 啞鈴前平舉 (p.76)

4. 啞鈴側平舉 (p.80)

5. 反向肩上推舉 (p.85)

運動時間：
每個運動
各 45 秒

組間休息：
30-45 秒

例行性訓練 10

這個例行性訓練是針對腹部肌肉，具有緊實和強化腹橫肌、腹直肌、腹內斜肌和腹外斜肌，是能夠提升肌力和肌耐力很好的中級健身訓練。

中級

每個運動執行 45 秒、運動之間
休息 15 秒、執行 3-4 組

1. 雙向捲腹支撐轉體 (p.55)

2. 熊棒式 (p.46)

3. 登山式 (p.42)

4. 低棒式支撐 (p.38)

5. 棒式開合跳 (p.45)

運動時間：
每個運動
各 45 秒

組間休息：
30-45 秒

例行性訓練 11

這個例行性訓練能夠緊實和增強臀大肌和臀小肌以及腹部肌肉，是能夠提升肌力和肌耐力很好的中級健身訓練。

中級

每個運動執行 45 秒、運動之間
休息 15 秒、執行 3-4 組

1. 單腿伸展腳趾點地運動 (p.48)

2. 腿後肌行走 (p.123)

3. 橋式 (p.120)

4. 蝴蝶橋式 (p.122)

5. 雙向捲腹 (p.55)

運動時間：
每個運動
各 45 秒

組間休息：
30-45 秒

例行性訓練 12

這個下半身例行性訓練能夠緊實和增強腿部所有主要肌肉：股四頭肌、腿後肌和臀肌群，並結合有氧運動的元素，具有提高心跳率的效果。

中級

每個運動執行 45 秒、運動之間
休息 15 秒、執行 3-4 組

1. 深蹲 (p.96)

2. 單腿硬舉 (p.118)

3. 相撲深蹲 (p.99)

4. 跳繩踢臀 (p.131)

5. 深蹲開合跳 (p.135)

運動時間：
每個運動
各 45 秒

組間休息：
30-45 秒

例行性訓練 13

這個下半身例行性訓練能夠緊實和增強腿部所有主要肌肉：股四頭肌、腿後肌和臀肌群，同時也加入有氧運動的元素。

中級

每個運動執行 45 秒、運動之間
休息 15 秒、執行 3-4 組

1. 相撲深蹲 (p.99)

2. 深蹲 (p.96)

3. 單腿硬舉 (p.118)

4. 螃蟹走路 (p.104)

5. 蛙式跳躍 (p.134)

運動時間：
每個運動
各 45 秒

組間休息：
30-45 秒

例行性訓練 14

這個例行性訓練著重在緊實和增強下半身，特別是腿部主要肌肉：股四頭肌、腿後肌和臀肌群，同時也加入有氧運動的元素，很適合用來改善肌耐力和心肺耐力。

中級

每個運動執行 45 秒、運動之間
休息 15 秒、執行 3-4 組

1. 椅子深蹲 (p.98)

2. 深蹲 (p.96)

3. 螃蟹走路 (p.104)

4. 交替屈膝禮深蹲 (p.102)

5. 深蹲跳躍 (p.132)

運動時間：
每個運動
各 45 秒

組間休息：
30-45 秒

高級 例行性訓練 1

這個涉及「推 - 拉」動作的上半身訓練，有緊實和強化背部和肱二頭肌的效果。加進具爆發力的動作，能提升心跳率，是個具挑戰性的高級健身訓練，可以改善肌力、耐力和敏捷性。

高級

每個運動執行 60 秒、運動之間不休息、執行 4-5 組

1. 伏地挺身 + 屈膝跳 (p.160)

2. 伏地挺身 + 深蹲 (p.156)

3. 啞鈴俯身划船 (p.78)

4. 啞鈴俯身寬距划船 (p.88)

5. 俯身划船 + 錘式彎舉 (p.178)

運動時間：
每個運動各 60 秒

組間休息：
30-45 秒

例行性訓練 2

這個全身增強式訓練可以緊實和強化背部 (背闊肌)、三角肌 (前、中、後) 和腿部 (股四頭肌) 的肌肉。這是個具挑戰性的高級健身訓練，能夠提升肌力、耐力和敏捷性。

高級

每個運動執行 60 秒、運動之間不休息、執行 4-5 組

1. 啞鈴反向飛鳥 (p86)

2. 阿諾肩推 (p.85)

3. 啞鈴俯身划船 (p.78)

4. 啞鈴高腳杯深蹲 (p.99)

5. 屈膝跳 (p.136)

運動時間：
每個運動各 60 秒

組間休息：
30-45 秒

例行性訓練 3

這個例行性訓練著重在腿部和背部，可以緊實和強化股四頭肌、腿後肌、臀肌群和背部肌肉。這是個具挑戰性的健身訓練，能提升肌力和肌耐力，並加進了有氧運動的元素。

高級

每個運動執行 60 秒、運動之間不休息、執行 4-5 組

1. 深蹲 (p.96)

2. 單腿硬舉 (p.118)

3. 啞鈴仰臥過頭推舉 (p.89)

4. 彈力帶直立划船 (p.79)

5. 深蹲開合跳 (p.135)

運動時間：
每個運動各 60 秒

組間休息：
30-45 秒

例行性訓練 4

這是個針對胸部的例行性訓練，能夠緊實和增強胸大肌和胸小肌，這是個具挑戰性並且能提升肌力、肌耐力的高級健身訓練。

高級

每個運動執行 60 秒、運動之間不休息、執行 4-5 組

1. 啞鈴仰臥推舉 (p.90)

2. 仰臥啞鈴飛鳥 (p.92)

3. 鑽石伏地挺身 (p.67)

4. 啞鈴仰臥推舉 (p.90)

5. 熊棒式 + 伏地挺身 (p.164)

運動時間：
每個運動各 60 秒

組間休息：
30-45 秒

例行性訓練 5

這是個著重在手臂的上半身例行性訓練，可以緊實和強化肱二頭肌和肱三頭肌。這是個具挑戰性並且能提升肌力、肌耐力的健身訓練。

高級

每個運動執行 60 秒、運動之間不休息、執行 4-5 組

1. 俯身肱三頭肌伸展 (p.70)

2. 過頭肱三頭肌伸展 (p.68)

3. 啞鈴肱二頭肌彎舉 (p.72)

4. 錘式彎舉 (p.75)

5. 肱三頭肌撐體觸腳趾 (p.71)

運動時間：
每個運動
各 60 秒

組間休息：
30-45 秒

例行性訓練 6

這個下半身例行性訓練是針對腿部所有主要肌肉：股四頭肌、腿後肌和臀肌群，並加入具爆發力的增強式運動，因此能提高心跳率和改善敏捷性。

高級

每個運動執行 60 秒、運動之間不休息、執行 4-5 組

1. 交替腳尖點地 (p.116)

2. 交替屈膝禮深蹲 (p.102)

3. 交替側向弓步 (p.108)

4. 深蹲 (p.96)

5. 跳箱 (p.138)

運動時間：
每個運動
各 60 秒

組間休息：
30-45 秒

例行性訓練 7

這是個著重在下半身的例行性訓練，特別是臀肌群和腿後肌，具有緊實和強化肌肉的效果，另外還加入具爆發力的增強式運動，因此能提高心跳率和改善敏捷性。

高級

每個運動執行 60 秒、運動之間不休息、執行 4-5 組

1. 橋式 (p.120)

2. 腿後肌行走 (p.123)

3. 單腿硬舉 (p.118)

4. 啞鈴登階 (p.114)

5. 屈膝跳 (p.136)

運動時間：
每個運動
各 60 秒

組間休息：
30-45 秒

例行性訓練 8

這個上半身例行性訓練主要用於緊實和強化背部肌肉：小菱形肌、大菱形肌、斜方肌和背闊肌，其中還加進增強式運動，能夠提升心肺耐力和敏捷性。

高級

每個運動執行 60 秒、運動之間不休息、執行 4-5 組

1. 伏地挺身 + 屈膝跳 (p.160)

2. 啞鈴俯身划船 (p.78)

3. 啞鈴反向飛鳥 (p.86)

4. 啞鈴俯身寬距划船 (p.88)

5. 俯地挺身 (p.64)

運動時間：
每個運動
各 60 秒

組間休息：
30-45 秒

例行性訓練 9

這個例行性訓練可以加強下半身和肩膀的肌肉：股四頭肌、腿後肌和三角肌，其中還加進能提升心肺耐力和敏捷性的的增強式運動，這是個能夠提升肌力和運動表現的健身訓練。

高級

每個運動執行 60 秒、運動之間不休息、執行 4-5 組

1. 啞鈴交替抓舉 (p.106)

2. 軍式肩上推舉 (p.82)

3. 阿諾肩推 (p.85)

4. 螃蟹走路 (p.104)

5. 跳箱 (p.138)

運動時間：
每個運動
各 60 秒

組間休息：
30-45 秒

例行性訓練 10

這個例行性訓練的鍛鍊目標是核心肌群，其次是肩膀。以下的訓練動作能緊實和強化三角肌和腹部肌肉，這個具挑戰性的健身訓練，能夠提升肌力、耐力和活動度。

高級

每個運動執行 60 秒、運動之間不休息、執行 4-5 組

1. B BOY 街舞踢腿 (p.172)

2. 高棒式 + 交替碰腳踝 + 伏地挺身 (p.168)

3. 棒式開合跳 (p.45)

4. 游泳棒式 (p.40)

5. 熊棒式 (p.46)

運動時間：
每個運動
各 60 秒

組間休息：
30-45 秒

例行性訓練 11

這個例行性訓練能夠緊實和強化胸部肌肉 (胸大肌和胸小肌) 以及肱三頭肌，這是個具挑戰性的健身訓練，可以改善肌力、肌耐力、心肺耐力和敏捷性。

高級

每個運動執行 60 秒、運動之間不休息、執行 4-5 組

1. 啞鈴仰臥推舉 (p.90)

2. 仰臥啞鈴飛鳥 (p.92)

3. 過頭肱三頭肌伸展 (p.68)

4. 俯身肱三頭肌伸展 (p.70)

5. 肱三頭肌俯地挺身 + 屈膝跳 (p.160 搭配 p.66 的變化式)

運動時間：
每個運動
各 60 秒

組間休息：
30-45 秒

例行性訓練 12

這個例行性訓練可以緊實和強化臀部的主要肌肉，並且加入能提升心跳率和改善敏捷性的的增強式運動。這是個具挑戰性的健身訓練，可以提升肌力、耐力和運動表現。

高級

每個運動執行 60 秒、運動之間不休息、執行 4-5 組

1. 橋式 (p.120)

2. 蝴蝶橋式 (p.122)

3. 跳繩踢臀 (p.131)

4. 驢子踢腿 (p.48)

5. 蛙式跳躍 (p.134)

運動時間：
每個運動
各 60 秒

組間休息：
30-45 秒

例行性訓練 13

這個核心肌群例行性訓練能緊實和強化腹部肌肉，這是個具挑戰性的高級健身訓練，可以改善肌力、肌耐力、心肺耐力、活動度和運動表現。

高級
每個運動執行 60 秒、運動之間不休息、執行 4-5 組

1. 高膝抬腿跳繩 (p.130)
2. 環繞 V 字捲腹 (p.61)
3. V 字捲腹 (p.58)
4. 雙向捲腹支撐轉體 (p.55)
5. 單腿伸展腳趾點地運動 (p.48)

運動時間：
每個運動
各 60 秒

組間休息：
30-45 秒

例行性訓練 14

這是針對背部、肱二頭肌、肩膀、肱三頭肌、腿部和胸部的全身性訓練，搭配增強式運動來提高心跳率並改善敏捷性。這個具挑戰性的健身訓練，可以改善肌力、耐力和運動表現。

高級
每個運動執行 60 秒、運動之間不休息、執行 4-5 組

1. 俯身划船 + 錘式彎舉 (p.178)
2. 啞鈴俯身寬距划船 + 寬距肱二頭肌彎舉 (p.88、p.74)
3. 軍式推舉 + 過頭肱三頭肌伸展 (p.174)
4. 相撲深蹲 + 錘式集中彎舉 (p.184)
5. 波比跳 (p.146)

運動時間：
每個運動
各 60 秒

組間休息：
30-45 秒

> ❝❞
>
> 每個人的身體對訓練的反應都不同，
> 　專注在自己的努力程度和訓練強度，
> 　並按照進度堅持執行每個例行性訓練。
> 　你越投入訓練，就越能看到成果和身體變化

參考文獻

http://www.unm.edu/~lkravitz/Article%20folder/Metabolism.pdf

http://www.biobreeders.com/images/Nutrition_and_Metabolism.pdf

Kirkendall DT, Garrett WE. Function and biomechanics of tendons. Scand J Med Sci Sports. 1997 Apr;7(2):62-6.

https://www.registerednursing.org/teas/musculoskeletal-muscular-system/

El-Sayes J, Harasym D, Turco CV, Locke MB, Nelson AJ. Exercise-Induced Neuroplasticity: A Mechanistic Model and Prospects for Promoting Plasticity. Neuroscientist. 2019 Feb

Schoenfeld, Brad J The Mechanisms of Muscle Hypertrophy and Their Application to Resistance Training, Journal of Strength and Conditioning Research: October 2010 - Volume 24 - Issue 10 - p 2857-2872

https://health.gov/dietaryguidelines/2015/guidelines/appendix-7/ National Science Teaching Association: "How Does the Human Body Turn Food Into Useful Energy?"

American Council on Exercise: "Muscle Fiber Types: Fast-Twitch vs. Slow-Twitch"

International Sports Sciences Association: "Aerobic vs. Anaerobic: How Do Workouts Change the Body?"

World Journal of Cardiology: "Aerobic vs Anaerobic Exercise Training Effects on the Cardiovascular System"

Health.gov: "Dietary Guidelines for Americans, 2015-2020: Appendix 7. Nutritional Goals for Age-Sex Groups Based on Dietary Reference Intakes and Dietary Guidelines Recommendations"

https://www.sciencedirect.com/topics/biochemistry-genetics-and-molecular-biology/phosphagen

https://www.sciencedirect.com/topics/medicine-and-dentistry/creatine-phosphate

PubMed: Effects of Plyometric Training on Muscle-Activation Strategies and Performance in Female Athletes

PubMed: The Efficacy and Safety of Lower-Limb Plyometric Training in Older Adults: A Systematic Review

Boyle, M. New Functional Training for Sports, 2nd ed. Champaign, IL. Human Kinetics; 2016.

Clark, MA, et al. NASM Essentials of Personal Fitness Training 6th ed. Burlington, MA. Jones & Bartlett Learning; 2018.

McGill, EA, Montel, I. NASM Essentials of Sports Performance Training, 2nd Edition. Burlington, MA. Jones & Bartlett Learning; 2019.

Chu, DA. Jumping Into Plyometrics 2nd ed. Champaign, IL: Human Kinetics; 1998.

Chu, D and Myers, GD. Plyometrics: Dynamic Strength and Explosive Power. Champaign, IL. Human Kinetics (2013).

EXOS Phase 3 Performance Mentorship manual. San Diego. July 27-30, 2015

Fleck, SJ, Kraemer, WJ. Designing Resistance Training Programs 2nd ed. Champaign, IL: Human Kinetics; 1997.

Rose, DJ. Fall Proof! A Comprehensive Balance and Mobility Training Program. Champaign, IL: Human Kinetics; 2003.

Yessis, M. Explosive Running: Using the Science of Kinesiology to Improve Your Performance (1st Edition). Columbus, OH. McGraw-Hill Companies. (2000).

American College of Sports Medicine. ACSM's Guidelines for Exercise Testing and Prescription. 9th ed. Philadelphia (PA): Lippincott Williams and Wilkins; 2013. pp. 19–38.

https://journals.lww.com/acsm-healthfitness/fulltext/2014/09000/high_intensity_interval_training__a_review_of.5.aspx#O20-5-2

Gibala MJ, Little JP, Macdonald MJ, Hawley JA. Physiological adaptations to low-volume, high-intensity interval training in health and disease. J Physiol. 2012; 590: 1077–84.

Gibala MJ, McGee SL. Metabolic adaptations to short-term high-intensity interval training: a little pain for a lot of gain? Exerc Sport Sci Rev. 2008; 36: 58–63.

Guiraud T, Nigam A, Gremeaux V, Meyer P, Juneau M, Bosquet L. High-intensity interval training in cardiac rehabilitation. Sports Med. 2012; 42: 587–605.

Hegerud J, Hoydal K, Wang E, et al Aerobic high-intensity intervals improve V.O2 max more than moderate training. Med Sci Sports Exerc. 2007; 39: 665–71

Jung M, Little J. Taking a HIIT for physical activity: is interval training viable for improving health. In: Paper presented at the American College of Sports Medicine Annual Meeting: Indianapolis (IN). American College of Sports Medicine; 2013.

Wewege M, van den Berg R, Ward RE, Keech A. The effects of high-intensity interval training vs. moderate-intensity continuous training on body composition in overweight and obese adults: a systematic review and meta-analysis. Obes Rev. 2017 Jun;18(6):635

Nicolò A, Girardi M. The physiology of interval training: a new target to HIIT. J Physiol. 2016;594(24):7169-7170

Milioni F, Zagatto A, Barbieri R, et al. Energy Systems Contribution in the Running-based Anaerobic Sprint Test. International Journal of Sports Medicine. 2017;38(03):226-232

Abe T, Loenneke JP, Fahs CA, Rossow LM, Thiebaud RS, Bemben MG. Exercise intensity and muscle hypertrophy in blood flow-restricted limbs and non-restricted muscles: a brief review. Clin Physiol Funct Imaging 32: 247–252, 2012.

Aebersold R, Mann M. Mass-spectrometric exploration of proteome structure and function. Nature 537: 347–355, 2016.

Agergaard J, Bülow J, Jensen JK, Reitelseder S, Drummond MJ, Schjerling P, Scheike T, Serena A, Holm L. Light-load resistance exercise increases muscle protein synthesis and hypertrophy signaling in elderly men. Am J Physiol Endocrinol Metab 312

Allen DG, Lamb GD, Westerblad H. Skeletal muscle fatigue: cellular mechanisms. Physiol Rev88: 287–332, 2008

American College of Sports Medicine. American College of Sports Medicine position stand. Progression models in resistance training for healthy adults. Med Sci Sports Exerc 41: 687–708, 2009

Callahan MJ, Parr EB, Hawley JA, Camera DM. Can High-Intensity Interval Training Promote Skeletal Muscle Anabolism? Sports Med. 2021 Mar;51(3):405-421

Børsheim E, Bahr R. Effect of exercise intensity, duration and mode on post-exercise oxygen consumption. Sports Med. 2003; 33(14): 1037-60

LaForgia J, Withers RT, Gore CJ. Effects of exercise intensity and duration on the excess post-exercise oxygen consumption. J Sports Sci. 2006 Dec;24(12):1247-64

Baker, J. S., McCormick, M. C., & Robergs, R. A. (2010). Interaction among Skeletal Muscle Metabolic Energy Systems during Intense Exercise. Journal of nutrition and metabolism, 2010

Mukund K, Subramaniam S. Skeletal muscle: A review of molecular structure and function, in health and disease. Wiley Interdiscip Rev Syst Biol Med. 2020;12(1)

Hasan, Tabinda. (2019). Science of Muscle Growth: Making muscle.

McNeill Alexander R. Energetics and optimization of human walking and running: the 2000 Raymond Pearl memorial lecture. Am J Hum Biol. 2002 Sep-Oct;14(5):641-8.

Arias P, Espinosa N, Robles-García V, Cao R, Cudeiro J. Antagonist muscle co-activation during straight walking and its relation to kinematics: insight from young, elderly and Parkinson's disease. Brain Res. 2012 May 21;1455:124-31

Scott, Christopher. "Misconceptions about Aerobic and Anaerobic Energy Expenditure." Journal of the International Society of Sports Nutrition vol. 2,2 32-7. 9 Dec. 2005

Alberts B, Johnson A, Lewis J, et al. Molecular Biology of the Cell. 4th edition. New York: Garland Science; 2002. How Cells Obtain Energy from Food.

de Freitas MC, Gerosa-Neto J, Zanchi NE, Lira FS, Rossi FE. Role of metabolic stress for enhancing muscle adaptations: Practical applications. World J Methodol. 2017 Jun 26;7(2):46-54.

Van Horren B, et al. Do we need a cool-down after exercise? A narrative review of the psychophysiological effects and the effects on performance, injuries and the long-term adaptive response. Sports Medicine. 2018;48:1575.

https://www.ncbi.nlm.nih.gov/pmc/articles/PMC6548056/
https://www.ncbi.nlm.nih.gov/pmc/articles/PMC4180747/
https://www.ncbi.nlm.nih.gov/pmc/articles/PMC5554572/
https://www.ncbi.nlm.nih.gov/pubmed/2150579
https://pubmed.ncbi.nlm.nih.gov/21997449/
https://pubmed.ncbi.nlm.nih.gov/28394829/
https://pubmed.ncbi.nlm.nih.gov/29781941/
https://pubmed.ncbi.nlm.nih.gov/26102260/
https://pubmed.ncbi.nlm.nih.gov/18438258/
https://pubmed.ncbi.nlm.nih.gov/14599232/
https://pubmed.ncbi.nlm.nih.gov/17101527/

作者簡介

英格麗‧克萊 (Ingrid S Clay) 是一位名人私人教練、Master HIIT Group Fitness 健身教練、競技健美運動員和素食料理廚師，在健身和健康管理方面擁有十多年的專業經驗，深刻體會體能與健康對個人成功和幸福的直接影響。

英格麗出生於美國路易斯安那州的拉法葉市，擁有路易斯安那州澤維爾大學的物理學學位以及北卡羅萊納 A&T 大學電氣工程學位，並且在西蒙斯管理學院獲得國際行銷 MBA 學位。其理工背景影響了她對健身與健康的觀點。

在做全職工作兼讀書期間由於體重不斷增加，促使她回到最熟悉的食物營養、健身以及科學的領域。她建立了自己的飲食和訓練方案，當中結合了以 HIIT 為主的負重訓練。她參與了西蒙斯管理學院的創業計劃，並辭去原本公司的工作，全心投入創立自己的健康事業。她開始從事健身、認證等相關工作，向投入健身行業多年的健身教練學習，ISC Wellness 公司於焉誕生。

英格麗涉足健身訓練、指導教練和烹飪料理等各個領域。她在 Well + Good、Essence、Livestrong、Fabletics 和 PopSugar Fit 都曾登場過。英格麗是 ISC Wellness 公司的擁有者與經營者，並開發了一個以直播和預錄的健身影片為主要訴求的健身 App。她同時也是 Lululemon 的品牌大使，目前是加州洛杉磯 CAMP 健身中心的健身管理總監。此外，她每週都會在 Watts Empowerment Center 做志工，為貧困社區的孩子們提供健康與保健服務。

「撰寫本書對我而言是一種夢想的實現，我衷心希望它能獲得你的喜愛並協助你達成目標！祝你好運！激勵和幫助他人成為最好的自己是我的職志，提升自我之路是永無止盡的。」

更多資訊在：www.ingridsclay.com

作者誌謝

我首先要感謝家人一直以來的支持，尤其是我的母親，您一直是我的頭號啦啦隊隊長和粉絲。因為有你們的支持，我才能飛得這麼高！我還要感謝顧客，從個人健身指導到我擔任教練的健身房裡所遇到的每一個人，我從你們那裡學到了很多，並持續獲得啟發，謝謝你們讓我成為你們旅程的一部分。感謝 Chuck Norman 教導我一些技巧，並幫助我在健身中找到樂趣。

最後，我很慶幸能夠投入健身領域，在我最需要的時候，很感謝有它的存在，對我來說是一種冥想形式，在很多方面協助找回自我，讓我由內而外變得更加強大。

出版商誌謝

Dorling Kindersley 公司感謝 Myriam Megharbi 的插圖設計與編排、Marie Lorimer 的索引、Guy Leopold 的校對以及 Holly Kyte 在編輯上的協助。

感謝下列單位與人士提供的照片

位置標示：a-above; b-below/bottom; c-center; f-far; l-left; r-right; t-top

10 Science Photo Library: Professors P.M. Motta, P.M. Andrews, K.R. Porter & J. Vial (br). **14 Science Photo Library:** Ikelos GmbH / Dr. Christopher B. Jackson (cra). **15 Science Photo Library:** CNRI (br). **22 Science Photo Library:** Professors P.M. Motta, P.M. Andrews, K.R. Porter & J. Vial (bl). **25 Science Photo Library:** Thomas Deerinck, NCMIR (ca).

本書其它照片皆為 Dorling Kindersley 所有
若需要照片合作可參考 www.dkimages.com

facebook：優質運動健身書

● FB 官方粉絲專頁：優質運動健身書、旗標知識講堂

● 旗標「線上購買」專區：您不用出門就可選購旗標書！

● 如您對本書內容有不明瞭或建議改進之處，請連上
　旗標網站，點選首頁的 聯絡我們 專區。

　若需線上即時詢問問題，可至上方粉絲專頁留言詢
　問, 小編客服隨時待命, 盡速回覆。

　若是寄信聯絡旗標客服 email, 我們收到您的訊息後,
　將由專業客服人員為您解答。

　我們所提供的售後服務範圍僅限於書籍本身或內
　容表達不清楚的地方, 至於軟硬體的問題, 請直接
　連絡廠商。

學生團體	訂購專線：(02)2396-3257 轉 362
	傳真專線：(02)2321-2545
經銷商	服務專線：(02)2396-3257 轉 331
	將派專人拜訪
	傳真專線：(02)2321-2545

國家圖書館出版品預行編目資料

HIIT 高強度間歇訓練科學解析: 從解剖學與生理學的機
轉改變體態 / Ingrid S Clay 作；謝靜玫 譯；王順正博
士、林玉瓊博士 審校
臺北市：旗標科技股份有限公司, 2022.11　面；　公分
譯自：Science of HIIT – Understand the Anatomy
and Physiology to Transform Your Body.

ISBN 978-986-312-733-8 （精裝）

1. 體能訓練 2. 肌肉

528.9　　　　　　　　　　　　　　　　110014914

作　　者／Ingrid S Clay

插　　圖／Arran Lewis

翻譯著作人／旗標科技股份有限公司

發 行 所／旗標科技股份有限公司
　　　　　　台北市杭州南路一段15-1號19樓

電　　話／(02)2396-3257(代表號)

傳　　真／(02)2321-2545

劃撥帳號／1332727-9

帳　　戶／旗標科技股份有限公司

監　　督／陳彥發

執行編輯／孫立德

美術編輯／陳慧如

封面設計／陳慧如

校　　對／孫立德

新台幣售價：620 元

西元 2023 年 6 月 初版 2 刷

行政院新聞局核准登記-局版台業字第 4512 號

ISBN　978-986-312-733-8

 | Penguin Random House　For the curious　www.dk.com